全國高校古委會直接資助項目（項目編號 1518）終期成果

國家社科基金重大項目“漢語詞源學理論建設與應用研究”（項目編號 17ZDA298）階段性成果

廣東省高水平大學建設經費資助出版

談　徵

〔清〕伊秉綬　撰

曾昭聰　點校

中華書局

圖書在版編目(CIP)數據

談徵/(清)伊秉綬撰;曾昭聰點校. —北京:中華書局,2020.3
ISBN 978-7-101-14389-8

Ⅰ.談… Ⅱ.①伊…②曾… Ⅲ.漢語–俗語–詞典
Ⅳ.H136.4–61

中國版本圖書館 CIP 數據核字(2020)第 026328 號

書　名	談　徵
撰　者	〔清〕伊秉綬
點校者	曾昭聰
出版發行	中華書局
	(北京市豐臺區太平橋西里 38 號　100073)
	http://www.zhbc.com.cn
	E-mail:zhbc@zhbc.com.cn
印　刷	北京市白帆印務有限公司
版　次	2020 年 3 月北京第 1 版
	2020 年 3 月北京第 1 次印刷
規　格	開本/710×1000 毫米　1/16
	印張 19　插頁 2　字數 267 千字
印　數	1–3000 册
國際書號	ISBN 978-7-101-14389-8
定　價	59.00 元

總 目

前　言

一　《談徵》的作者

日本漢學家長澤規矩也輯集的《明清俗語辭書集成》於1974年由日本汲古書院影印出版，其中收録有《談徵》一書，然其作者不詳。長澤規矩也解題[1]：

> 談徵　四卷（部）　［清］□□（西厓）　清嘉慶二十年（一八一五）柯古堂刊本。

> 本書仿《釋常談》《通俗文》之例，係注目於日常用語並作詮釋之書。分爲名（又分上下）、言、事、物四部分，各部之首均冠以目録。有嘉慶二十年外方山人自序，嘉慶十六年王玉樹、嘉慶九年吳煊序，十二年成一夔跋。

> 此書係昭和二年（一九二七）夏北京廠肆翰文齋高某攜至筆者寓所求售者。當時索價六元。筆者視其多俗語解説，實屬雜考珍本，當即購下，其後未於他處再見此書。

> 著者在自序末題“外方山人”，其他序跋作“西厓先生”，姓名無考。據成跋，成氏爲性好搜求奇書善本之藏書家，曾仕宦於嶺南，嘉慶十二年曾在廣東與著者再次晤面。

---

[1]　長澤規矩也解題及下文所引《談徵》序、跋，均據《明清俗語辭書集成》，上海古籍出版社1987年影印本第二册。

按,《談徵》王(王玉樹)序:"昔余著《說文拈字》成,西厓序之;今西厓著《談徵》成,余亦序之。"查王玉樹《說文拈字》,書前有伊秉綬序,書後有段長基跋。伊秉綬序謂:"歲己未,余守惠州,王君松亭適權通判,觀其進退以禮,循循然君子也,意必有所撰著。久之,出所撰《說文拈字》七卷……嘉慶六年夏五月,汀州伊秉綬拜撰。"①

伊秉綬,清乾隆十九年—嘉慶二十年(1754—1815),福建汀州府寧化人,人稱"伊汀州"。字墨似,號墨卿,亦號南泉,別署秋水,又稱默庵,居室曰留春草堂。以書畫名世。先後官惠州知府、揚州知府等②。《清史稿》卷四百七十八《伊秉綬傳》:"伊秉綬,字墨卿,福建寧化人。乾隆五十四年進士,授刑部主事,遷員外郎。嘉慶三年,出爲廣東惠州知府,問民疾苦,裁汰陋規,行法不避豪右,故練刑名,大吏屢以重獄委之,多所矜恤……秉綬承其父朝棟學,以宋儒爲宗。在惠州,建豐湖書院,以小學、《近思錄》課諸生;在揚州,宏獎文學。歿後士民懷思不衰,以之配食宋歐陽修、蘇軾及清王士禎,稱四賢祠。"③可見其爲清代較有名望之學者。

王玉樹序、吳煊序、成一夔跋中所透露出來的信息都與史書一致。如吳序說:"嘉慶甲子春,西厓先生以攝篆任別駕。予以薄游館道南,兩人適同日抵雄州,相遇於縣舍。"成跋謂:"西崖先生淹博好古④,其書滿家。既宦嶺南,風塵勞攘間,遇奇書善本,如得珍珠船,拳拳然不能釋,必勉購之,或假而抄之而後快。故論詩文,評書畫,靡不原原本本無遺義。"

書中內容也與其經歷一致,如《談徵·言部》"潮汐"條記錄:"廣人以潮汐爲水節,或日一潮而一汐,或日兩潮而兩汐,皆謂之節。其在番禺之都,朝

---

① 伊序載《說文拈字七卷補遺一卷》(清嘉慶八年芳棭堂刻本),《四庫未收書輯刊》第玖輯貳冊第90—93頁,北京出版社2000年。

② 李光德主編《中華書學大辭典》第189頁,團結出版社2000年。

③ 趙爾巽主編《清史稿》第13047頁,中華書局1977年。

④ 崖,原文如此。

潮未落,暮潮乘之……"《談徵·事部》"繞髻粧"條:"今粤中女子,日夕買花,穿之,繞髻爲飾。其俗由來已久。"又《事部》"濠畔朱樓"條引《廣東新語》:"粤東廣州城濠水,自東西水關而入,逶迤城南,迤歸德門外……"書中與嶺南事物有關的内容頗多。

　　關於伊秉綬的號,伊秉綬在《談徵》自序末署"嘉慶二十年冬,外方山人自序",而王玉樹序、吳煊序、成一夔跋則稱其爲"西厓先生"。伊秉綬號"西厓先生",其原因當是因爲追慕明代書法家、詩人李東陽。清末楊守敬《學書邇言》云:"桂未谷馥、伊墨卿秉綬、陳曼生鴻壽、黃小松易四家之分書,皆根柢漢人,或變或不變,巧不傷雅,自足超越唐宋。墨卿行書學李西涯,尤爲超妙。"[①]向燊《虹盧畫談》云:"墨卿楷書法《程哲碑》,行書法李西涯,隸書則直入漢人之室。即鄧完白亦遜其醇古,他更無論矣。"[②]李西涯,即李東陽(1447—1516),明朝詩人、書法家、政治家。字賓之,號西涯。伊秉綬行書師法李東陽,故去其號中"涯"字之三點水而號"西厓",殆自以爲不如之自謙。至於其自稱"外方山人",一方面是因爲他是福建寧化人,又曾官廣東惠州,遠離中原地區;另一方面,也是文人追求"心遠地自偏"之境界使然。

　　總之,伊秉綬雖以書畫名家,但俗語辭書《談徵》亦爲其所作。大型工具書如《中華書學大辭典》《中國文物大辭典》等均未著録其《談徵》一書,亦不知其號西厓先生、外方山人。

二　《談徵》的版本與内容

　　《談徵》一書,現在能看到的有清嘉慶二十年(1815)柯古堂刊本,也就是收録於《明清俗語辭書集成》中的版本。1974年由日本汲古書院據此影印出版,上海古籍出版社1987年又據汲古書院影印本影印。本書所用底本

---

① 楊守敬《學書邇言》第103頁,文物出版社1982年。
② 李光德主編《中華書學大辭典》第189頁,團結出版社2000年。

爲上海古籍出版社影印本。另有道光三年（1823）上苑堂刊本，這次整理我們用爲校本。

《談徵》是一部俗語辭書。伊秉綬撰寫《談徵》的出發點，跟其他明清俗語辭書的寫作目的一致：一是"探求詞的得名之由，揭示詞的最早用例"，二是"有意記録方言俗語，並作深入考證"，三是"爲查檢之目的而將俗語辭書作爲工具書來編纂"①。正如伊秉綬自序所説："吾人日用所常見常聞及所常行者，多習焉不察，或就事論事，或人云亦云，竟至日名之不知所自起，言之不知所自出，事事物物不知所自來，亦何異日飲食而不知飲食之味也？"這就包含了探討詞的得名之由和考證源流的意識。自序又説："凡有合於世俗之習爲常談者，摘而録之，集若干卷，分爲名、言、事、物四部。"此乃工具書編纂意識的具體體現。

《談徵》分"名、言、事、物"四個大類（其中"名"又分上下兩部分），每個大類收録相應的詞語，然後引書證探源，或加按語。其具體內容，多摘自前人文獻。《談徵》徵引前人文獻，或標明出處，或不標明出處，然多出自以下文獻：

南朝梁：宗懍《荆楚歲時記》。

唐代：徐堅《初學記》、李匡乂《資暇集》、封演《封氏聞見記》。

宋代：李昉等《太平御覽》、祝穆《古今事文類聚》、潘自牧《記纂淵海》、曾慥《類説》、沈括《夢溪筆談》、洪邁《容齋隨筆》、陸游《老學庵筆記》、程大昌《演繁露》、吳曾《能改齋漫録》、龔明之《中吳紀聞》、葉廷珪《海録碎事》、趙與峕《賓退録》、陸佃《埤雅》、王楙《野客叢書》。

元代：陶宗儀《輟耕録》《説郛》。

明代：周祈《名義考》、彭大翼《山堂肆考》、謝肇淛《五雜俎》、楊慎《升菴集》《丹鉛總録》、郎瑛《七修類稿》、方以智《通雅》、李時珍《本草綱目》、

---

① 曾昭聰《明清俗語辭書及其所録俗語詞研究》第39—48頁，上海辭書出版社2015年。

田藝蘅《留青日札》。

　　清代：顧炎武《日知録》、沈自南《藝林彙考》、屈大均《廣東新語》、劉獻廷《廣陽雜記》、邱煒菱《菽園贅談》、翟灝《通俗編》、錢大昕《十駕齋養新録》。

　　以上所列僅爲《談徵》徵引較多的文獻，並非全部引用過的文獻。

三　校點説明

　　《談徵》廣引文獻，抄撮群書，因此本書的校點工作之一就是要復核原書，這主要參照常見的權威版本，如中華書局點校本二十五史、歷代史料筆記叢刊等，如無已整理出版的則尋找各種善本的影印本。因爲《談徵》有其自身體例，因此校點時並非完全按照原書進行校點，主要有以下幾個方面須作説明：

　　其一，原文雙行小字不便閲讀，點校時改排爲單行楷體以示區別。

　　其二，《談徵》引文出處原文未標出者不補，但對於已標出卻用簡稱且易引起讀者誤解的，則酌補，如“漢”或“前漢”後面補“書”字。凡補字用方括號標示。

　　其三，《談徵》引文與原文不一致但文從字順者，不改動，按引文加標點。

　　其四，《談徵》引文與原文不一致且異文對文意有較大影響的，或者引文縮略甚多、或對理解詞條解釋有重要參考作用的，均以脚注形式標出原文。少數原文過多者則僅標明出處。

　　其五，《談徵》引文中常見的通假字、異體字（含簡體）均保持原貌。明顯的誤字參照其引書原文徑改，同時脚注中標示所改動之處。少數誤字無引書原文參照，則在脚注中標出。避諱字如“玄”作“元”在正文中徑改，同時在脚注中説明。

　　其六，引文出處張冠李戴者，在脚注中標出。

其七,爲清晰起見,給詞目統一編號。

要之,本書的校點既充分尊重《談徵》原文,不作妄改,同時也從讀者閱讀使用出發,盡可能提供一個內容没有差錯的校點本。

本書部分内容的録入與初校,得到友生謝曉暉博士、謝士華博士、佟曉彤碩士、黄亞英碩士等協助,謹此一併致謝。古籍校點,牽涉到文獻資料甚多。本人水平有限,敬請廣大讀者批評指正。

曾昭聰

2018年5月7日於暨南大學

序

昔余著《説文拈字》成,西厓序之;今西厓著《談徵》成,余亦序之。累月而未脱藁,西厓訝之,余亦自訝之,然則余遂無以序西厓書乎哉?西厓自序不敢自況於《方言》《釋名》及《事物紀原》諸書云云者,蓋謙退不敢質言也。夫以博通淹雅之士,猶謙退不敢質言,余其敢以勦説進乎?雖然,余遂終無以序西厓書乎哉?

余惟類紀之書,唯揚雄《方言》、劉熙《釋名》爲最古,然當時《方言》之名尚未著,故許氏《説文》頗引雄説,注中字義亦多與《方言》合,而卒未一指其名。至應劭、孫炎輩,遞相徵引,而後郭璞始注而行之,今所傳十三卷者是也。劉熙撰天地、四時、邦國、都鄙,以及民庶應用之器,即物釋義,分爲八卷,足以發明經史者甚夥,明郎奎金所以有五雅合刻之舉也。吳韋昭作《辨釋名》以駁之,亦陋矣。

最後則有張華《博物志》,《直齋書録》稱其多奇聞異事,周、盧合注之。至宋而有高承《事物紀原》,排比詳贍,足資核證,雙溪項彬爲之序。迨李石《續博物》,而《香祖筆記》已譏其前後踳駁。明徐炬倣《事物紀原》之體而略附益之,名曰《古今事物原始》,然亦蕪雜太半。甚矣,讀書著述之難也。

西厓是書,共若干卷,釐名、言、事、物爲四門,自天地、人物,以及一言一字,無不窮搜其所自始,取材富,考義精,博物矣而無踳駁之弊,紀原矣而無蕪雜之虞,閲者宜目爲珍珠船也。

余愧乏周、盧箋注之材,竊比雙溪項彬之意,得綴言簡末,俾海內諸君子知松亭亦曾讀是書也,幸甚!歲重光協洽端月,安康王玉樹拜撰。

序

嘉慶甲子春，西厓先生以攝篆任別駕。予以薄游館道南，兩人適同日抵雄州，相遇於縣舍。杯酒間，陰以神貌相傾契，旁觀未之察也。既而往來益親，異於諸朋好。吾儒結習，每當談心寫素，其生平得力，胸中鬱鬱勃勃之奇，激昂慷慨，往往流露於語言意象之間。吾因識西厓之學甚富，而西厓之遇甚窮也。

西厓藏書數萬卷，雖奔走勞瘁中，稍暇未嘗不披覽自娛，有所見聞，隨手抄録，積時既久，得若干卷，名曰《談徵》。名物象數，類而分之；事必尋源，語必究實。出以視余①。夫世所謂老生常談，忽之則皆爲口頭話，而不知世間無一語無一字無來處也，不徵其故，真有日戴天而不知天，日履地而不知地，而況其瑣碎繁賾者哉！蓋自《風俗通》《白虎通》以比類紀事辨物，而蔡邕之《獨斷》，迄張華之《博物》，皆此志也。爰歷各朝②，制度損益，事物錯綜，而説家各舉所得，薈萃考據，著爲成書，遂接踵於世不絶。古今之事會無窮，古今之著述日起也。西厓其有托而爲此乎？抑亦摭拾之以資考据也？援古以證今，求今以合古，其足爲博雅之助者，豈淺鮮也哉！

予少孤陋，中復荒落，讀西厓書，不覺有望洋之嘆。然兩人交深，不可以無一言於臨岐也。書此貽之，志相得爾。

嘉慶九年六月，盱江退庵愚弟吳煊拜撰。

---

① 視，疑當作“示”。
② 歷，原皆作“歷”。

序

　　自世人好奇談，喜新論，而一二才能之士涉筆成趣，撰出種種新奇之書，藉以爲消夏具。然非志怪異，即説冥幻，閲之者稍無卓識，即涉於荒誕，流於淫洪而不自知。至若吾人日用所常見常聞及所常行者，多習焉不察，或就事論事，或人云亦云，竟至曰名之不知所自起，言之不知所自出，事事物物不知所自來，亦何異曰飲食而不知飲食之味也？

　　予性鄙瑣，經書奧義、聖賢格言不知求解，眼前景、口頭語，祇覺無一事無一字無來歷。每於公餘之暇，翻閲群書，凡有合於世俗之習爲常談者，摘而録之，集若干卷，分爲名、言、事、物四部，顔之曰"談徵"，豈敢云劉熙之《釋名》、揚雄之《方言》及《事始》《物原》諸書，有所發明？但《釋常談》《通俗文》，雖婦童樵牧亦樂聞而得其解，不猶愈夫怪異冥幻等書，使人見之，涉於荒誕、流於淫洪也哉？然抄掇舊文，重則不免，摭拾瑣語，俗而無倫，幸博雅者勿爲之笑也。

　　嘉慶二十年冬，外方山人自序。

跋

　　西崖先生淹博好古[①]，其書滿家。既宦嶺南，風塵勞攘間，遇奇書善本，如得珍珠船，拳拳然不能釋，必勉購之，或假而抄之而後快。故論詩文，評書畫，靡不原原本本無遺義。余以桑梓故，過從甚歡，每以離合靡常，不獲從容觀其著述爲憾。今歲再晤於羊城，爲時稍久，始得觀所輯。有《談徵》者，甫開卷，不覺鼓掌矣，曰：“此公先得我心也。”既卒讀，乃浩然嘆曰：“甚矣，書之不可不多讀也。”

　　原夫天地、山河之大，名物、象數之細，莫不有賦形成象之原以及創始得名之義。洎世代屢更，變易不常，則天時有歲差矣，坤輿有滄桑矣，風俗人事有沿革矣，而好奇立異之士，穿鑿附會，得逞其怪誕無稽之説，於是乎魯魚、烏焉之訛，豕亥、根銀之謬，不顧離經而惑世者比比焉，不有淹博好古者爲之援古證今，從流溯源而明其所以，則以謬承謬，以訛傳訛，其弊寧有底止乎？是《談徵》一書，實堪爲稽古者之津梁、考据家之繩墨，而天地山河、名物象數，以及一言一事之微，無不賴以正夫名而昭夫義也。雖西崖自謂擇之未精，語焉未詳，不肯付剞劂以公諸世，而豐城劍氣不徒焕於斗牛，龍威丈人寧終秘於山陰哉！且值國朝右文稽古，更當爲名公鉅卿所欣賞而廣播之，以與《談苑》《談圃》《談藪》諸書並傳不朽云。

　　丁卯復月，河内方山弟成一夔拜手書於五仙城魁衢書塾。

---

① 崖，原文如此，此跋下文亦作此字。

談徵目録

名　部上

---

① 原文二詞連排，爲方便閱讀，按正文內容分詞。下同。正文詞目按同樣方式處理。

談　徵

外方山人輯

名　部上[①]

0001天象　《易》曰："天垂象，聖人象之。"又曰："以制器者尚其象。"則凡聖人所以治天下，前民用，無非觀象於天而爲之者。觀日之南北，春夏秋冬定焉；觀月之盈虧，晦朔弦望分焉。北極五星，一太子、二帝座、三庶子、四后妃，左右四星爲四輔，宰尉、衞丞分列前後，紫微垣之象也。聖人象之，以立主輔之名。帝座居中，執法夾門之西東，虎賁郎將居後之左右，三台接於西北，明堂靈台次於西南，太微垣之象也。聖人象之，以定宮府之制。天市垣，則帝座在内，二十二星周於垣外。聖人因之，以分周、鄭、晉、秦、齊、楚、宋、魏、梁、韓、燕、趙、河中、河間、九河、中山、巴、蜀、吳越，以及徐與南海、東海，二十二處，爲蕃衞之象。或曰：天官家所傳星名，皆起于甘、石，如郎將、羽林，三代以下之官；宰尉、尉丞，三代以下之爵；明堂、靈台，三代以下之制；巴蜀、河間，三代以下之國[②]。天未嘗有是名也，然天無是名，實有是象，人所以以此名星者，亦象其象而名之也。治歷明時，體國經野，天固垂之以象也。若夫牛女可以知耕織，鈎鈐可以識楗閉，制簸揚之器，蓋取諸箕；制挹漿之器，蓋取諸斗。象弧矢而爲弧矢，可以爲衞；象杵臼而爲杵臼，可以爲舂；象斗斛權衡而爲斗、爲斛、爲

權衡，可以度量天下之物。是雖制器之小，亦未有非觀象於天者也。《易·雜卦》之首章曰："庖犧氏之王天下也，仰則觀象於天，俯則觀法於地，於是始畫八卦，以通神明之德，以類萬物之情。"此之謂也。

　　0002 地戒　天有九道，地有九州。中國名赤縣神州，僅九州之一耳。唐一行以爲天下山川之象存乎兩戒，北戒自三危、積石、終南，負地絡之陰，東及太華，逾河，並雷首、底柱、王屋、太行，北抵常山之右，乃東循塞垣，至北貊、朝鮮，是謂北紀。南戒自岷山、嶓冢①，負地絡之陽，東及太華，連商山、熊耳、外方、桐柏，自上洛南逾江、漢，攜武當、荆山，至於衡陽，乃東循嶺徼，達東甌、閩中，是謂南紀。此北戒南戒之所由分也。河源自北紀之首，循雍州北徼，達華陰，而與地絡相會，並行而東，至太行之曲，分而東流，與涇、渭、濟瀆相表裏，謂之北河。江源自南紀之首，循梁州南徼，達華陽，而與地絡相會，並行而東，及荆山之陽，分而東流，與漢水、淮瀆相爲表裏，謂之南河。故於天象，則宏農分陝爲兩河之會，五服諸侯在焉。自陝而西爲秦、涼，北紀山河之曲爲晉、代，南紀山河之曲爲巴、蜀，皆負險用武之國也。自陝而東，三川、中岳爲成周；西距外方、大伾，北至於濟，南至於淮，東達鉅野爲宋、鄭、陳、蔡，河内及濟水之陽爲鄘、衛；漢東濱淮水之陰爲申、隨，皆四戰用文之國也。北紀之東至北河之北爲邢、趙，南紀之東至南河之南爲荆、楚。自北河下流，南距岱山爲三齊；夾右碣石爲北燕。自南河下流，北距岱山爲鄒魯，南陟江淮爲吳越。皆負海之國，貨殖之所阜也。自河源循塞垣北，東及海，爲塞外，自江源循嶺徼南，東及海，爲嶺外。觀兩河之象與雲漢之所始終而分野，可知矣。

　　按土圭地中之理，北極出地三十五度，南極入地亦如之，北海視北極出地六十五度，南海視北極出地止十五度，就南北海中間人居之地均平論，則嵩高爲中也。若以南北極論地形，則不特嵩高非中，即中國全非地中矣。

---

① 冢，原誤作"冢"。

0003金烏　玉兔　張衡《靈憲》："日者，太陽之精，積而成烏，象烏陽之類，其數奇。月陰之精，積而成獸，象兔陰之類，其數偶。"此分陰陽而言之也。范育曰："日出于卯，卯之屬爲兔，而兔之宅乃在月中，月出于酉，酉之屬爲雞，而雞之宅乃在日中。"此又陰陽之精互藏其宅也。總之，烏兔乃日月積氣，非實有烏兔也。觀《論衡》曰："烏，日積氣也。"《酉陽雜俎》曰"佛氏謂月中所有乃大地山河影，或言'蟾兔地影，空處水影也'"等語可見。

0004月中嫦娥　其説始于《淮南》及張衡《靈憲》，其實因"常儀占月"而誤也。古者羲和占日，常儀占月，皆官名也。見于《吕氏春秋》。《春秋左傳》有常儀靡，即常儀氏之後也。後訛爲嫦娥，以"儀、娥"同音耳[①]。《周禮》注"儀、娥"古皆音俄，《易·小象》以"失其義"叶"信如何"也，《詩》以"樂且有儀"叶"在彼中阿"。《史記》徐廣注音"檥船"之"檥"作俄，漢碑凡"蓼莪"皆作"廖儀"，則"嫦娥"爲"常儀"之誤，無疑矣。

0005參商　兄弟不和、夫婦不睦，皆謂之參商。《左傳》："昔高辛氏有二子，長曰閼伯，次曰實沉，居于曠林。皆不相善，日尋干戈，以相征討。后帝不臧，還閼伯于商邱，主辰星；商人以辰星爲商星。還實沉于大夏，主參星。唐人以參星爲晉星。"按，參、辰乃星名，商與晉乃地名也。故《法言》曰："吾不睹參辰之相比也。"蘇武詩："昔爲鴛與鴦，今爲參與辰。"[②]後人有用參商者，錯舉成文耳。

0006光風　化日　光風，日出而風也，日出陰消，風日明麗，故曰光。《爾雅》："日出而風爲暴。"何也？化日，化國之日也。《潛夫論》："化國之日舒以長。"日有定晷，惟民有餘力，故覺長，所謂"無事淨坐，一日似兩日"也。

0007二十八宿配七政　宿配七政之説，徧閲羣書[③]，莫可考究。及見

---

① "儀、娥"上古音均爲疑母歌部。

② 《文選》蘇武詩之一："昔爲鴛與鴦，今爲參與辰。"

③ 徧，疑當作"徧"。

西域《吉凶時日善惡宿曜經》[1]，乃得之。彼國不知十干、十二支之名，而用二十八宿以紀日，其七政加二十八宿，猶干之加于支，非謂七政之果躔于此宿也。又，其術以人之生日所逢何曜何宿爲本命，謂之命宿，而以加于行事所逢曜宿，參伍攷之，以定凶吉。又以宿曜性情合而爲三事之剛柔健順，以定從違，亦有似于中國之建除星命家言者。其宿曜之名，虚、昴、星、房屬日，危、畢、張、心屬月，室、觜、翼、尾屬火，壁、參、軫、箕屬水，奎、井、角、斗屬木，婁、鬼、亢、牛屬金，胃、柳、氐、女屬土，則各從其國語。假如日曜太陽，在回鶻則曰密，在波斯則曰曜森勿，在天竺則曰阿你底耶。重譯之，即中國之日也，其他倣此。

　　沈存中《筆談》因論六壬十二辰而曰須大改歷法，如東方蒼龍七宿當起于亢，終于斗；南方朱鳥七宿起于牛，終于奎；西方白虎七宿起于婁，終于東井；北方眞武七宿起于輿鬼，終于角。舊以斗牛七宿爲北方眞武，奎婁七宿爲南方朱鳥，沈説獨異。如此歷法始正，不止六壬而已[2]。其説蓋從歲差起見耳。天行赤道，平運而舒。日行黃道，内轉而縮。故堯時冬至日在虚一度，自是漸降退在女，又過在斗，則二十八宿已隨方轉移矣。存中此説，固爲有理，但更有可疑者。四方諸宿既易，則所配之七政似乎亦當互易，如蒼龍七宿，舊以角爲木，亢爲金，氐爲土，房爲日，心爲月，尾爲火，箕爲水。今既起亢終斗，則意者當以亢爲土，氐爲金，房爲土，心爲日，尾爲月，箕爲火，斗爲水，而餘三方皆倣此耶？況自存中時，迄今又數百年，歲差又不同矣，將復更換耶？存中又言：“《堯典》曰：日短星昴。今乃日短星東壁，此皆隨歲差而移也。”是亦不可不知。

　　0008 干支數目　《蠡海集》云：“或問曰：先天之數何緣而起？余答曰：

① 　該經全稱《文殊師利菩薩及諸仙所説吉凶時日善惡宿曜經》，唐釋不空譯，載《大正藏》密教部。

② 　宋沈括《夢溪筆談》卷七“象數一”：“然須大改歷法，事事釐正。如東方蒼龍七宿當起于亢，終于斗；南方朱鳥七宿起于牛，終于角；西方白虎七宿起于婁，終于輿鬼；北方眞武七宿起于東井，終于奎。如此歷法始正，不止六壬而已。”

數極于九，自九逆退取之，故甲己子午九，乙庚丑未八，丙辛寅申七，丁壬卯酉六，戊癸辰戌五。天干已盡，而地支獨遺巳亥，是以巳亥得四終。況夫亥爲天門，巳爲地戶，純陽之位，爲開闔之樞，所以關鍵五行也。"顧其何以爲九，何以爲八、七、六、五、四，則罕有確論焉。《協紀辨方》曰："以納甲納干支圖考之：子午者，乾震之所納也；丑未者，坤巽之所納也；寅申，坎所納也；卯酉，離所納也；辰戌者，艮所納也；巳亥者，兌所納也。陽數極于九，陰數極于八，故乾坤得之震巽長而統于父母，其餘以次而降，兩大六子、男女少長之序秩然不紊，實非人之所強爲也。"

0009化氣　化氣之說，昔人未有詳悉言之者，沈括據黄帝《素問》論之最明。《素問》有"五運六氣"，所謂五運者，甲己爲土運，乙庚爲金運，丙辛爲水運，丁壬爲木運，戊癸爲火運也。黄帝問岐伯五運之所始，岐伯引《太始天元册》文曰："始于戊己之分。"所謂戊己分者，奎壁角軫也。奎壁角軫，天地之門戶也。王冰註引《遁甲》："六戊爲天門，六己爲地戶。"天門在戌亥之間，奎壁之分；地戶在辰巳之間，角軫之分。陰陽皆始于辰。五運起于角軫者，亦始于辰也。甲己之歲，戊己，黅天之氣經于角軫，角屬辰，軫屬巳，其歲得戊辰、己巳，干皆土，故爲土運。乙庚之歲，庚辛，素天之氣經于角軫，其歲得庚辰、辛巳，干皆金，故爲金運。丙辛之歲，壬癸，玄天之氣經于角軫，其歲得壬辰、癸巳，干皆水，故爲水運。丁壬之歲，甲乙，蒼天之氣經于角軫，其歲得甲辰、乙巳，干皆木，故爲木運。戊癸之歲，丙丁，丹天之氣經于角軫，其歲得丙辰、丁巳，干皆火，故爲火運。星家有"逢龍則化"之說，陶九成"甲己之年丙作首，丙，火也，火生土，故化土。乙庚之歲戊爲頭，戊，土也，土生金"之說，皆不出其義，但無此明顯耳。

0010納音　《鬼谷子》作"納音"。納者，受也；音者，感物助聲也。水音一六，火音二七，木音三八，金音四九，土音五十，此生成之數也。甲己子午九，乙庚丑未八，丙辛寅申七，丁壬卯酉六，戊癸辰戌五，巳亥四，此干支之數也。五行之中，唯金木有自然之音，水火土必相假而後成音。水無音，假土則激；火無音，假水則沸；土無音，假火則烈。以干支之數，合生成之數，感物助聲而音斯受矣。如甲子、乙丑，其數三十有四，四者，金之音也，故曰金。戊辰、己巳，其數二十有三，三者，木之音也，故曰木。庚午、辛未，其數三十有二，二者，火也，土以火爲音，故曰土。甲申、乙酉，其數三十，十者，土也，水以土爲音，故曰水。戊子、己丑，其數三十有一，一者，水也，火以水爲音，故曰火。六十甲子皆然。《考原》曰："此楊子雲《太玄》論聲律所紀數也[1]，但所配一六二七等數與河圖之數不同。今按大衍之數五十，其用四十有九，以兩干兩支之合數于四十九內減之，餘數滿十去之，餘一、六爲水，二、七爲火，三、八爲木，四、九爲金，五、十爲土，各取所生之五行以爲納音。如是則與河圖相同。又揲蓍之法，用餘策以定奇偶。此因餘數以定五行，其理正相合也。如甲九子九乙八丑八，其合數三十四，于四十九內減之，餘十五，十不用，餘五，屬土，土生金，故曰金。丙寅丁卯共合數二十六，于四十九內減之，餘二十三，十不用，餘三，屬木，木生火，故曰火。戊辰己巳共合數二十三，于四十九內減之，餘二十六，十不用，餘六，屬水，水生木，故曰木。庚午辛未共合數三十二，于四十九內減之，餘十七，十不用，餘七，屬火，火生土，故曰土。"[2] 餘倣此。此尤明白顯易。其曰"海中、爐中"云者，以生旺衰墓爲義，如子屬水，金死于子，墓于丑，水旺而金死，故曰"海中金"。丙丁屬火，又得寅卯之木以生之，天地開鑪，萬物始生，故曰"爐中火"。他可類推。

0011 納甲 納甲之説，京房《易傳》有之。魏伯陽《參同契》曰："三日出爲爽，震受庚西方。八日兑受丁，上弦平如繩。十五乾體就，盛滿甲方東。十六轉受統，巽辛見平明。艮直於丙南，下弦二十三。坤乙三十日，東方喪其明。節盡相禪與，繼體復生龍。壬癸配甲乙，乾坤括始終。"其疏云："震象三日，月出于庚；兑象上弦，月見于丁；乾象滿日，月滿于甲；巽象十六日，

---

① 玄，原作"元"。
② 以上內容出自康熙五十二年《御定星曆考原》卷一"象數本要"。

月虧于辛；艮象下弦日，月消于丙；坤象晦日，月没于乙。此指二八月晝夜均平之時。若以歷法言之，則晝夜有長短。若晝短，日没于申，則月合于申，望于寅矣；若晝長，日没于戌，則月合于戌，望于辰矣。十二月之中，三日之月未必盡見庚，十五日之月未必盡見甲，合朔有先後，則上下弦未必盡在八日、二十三日，望晦未必盡在十五、三十日也。”又虞翻《易傳》曰：“日月懸天，成八卦象。三日暮震象月出庚，八日兌象月見丁，十五日乾象月盈甲壬，十六日旦巽象月退辛，二十三日艮象月消丙，三十日坤象月滅乙癸。晦夕朔旦，則坎象水流戊，日中則離，象火就己，成戊己土位，而象見于中。”納甲之説，虞比《參同契》爲備，而坎離戊己始有歸著，故詳記之。陳希夷《河洛理數》論納甲，末云①：“戊，中央陽土，坎爲中陽，故納戊；己，中央陰土，離爲中陰，故納己焉。陰陽各以其類相從也。”

　　0012反支　往亡　古以反支日不受章奏，往亡日不利行師。何謂反支？《潛夫論》注：“反支，用月朔日爲正。戌、亥朔一日反支，申、酉朔二日反支，午、未朔三日反支，辰、巳朔四日反支，寅、卯朔五日反支，子、丑朔六日反支。”何謂往亡？《集覽》云：“立春後七日，驚蟄後十四日，清明後二十一日，是以七遞加之也。立夏後八日，芒種後十六日，小暑後二十四日，是以八遞加之也。立秋後九日，白露後十八日，寒露後二十七日，是以九遞加之也。立冬後十日，大雪後二十日，小寒後三十日。是以十遞加之也。”是爲往亡。

　　0013十二辰肖屬　《蠡海》曰：“十二辰肖屬，子爲陰極，幽潛隱晦，以鼠配之，鼠藏迹；午爲陽極，顯易剛健，以馬配之，馬快行；丑爲陰，附而慈愛，以牛配之，牛舐犢；未爲陽，仰而秉禮，以羊配之，羊跪乳；寅爲三陽，陽盛則暴，以虎配之，虎性暴；申爲三陰，陰盛則黠，以猴配之，猴性黠；卯、酉爲日月之門，二肖皆一竅，兔舐雄毛出《論衡》則孕，感而不交也，雞合踏而無形，交而不感也；辰、巳陽起而變化，龍爲盛，蛇次之，故龍、蛇配辰、巳，龍、蛇者變

---

① 　末，原作“未”。

化之物也；戌、亥陰斂而持守，狗爲盛，猪次之，故猪、狗配戌、亥，狗、猪者鎮靜之物也。或云：皆取不全之物配肖屬，非也。庶物萬類，豈特十二哉。況無義理，不足信也，明矣。”

《考原》云：“十二禽象相沿已久，莫知其所自來。雖于經典無見，然以經傳子史考之，則不獨宋以後也，如韓愈《毛穎傳》謂‘祭于卯地’，《祭張員外文》謂‘虎取而去，來寅其徵’，則唐時有之矣。《管輅傳》推東方朔龍蛇之占，以爲變化相推，會于辰巳。又，譙周謂司馬爲典午，則漢晉時有之矣。遡而上之，陳敬仲筮者，言當昌於姜姓之國，而釋春秋謂觀之六四，納得辛未，辛謂巽長女，未爲羊，羊加女爲姜，則是周時又已有之也。”

洪巽《漫録》云：“十二屬，子、寅、辰、午、申、戌俱陽，故取相屬之奇數，鼠五指，虎五指，龍五爪，馬單蹄，猴五指，狗五指；丑、卯、巳、未、酉、亥俱陰，故取相屬之偶數，牛四爪，兔兩爪，蛇雙舌，羊四爪，猪四蹄。”

0014一日分爲十二時　古無以一日分爲十二時之説。《洪範》言歲月日，不言時。《周禮·馮相氏》掌十有二歲、十有二月、十有二辰、十日、二十有八星之位，不言時。屈子自敘其生年月日，不及時。古無所謂時，凡言時者若《堯典》之四時、《左傳》之三時，皆謂春夏秋冬也。自漢以下，歷法漸密，于是以一日分爲十二時，不知始于何人，而今遵用不廢。按《左傳》卜楚邱曰：“日之數十，故有十時。”而杜元凱注則以爲十二時。雖不立十二支之目，然其曰夜半者，即今之所謂子也；雞鳴者，丑也；平旦者，寅也；日出者，卯也；食時者，辰也；禺中者，巳也；日中者，午也；日昳者，未也；晡時者，申也；日入者，酉也；黃昏者，戌也；人定者，亥也。一日分爲十二時，始見于此，考之《史記·天官書》曰：“旦至食，食至日昳，日昳至晡，晡至下晡，下晡至日入。”《吳越春秋》有曰：“時加日出，時加雞鳴，時加日昳，時加禺中。”則十二名古有之矣。

0015二十四時　一日分十二時，每時又分爲二，曰初，曰正。是爲二十四小時，而選擇家以子初爲壬時，丑初爲癸時，寅初爲艮時，卯初爲甲時，辰初爲乙時，巳初爲巽時，午初爲丙時，未初爲丁時，申初爲坤時，酉初爲庚時，戌初爲辛時，亥初爲乾時。今時憲書，寅申巳亥月，宜用甲丙庚壬時；卯酉子午月，宜用艮巽坤乾時；辰戌丑未月，宜用癸乙丁辛時是也。錢辛楣云：都門法源寺見遼舍利函後題甲時，又戒壇寺見遼法禪師碑後題乾時，又遼石幢二，其一題庚時，一題坤時。潭柘寺見金《了公禪師塔銘》，亦題庚時。蓋遼金石刻，多用斯語。後讀《舊唐書·呂才傳》言“若依葬書，多用乾、艮時”，則隋唐以前已有此稱。又考《晉書》載“魏太史令許光議[①]，黃初二年六月加時未日蝕，黃初以爲加辛强”，又“二年七月，日加壬月丙日蝕”，是以干命時之證也；又云“三年正月加時申北日蝕、十一月加時西南維日蝕”，言申北西南維而不言坤者，則知以乾坤艮巽代四維，魏晉以前未有此稱矣。

0016 正朔　《記·大傳》疏：周建子，商建丑，夏建寅，是改正也。周夜半，商雞鳴，夏平旦，是易朔也[②]。自漢武太初以來，皆以寅爲正，而朔不復論矣。

0017 上巳　或問于齊于生曰：上巳干名，抑爲辰乎？齊于生曰：上屬上旬，巳乃干名。古人卜日用干爲準，凡其數月，然後以辰，故三正建月，爰定子丑四時，分日乃始甲乙，不觀之《禮》乎？“上丁習舞，仲丁習樂”，又不觀之《傳》乎？“上辛大雩，季辛又雩”，其云“上”者，以上旬也，“仲”者中旬，“季”者下旬也。其云“丁、辛”，則以干也。蓋旬準于十，十干配之，日有循環，干無遺數，所爲可定以上也。若辰以十二爲準，則惟月十二可以配之，使以辰準日，則日當旬辰，贏二數上難等矣。請逐言之：當其上旬朔在子丑，則此一旬，乃無戌亥。假使上旬朔在午未，則此一旬已無辰巳。既無辰巳，上無巳矣，然必用巳，巳在中旬，將名此巳，爲上巳乎？抑中巳乎？是數之貿也。

---

① 《晉書·律曆志》：“魏文帝黃初中，太史令高堂隆復詳議曆數，更有改革。”不作“許光”。

② 《禮記·大傳》“改正朔”疏：“周子，殷丑，夏寅，是改正也；周夜半，殷雞鳴，夏平旦，是易朔也。”

故沈約《宋書》云：魏以後但用三日，不復用巳。惡其貿也。《癸辛雜識》亦云："上巳當作十干之己。古人用日例用干，如上辛、上丁、上戊之類，若首午尾卯，則上旬無巳矣。"一說三月建辰，則巳爲除日，以除不祥。《風俗通》云："巳者祉也。"惟巳可止，故用被除，此爲巳也。故《爾雅》稱巳月爲則月，則亦止也。出蔡州曹氏《月令攷》①。

0018伏 臘　伏、臘皆祭名。三戌、三庚，猶云上辛、上戊。秦德公六月初，作伏祠，以夏至後陰氣將起，磔狗四門，以禦蠱災，謂之伏。伏者，藏也，藏陰氣以抑陰也。秦惠文王十二初臘，以冬至後，陽氣初起，報祭百神，謂之臘。臘者，接也，接陽氣以扶陽也，皆秦人爲之。周以前無是也②。《説文》："冬至後三戌爲臘。"顏師古曰："陰氣將起，迫于殘陽而不得升爲伏。"斯二言者近之矣。

0019上澣 中澣 下澣　漢律：吏五日一休。即休假也。休言休息，以洗沐也，亦曰休澣。今稱上旬爲上澣，中旬爲中澣，下旬爲下澣，此之義也。按五日一休亦取《禮記·內則》"三日具沐"之意。以三日太密，故加二日爲五日耳。

0020夜子時　宋紹熙二年正月三日壬子，其夜子時立春，洪文敏以劄子白廟堂云：日辰自古以子時爲首，今既子時立春，則當是四日癸丑。謂太史之誤。見《賓退錄》③。頃見寶祐四年，會天曆。是歲立夏四月三日甲子，其夜子初二刻。則子初係前一日，終宋世未嘗改也，元明至今，猶承其舊，洪氏于推步本非專門，輒議太史爲誤，非也。

0021分野　古者封國，皆有分星，以觀妖祥，或繫之北斗，如魁主雍；或繫之二十八宿，如星紀主吳越；或繫之五星，如歲星主齊吳之類。有土南而星北，土東而星西，反相屬者，何耶？先儒以爲："受封之日，歲星所在之辰，

---

① 　此段文字，除引《癸辛雜識》之語外，其他內容與清毛奇齡《西河集》卷一一七"上巳說"條相同。《西河集》該條後面亦注明"此篇出蔡州曹氏《月令考》"。
② 　以上內容襲明周祈《名義考》卷二"伏臘"條。
③ 　見宋趙與峕《賓退錄》卷八。

其國屬焉。吳越同次者，以同日受封也。"①故自昔星家，以歲之所在爲福，歲之所衝爲災，屢有明驗。秦以後則一統，無疆域之廢置，則又大不侔矣。如之何皆驗也？

　　0022颶颱　外洋風信，清明以後，南風爲常；霜降以後，北風爲正。南風壯而順，北風烈而嚴。南風時發時息，恐風不勝帆，故舟以小爲速。北風一發難止，恐帆不勝風，故舟以大爲穩。海中之颶，四時皆發，而秋夏爲多，所現之氣如虹如霧，有風無雨，名爲颶母。夏至後，必有北風，必有颱信，風起而雨隨之。越三四日，颱即倏來，少則晝夜，多則三日。或自南轉北，或自北轉南，蓋夏時陽氣司權，南方之氣爲北風摧鬱，鬱極而發，遂肆橫激其轉而北也。因北風未透，南風即起，北風之鬱仍復衝決，必候有西風，其颱即定，然後行舟。土人謂正、二、三、四月發者爲颶，五、六、七、八月發者爲颱。颱甚于颶，而颶急于颱。颶無常期，颱經旬日。自九月至冬多北風，偶或有颱，亦驟如春颶。船在洋中遇颶可支，遇颱則難其，蓋颶散而颱聚也。

　　附錄颶信

　　正月初四日接神颶。俗名報。初九日玉皇颶。此日有報，一年之報皆驗，否則各報有不驗者。十三日關王颶。二十九日烏狗颶。二月初四日白鬚颶。三月初三日元帝颶。十五日真人颶。二十三日媽祖颶。即天妃誕日，真人報多風，媽祖報多雨。四月初八日佛子颶。五月初三日屈原颶。係大颱之旬。十三日亦曰關王颶。六月十三日彭祖颶。十八日彭祖婆颶。二十四日洗炊籠颶。自十二日至二十四日皆大颱旬。七月十五日鬼颶。八月初五日大颱旬。九月初九日曰九降。自初一至十八日風迅發不常。十月初一日亦大颱旬。十八日彌陀颶。十二月二十四日送神颶。自二十四日至除夕多有大風，名送年風。

---

① 《周禮·保章氏》："以星土辨九州之地，所封封域皆有分星，以觀妖祥。"鄭玄注："星土，星所主土也。封猶界也。鄭司農説星土以《春秋傳》曰"參爲晉星""商主大火"，《國語》曰"歲之所在，則我有周之分野"之屬是也。玄謂大界則曰九州，州中諸國中之封域於星亦有分焉。其書亡矣。堪輿雖有郡國所入度，非古數也。今其存可言者，十二次之分也。星紀，吳越也。"

0023**江西　廣東　廣西**　江西管轄之地並在江南，何以言西？考之六朝以前，其稱江西者，並在秦郡今六合、歷陽今和州、廬江今廬州府之境。蓋大江自歷陽斜北下京口，故有東西之名。胡三省《通鑑注》："大江東北流，故自歷陽濡須口皆謂之江西，而建業謂之江東。"楊子《法言》："楚分江西。"《三國志·魏[書]·武帝紀》："進軍，屯江西郝谿。"《吳主傳》："民轉相驚，自廬江、九江今壽州、蘄春、廣陵戶十餘萬，皆東渡江。江西遂虛，合肥以南，惟有皖城。"《桓伊傳》："進督豫州之十二郡，楊州之江西五郡事。"昔之所謂江西，皆今之所謂江北也。故《晉[書]·地理志》以廬江、九江自合肥以北至壽春，皆謂之江西。今人以江、饒、洪、吉諸州爲江西，是因唐貞觀十年分天下爲十道，其八曰江南道；開元二十一年又分天下爲十五道，而江南爲東西二道，江南東道理蘇州，江南西道理洪州。後人省文但稱江東、江西耳。廣東、廣西亦然。廣東，廣南東路；廣西，廣南西路之省文也。《文獻通考》："太宗至道三年，分天下爲十五路，其後又增三路，其十七路曰廣南東路，十八路曰廣南西路。"

0024**四川**　《唐書》劍閣一道，止分東西兩川而已。至宋則爲益州路後改爲成都府路、梓州路後改爲潼川府路，即今之潼川州[①]、夔州路，謂之川峽四路，後遂省文名爲四川。

0025**河東　山西**　河東、山西，一地也。唐之京師在關中，而其東則河，故謂之河東；元之京師在薊門，而其西則山，故謂之山西。各自其畿甸之所近而言也。

0026**山東　河內**　古所謂山東者，華山以東。《管子》言："楚者，山東之強國也。"《史記》引賈生言："秦并兼諸侯山東三十餘郡。"《後漢[書]·陳元傳》言："陛下不當都山東。謂光武都洛陽。"蓋自函谷關以東總謂之山東，唐人則以太行山之東爲山東。杜牧謂"山東之地，禹畫九土曰冀州"是也。而非若今之但以齊魯爲山東也。古所謂河內者，在冀州，三面距河之內。《史記》正義曰：

---

①　清顧炎武《日知錄》卷三十一"四川"條此後尚有"利州路今保寧府廣元縣"數語，當據補。

“古帝王之都多在河東河北，故呼河北爲河内，河南爲河外。”又云：“河從龍門南至華陰東，至衞州東北入海，曲繞冀州，故言河内。蓋自大河以北總謂之河内，而非若今之但以懷慶爲河内也①。

　　0027 **太上皇**　《秦始皇本紀》追尊莊襄王爲太上皇，是身後追尊之號，猶周曰太王也。漢則以爲生號，高帝尊太公曰太上皇，後代並因之矣。註：“太上，極尊之稱；天子父，故號曰皇。不預治國，固不言帝。”②

　　0028 **皇帝**　蔡邕《獨斷》曰：“至尊之稱。皇者，煌也，盛德煌煌，無所不照。帝者，諦也。能行天道，事天審諦，故稱皇帝。”上古天子庖羲氏、神農氏稱皇，堯、舜稱帝，夏、殷、周稱王。秦承周末，自以德兼三皇，功包五帝，故并以爲號。漢因之。《高帝紀》云“漢王即皇帝位”是也。

　　0029 **后 妃**　《白虎通》云：“天子之配至尊，故曰后。”《曲禮》曰：“天子之妃曰后。”註疏：“后，後也。言其後于天子，亦以廣後嗣也。”③商以前皆稱妃。黄帝有四妃，舜有三妃。《檀弓》：“舜葬于蒼梧之野，蓋三妃未之從也。”周始立后，正嫡曰皇后，次皇后曰貴妃。今后宮嫡庶皆曰妃。妃，匹也。《爾雅》：“媲也，對也。”《左傳》：“惠公元妃孟子。”又：“各有妃耦。”《晉書·后妃傳·序》亦云：“爰自夐古，是謂元妃；降及中年，乃稱王后。”惟《左傳·哀[公]元年》：“后緡方娠。”是夏時事，疑此後人追稱之詞。

　　0030 **太子**　《韓詩外傳》曰：“五帝官天下，三王家天下。家以傳子，官以傳賢。”故自唐虞以上，無太子稱號。夏殷之王，雖以傳嗣，其文略矣。至周始有文王世子之稱。《白虎通》曰：“何以知天子之子稱世子？《春秋傳》‘王世子會于首止’是也。何以知天子之子稱太子？《尚書》曰‘太子發升于舟’是也。”

---

①　懷慶，清顧炎武《日知録》卷三十一“山東河内”條作“懷州”。

②　《漢書·高帝紀》：“今上尊太公曰太上皇。”顏師古注：“太上，極尊之稱也；皇，君也。天子之父，故號曰皇。不預治國，故不言帝也。”

③　此乃《禮記·曲禮》“天子有后”唐孔穎達疏語，非鄭注。

0031 **公主**　《公羊傳》曰：“天子嫁女于諸侯，必使公侯同姓者主之，故謂之公主。”天子之姑曰大長公主，其姊妹曰長公主，天子之女曰公主，諸王女曰翁主。顏師古曰：“天子至尊，不親主婚，故謂之公主。諸王即自主婚，故曰翁主。翁者，父也。”漢制：天子以列侯尚公主，諸侯以國人承翁主。《初學記》：“公主別立第舍，太子之女則令諸侯就第奉事之，故謂尚公主。諸王之女，則當國人來承事之，皆不得謁見，舅姑通問而已。”

0032 **駙馬**附天子之馬而行親附之義也　魏晉之後，尚公主皆拜駙馬都尉。初，駙馬都尉漢武置也，掌御馬。《說文》“駙”字：“從馬，付聲。一曰駙，近也，又疾也。”應劭曰：“自上安下曰都尉，曰總領。”歷兩漢，多宗室及外戚及諸公子孫任之。至魏，何晏，大將軍何進孫，以主壻拜駙馬都尉。杜預尚晉宣帝女高陸公主，拜駙馬都尉。王濟尚晉文帝女常山公主，拜駙馬都尉。後代因以爲常，每尚公主，則拜駙馬都尉。

0033 **閣學**　明時稱大學士爲閣學，今稱中堂，而稱大學士爲閣學者[①]。閣學之名起于宋宣和末，陳亨伯爲龍圖閣直學士，稱龍學，顯謨、徽猷二閣直學士欲效之，而難于稱謨學猷學，乃易閣學。

0034 **官 階 勳 爵**　官如尚書、侍郎之説。階陛，所以升堂奥也。歷清貫者，亦由是而登進焉。其設有二十，有庸，有事，有敘，有加。用是四者以詔百吏。由廋而上至于元略，曰加，曰敘；進而下至于景，曰事，曰庸。王功曰勳[②]。如銘于太常、垂諸竹帛之類，其設十有二，以馭親賢，以詔勞舊，以稽秩序，以行慶賜。爵列有五，所以褒有德也。元微之《唐贈太子少保崔公俴墓誌銘》云：“官至户部尚書，贈太子少保，階至正議大夫，勳至上柱國，爵至安平縣開國男。”數語最分明。

---

① 大，疑衍。清王士禎《香祖筆記》卷十一該句作“而稱學士爲閣學”。

② 唐元稹《元氏長慶集》卷四十九《崔元略等加階制》：“某官某乙：階之設二十有九，有庸，有事，有敘，有加。用是四者，以詔百吏。由廋而上至于元略，曰加，曰敘；進而下至于景，曰事，曰庸。光我侍從之臣，且優致政之老，詔賢詔德，於是乎在。堂奥益近，爾其敬之。”

0035特進　開府　特進，自漢宣帝以許廣漢爲平恩侯位特進始。開府，自安帝以鄧騭爲開府儀同三司始。魏晉以特進爲加官，隋唐以爲文散官，宋以特進爲文官之首。大觀著令，非宰臣不除。宋太宰以下，至光禄大夫開府者，爲文公大司馬；至諸將軍開府爲武公。梁位次三公。唐以爲文散官，雖三公三師亦必冠以此號。宋改唐節度使爲使相，亦稱開府。今巡撫稱開府者，本使相之遺意也。

0036玉筍班　龍虎榜　李宗敏知貢舉，門生多清秀俊茂，唐伸、薛庠、袁郁輩，謂之玉筍班。陸贄主試，得韓愈、歐陽詹、賈稜、陳羽等，皆天下孤儁偉傑之士，號龍虎榜。今人謂朝班爲玉筍，揭曉謂懸龍虎榜。畫龍虎于榜前者，皆附會也。

0037予告　賜告　漢律，吏二千石有予告、有賜告。予告，在官有功最，法所當得者。賜告者，病滿三月當免，天子優賜其告，使得印綬，將官屬，歸家理病。郡二千石賜告不歸家，自馮野王始也[①]。

0038陛下　蔡邕《獨斷》：“陛，階也，所由升堂也。謂之陛下者，羣臣與天子言，不敢直言天子，故呼在陛下者而告之，因卑達尊之意也。上書亦如之。”

0039行在　天子自謂曰行在所，蔡邕《獨斷》曰：“天子以四海爲家，謂所居爲行在所。”《前漢[書]·武帝紀》：“徵詣行在。”

0040禁中　天子所居也。門戶有禁，非侍御者不得入，故曰禁中。漢孝元皇后父大司馬陽平侯，名禁，當時避之，乃曰省中，今仍改曰禁中。

0041閣下殿下、麾下、節下、執事、記室、膝下、足下，俱附見　秦漢以來，天子曰陛下，皇太子曰殿下，將言麾下，使者言節下。古者三公開閣，郡守比古侯伯，亦有閣，故于二千石長史書題有閣下之稱。前輩呼刺史、太史，亦曰節

---

① 明方以智《通雅》卷二十六：“予告，命也。賜告，恩也。《高紀》注：‘孟康曰：漢律，吏二千石有予告，有賜告。’上郡太守馮奉世子野王逡病，滿三月，賜告，與妻子歸杜陵就醫藥。大將軍鳳諷御史中丞劾奏：野王賜告養病而私自便持虎符出界歸家，奉詔不敬。”

下。與宰相大僚書往往呼執事，書閣下者少。劉子［玄］時爲史官[1]，與監修宰相書呼足下。韓文公與使主張僕射呼執事。即其例也。記室，賓佐也。他人亦非所宜。近日官至使府、御史，及畿令，悉呼閣下，至于初命賓佐，猶呼記室，今則一例閣下。父母曰膝下，同類相言曰足下。

0042 足下 足下之稱始于晉文，劉宋劉敬叔《異苑》曰：“晉文哀介子推，拊木，視其屐曰：悲乎！足下！”介子推隱于綿山，文公求之不出，令人赭其山，推抱樹而死。文公以其所抱之樹之木爲屐着之，每顧屐，輒痛曰：“悲乎！足下！”

0043 黃堂太守 吳郡太守所居之地，乃戰國楚春申居黃歇之子所居，數以火燃，塗以雌黃，故曰黃堂。今稱太守曰黃堂者，或本此。

0044 五馬太守 漢制：朝臣出使爲太守，則增一馬，故爲五馬[2]。晉王羲之守永嘉，庭列五馬，繡鞍金勒，出則控之。謝靈運爲永嘉太守，以五馬自隨，立五馬亭。或曰，柳元策兄弟五人並爲太守，故爲五馬。

0045 治中 漢儀：治中從事史一人居中治事，主衆曹文書，漢制也。司隸功曹從事，即治中也。諸葛稱龐統曰：“士元非百里才。”使居治中、別駕之任，始足展其驥足耳[3]。

0046 通判 別駕也。周必大《吉州通判廳記》：“郡丞秦官，惟掌兵馬。”《類聚》：“秦置郡丞以佐守，在邊爲長史，掌兵馬，漢因之。”[4]自漢迄唐，其名不常，曰別駕，曰司馬，曰治中，曰長史。雖均號上佐，其實從事之長耳。今以通判爲倅者，《周禮》謂太守之副，別駕、長史、司馬，通謂之上佐。漢制：別駕從事史一人，從刺史行部，別乘一乘傳車，故謂之別駕。《綱鑑》：“宋太祖以文臣知州事，設通判以倅之。”

---

① 玄，從顧炎武《日知錄》卷二十四“閣下”條補。

② 《漢官儀》：“四馬載車，此常禮也；唯太守出則增一馬，故稱五馬。”

③ 《三國志·蜀書·龐統傳》：“吳將魯肅遺先主書曰：‘龐士元非百里才也，使處治中、別駕之任，始當展其驥足耳。’諸葛亮亦言之於先主。先主見與善譚，大器之，以爲治中從事。”

④ 此段文字見元富大用《古今事文類聚外集》卷十二“治中”條。

0047守令　大郡曰守，小郡曰尉；大縣曰令，小縣曰長。秦制也。漢初因之，如魏尚，雲中守；趙佗，南海尉；董宣，洛陽令；陳實，太邱長之謂。又郡佐亦謂之尉。郡守，秦以前稱上大夫，即州牧侯伯，漢名太守，唐名刺史，宋名知州，或加將軍，或號持節，或帶團練防禦，或曰總管，皆守也。治中、別駕、長史、司馬、通判，皆郡丞也。軍事、判官、防團、推官、司理、司户，皆增置，亞于丞者也。主簿、功曹、督郵、録事、參軍、曹掾，皆郡尉也。縣令，秦以前稱下大夫，即附庸，或又稱宰，稱尹，稱公。魯稱宰，仲尼爲“中都宰”是也。楚稱尹，沈尹戌爲“方城之外縣尹”是也。亦謂之公，葉公諸梁是也。亦謂之大夫，齊威王“封即墨大夫①、烹阿大夫”是也。漢以後俱稱令。宋始稱知縣，有戍兵則兼兵馬都監押。亦有丞尉。增主簿、郡守。掌治京師曰内史，曰尹；王國曰相。

0048經略　《説文》：“[略，]經略土地也。”《左傳》：“天子經略，諸侯正封。”注：“聚土爲封曰略。”經謂巡行，略謂邊界，即聚土爲封之略。後世不知略之爲聚土，陸詞、黄公紹謂巡行爲略②，是以解經字者解略字，失之矣。經略之云，猶言防邊也、出塞也。且《左傳》凡言略者皆聚土爲封也，如云：“侵敗王略。”又曰：“與之武公之略。”又曰：“吾將略地焉。”其義皆同。《尚書》曰：“嵎夷既略。”謂立邊防以界嵎夷，正天子經略之事也。《孟子》曰：“此其大略也。”略字本喻言未得其邊而未盡其中也，猶《莊子》所謂：“道無封，爲是而有略也。”③郭象注：“道無封，故萬物得恣其分域。”妙得《莊》旨。

0049台鼎　《名義攷》云：“《後漢·郎顗傳》：‘三公上應台階。’《彭宣傳》：‘三公鼎足承君。’此台鼎之稱。《周禮·大宗伯》疏：‘上台司命爲大尉，中台司中爲司徒，下台司禄爲司空。’《晉[書]·天文志》曰：‘在人曰三公，在天曰三台，主開德宣符也。’《環濟要略》云：‘三公者，象鼎三足，共承其上

---

① 封，原誤作“對”。

② 此指陸詞(字法言)《切韻》與黄公紹《古今韻會》書中關於“略”的釋義。

③ 《莊子·齊物論》：“夫道未始有封，言未始有常，爲是而有畛也。”

也。'台鼎之義如此。"

0050太史　秦漢以來，太史之任兼成。周太史、馮相、保章三職，以著述爲事而兼掌星歷，司馬談父子所職是也。至宣帝時，著述以他官領之，太史惟知占候而已。唐爲司天臺，宋爲司天監，明爲欽天監，亦不復稱太史。今稱翰林院爲太史者，取其著述之職也。

0051官銜　《封氏見聞》云①："官銜之名，蓋興近代，當是選曹補受，須存資歷聞奏之時，先具舊官品于前，次書擬官于後名②，使新舊相銜不斷，故曰官銜。"所以名爲銜者，如人口之銜物，取其連續之意。又爲馬之有銜，以制其首。前馬已去，後馬續來，相次不絕者，古人謂之銜尾相屬，即其義也。

0052方面　任一方曰方面。唐有方面之稱，《倪若水傳》："冗官擢方面，皆以爲下遷。"③今猶有此稱。曰開府，則晉已然。

0053稗官　《漢[書]·藝文志》："小説出于稗官。"細米曰稗。王者欲知閭巷風俗細碎之言，故立稗官。

0054蓮幕　齊王儉領吏部，使庾杲之爲長史。蕭緬與儉書："盛府元僚，每難其選，使杲得泛綠水，依芙蓉，何其麗也。"時人以儉府爲蓮花池。今曰幕官曰蓮幕，義出此。

0055書翰　刀筆　古者用羽翰爲筆以書，故曰書翰。刀以削簡牘。吏以刀筆自隨，故曰刀筆吏。有直以翰爲字，以刀爲除文殺人，失古人命名之義也。

0056官人　南人稱士人爲官人。《昌黎集·王適墓誌銘》："一女，憐之，必嫁官人，不以與凡子。"是唐時有官者方得稱官人也。杜子美《逢唐興劉主簿》詩："劍外官人冷。"明制：郡王自鎮國將軍而下，稱呼止曰官人。

0057白衣　白衣者，庶人之服。然有以處士而稱之者，《風俗通》："舜、

①　一般作"封氏聞見"，即《封氏聞見記》。
②　"名"當置"官"後。
③　《新唐書·倪若水傳》："時天下久平，朝廷尊榮，人皆重内任，雖自冗官擢方面，皆自謂下遷。"

禹本以白衣砥行顯名,升爲天子。”《史記·儒林傳》:“公孫宏以《春秋》白衣
爲天子三公。”《後漢書·崔駰傳》:“憲諫以爲不宜與白衣會。”《孔融傳》:
“與白衣禰衡跌蕩放言。”是也。有以處士在官而稱之者,《漢書·兩龔傳》
“聞之白衣”師古曰[①]:“白衣,給官府趨走賤人,若今諸司亭長掌固之屬。”

0058 **材官**　如淳曰:“材官,有材多力之士。”漢申屠嘉以材官蹶張從高
帝[②]。蹶張,能脚踏强弩張之也。

0059 **青史**　夏㷀曰:“史者,紀事之籍,謂之青者,蓋古人以火炙簡,令
汗出,取青易書,故其簡謂之青,而史亦謂之青史。”

0060 **宮 殿**　宮非寢室也,牆也。殿非正朝之室,亦猶堂也。《記》:“君
爲廬宮之。”《儒行》注:“宮,牆垣也。”不得其門而入者曰“宮牆外望”,宮之
爲牆可知矣。《蒼頡篇》:“殿,大堂也。”《三輔黃圖》未央前殿“左城右平”,
注:“天子殿高九尺,階爲九級,中分左右,左有齒,人行之;右則平之,平者
以文磚相亞次,令輦車得上也。”[③]是殿與堂同,但有大小耳。古儒有一畝之
宮。漢黃霸令計吏條對:“有舉孝子先上殿。”宮殿又通上下言之。秦以後
始爲至尊之稱。“城”與“砌”同,階甃也。

0061 **堂 室**　《春秋内事》云:“軒轅氏始有堂室。”今人以正寢爲堂,燕
寢爲室,非也。堂蓋正寢前露臺也。《爾雅》:“古者爲室,自半以前虛之爲
堂,半以後實之爲室。”是也。虛謂築土,實爲架木。

0062 **象魏 雙闕 兩觀**　古者宮庭爲二臺于門外,作樓觀于上,上圓下
方,兩觀雙植,中不爲門,門在兩旁,中央闕然爲道。以其懸法,謂之象魏。
象,法象也;魏,其狀巍然高大也。以其中央闕然謂之闕,以其使民觀之謂之

---

① 龔,原誤作“襲”。
② 《漢書·申屠嘉傳》:“申屠嘉,梁人也,以材官蹶張從高帝。”顏師古注引如淳曰:“材官之多力,能脚
　踏彊弩張之,故曰蹶張。”
③ 《三輔黃圖》卷二“左碱右平”注:“右乘車上,故使之平。左以人上,故爲之階平。碱,階級也。”《談
　徵》引文實出《文選·張衡〈西京賦〉》“右平左城”李善注。

觀,雙植謂之兩觀,謂之雙闕,名雖殊而實一也,猶今午門然。

0063 跋扈　猶言强梁也。顔師古曰:“扈,竹籬也。水居者于水未至先作竹籬,候魚之入。水退,小魚獨留,大魚跳跋扈籬而出。故言跋扈也。”《詩·皇矣》:“無然畔援。”箋云:“畔援,猶跋扈也。”疏云:“凶横自恣陵人之意。”

0064 甲第　漢高詔:“列侯食邑者皆賜大第室。”孟康曰:“有甲乙次第,故曰第。”第非室也。《初學記》:“出不由里門、面大道者,名曰第。”爵雖列侯,食邑不滿萬户者不得作第。第非通稱也。按《左傳》:“齊景公欲更晏子之第。”《史記》:“齊自淳于髡以下皆命曰列大夫,爲開第于康莊之衢。”漢武帝爲霍光治第[1],是皆以第爲室也。羊祜與從子琇書曰:“既定邊事,當角巾東第。”又以第爲通稱也。田蚡治宅甲諸第,遂有甲第之稱。漢設甲乙科射策,中者謂之甲第。隋唐以來,進士諸科又有及第之目,是科目亦謂之甲第。

0065 轅門　張晏曰:“軍行車爲陣,轅相向爲門,故曰轅門。”[2]

0066 衙門　《周禮》:“太宰以八法治官府。”注:“百官所居曰府。”近代通謂府廷爲公衙,衙門乃牙門之訛也。《封氏見聞》[3]:“衙字本作牙。《詩》曰:‘祈父,予王之爪牙。’祈父,司馬,掌武備,象猛獸以爪牙爲衛,故軍前大旗謂之牙旗。出師則有建牙禡牙之事,軍中聽號令必至牙旗之下。近俗尚武,是以通呼公府爲公牙,府門爲牙門,字稍訛變轉而爲衙也。”

0067 紫薇堂　藩司堂扁有曰“紫薇堂”,自明已然,其義不可曉。意必取《天官書》“環之匡衛十二星,藩臣,皆曰紫宫”之義。按《晉［書］·天文志》:“紫宫垣十五星,其西蕃七,東蕃八,在北斗北。”紫宫垣即紫薇垣。唐開元中改中書省曰紫微省,亦以中書令佐天子執大政,有藩臣匡衛之義也。

---

[1]　《史記·衛將軍驃騎列傳》:“天子爲治第,令驃騎視之,對曰:‘匈奴未滅,無以家爲也!’由此上益重愛之。”無涉霍光。

[2]　《史記·項羽本紀》“諸侯將入轅門”集解:“張晏曰:軍行以車爲陣,轅相向爲門,故曰轅門。”

[3]　一般作“封氏聞見”,即《封氏聞見記》。

但微乃顯微之微,今扁作薇藿之薇,殊不可解。

　　0068 端門　見《周勃傳》,顏師古曰:"殿之正門也。"

　　0069 掖門　見《成帝紀》,服虔曰:"正門之旁小門,如人臂掖也。"

　　0070 南衙　《名義攷》云:"今開封稱南衙,不知其義。古者前朝後市,王宮在南。漢以宮城之軍謂之南軍,唐謂之南衙,五代謂之殿前司,宋以殿前都檢點受周禪,都汴梁,今開封府治或即宋殿前司治所,猶襲唐南衙之名耶?"

　　0071 臬司　《書·康誥》:"王曰:"汝陳時臬事。"注:"臬,法也。"蓋示康叔于刑罰外,事不可創,爲一切之法,惟思殷先王之法,輕重有倫,殷民素所服習,惟陳列是法,以爲有司軌範。

　　0072 鹿角叉　今制:朝門及公府以衡木爲斜好別以木交錯穿之,樹于門外,俗謂鹿角叉,即古之所謂行馬。魏文帝拜楊彪光禄大夫,令門施行馬。晉孝武置檢校御史,知行馬外事。行馬,即《周禮》所謂梐枑也。夫本以禁馬,曰行馬,反言之也①。按俗謂鹿角叉,亦有所取義。《瑣碎録》:"鹿夜臨宿,下鹿角寨,大者角向外,四圍小者在中,團圍如寨。"今人以木傲作鹿角寨。

　　0073 州　郡　府　縣　人皇氏依土地山川之勢,財度九州。州之名始見。周制:天子地方千里,分爲百縣,縣有四郡。是縣大而郡小也。郡縣之名始見。秦并天下,置爲三十六郡,以統其縣,漢遂因之。唐改郡爲州,改大州爲府,而府之名始見。宋元,設府于州。明制屬州于府,而郡之名遂廢。今之府由漢以來之郡之州也②,今之縣由秦以來之縣也,其廣狹大小代有不同耳。

　　0074 都鄙　都,美也,"鄙"之對也。《左傳》:"都鄙有章。"《淮南子》云:"始乎都者,常卒乎鄙。"蓋天子所居輦轂之下,聲名文物之所聚,故其

---

① 以上内容襲自明周祈《名義考》卷四"行馬"條。

② 由,當作"猶",或理解爲"猶"的俗字。下同。

士女雍容閑雅之態生。今諺云"京樣"，即古之所謂"都"。《相如傳》"車
從甚都"是也。蕞爾之邑，狐狸豺狼之所嗥，故其閭閻各齒村陋之狀出。今
諺云"村野"，即古之所謂"鄙"。《老子》云："衆人皆有以，而我獨頑似鄙。"
是也。

0075 **墟塲** 虚也。朱子解"廛"爲空虚地，即此意。古者市賣之區曰
虚，曰集。集，聚也。神農氏日中爲市，致天下之民，聚天下之貨，方市。則
集市罷則虚。柳子厚云："往虚所買之。"又《峒岷》詩："綠荷包飯趂墟人。"
注："嶺南呼市爲墟。"閔敘《粤述》："市謂之墟，趂者謂之趂墟。"今猶然。

0076 **亥市** 《青箱雜記》："蜀有亥市。"[①]荆吳俗取寅申巳亥日爲市，故
爲亥市[②]。猶今之市有逢雙日單日也。張祐詩："野橋經亥市，山路至申州。"

0077 **赤 畿 望 緊 上 中 下** 唐制也。京都所治爲赤縣，旁縣邑爲畿
縣，其餘以户口多寡、地美惡爲差，觀《元和郡國志》《元豐九域志》等書
可見[③]。

0078 **御** 御進也。御蔡邕曰："凡衣服加于身，飲食入于口，妃妾接于
寝，皆曰御。親愛者皆曰幸。"

0079 **印文** 漢武帝時，據土數五，故五字爲印文。若印文不足五字，則
以"之"字足之。明時字用成雙，不成雙者則以"之"字足之。《七修類藁》：
"漢唐宋印文多是小篆，明時外任諸衙門皆疊篆，惟總兵者柳葉篆。玉璽王
府之寶，玉箸篆疊，篆必九摺，取'乾元用九'之義。惟歷日印文七疊，取七
政之義也。御史印文八疊，取唐臺儀八印義也。"

0080 **函丈** 《曲禮》："席間函丈。"函，容也；十尺爲丈。席間之地可容

---

① 考《青箱雜記》並無"亥市"的記載。此條襲自明方以智《通雅》。
② 明方以智《通雅》卷十二"以亥日爲市曰亥市"條尚有"徐筠《水志》曰"五字。
③ 《通典·職官十五》："大唐縣有赤、畿、望、緊、上、中、下七等之差。"原注："京都所治爲赤縣，京之旁
邑爲畿縣，其餘則以户口多少、資地美惡爲差。"《舊唐書·職官志二》："凡三都之縣，在內曰京縣，城
外曰畿，又望縣有八十五焉。其餘則六千户以上爲上縣，二千户已上爲中縣，一千户已上爲中下縣，
不滿一千户皆爲下縣。"

十尺也。蓋席制三尺三寸三分寸之一，遠近間三席是一丈。或謂丈作杖，容杖以指揮。非是。

0081方丈　唐顯慶中，王元策使西域，至毗耶離城，有維磨居士石室，以手板縱橫量之，得十笏，名方丈室。後人謂僧舍曰方丈。

0082淀　《廣韻》：“淀，泊屬。”《韻會》：“淺泉也。”左思《魏都賦》有“挖鯉之淀”，或云即狐狸淀。今直隸有南淀、北淀，近畿則有方淀、三角淀、大淀、小淀，不能悉記，凡九十九淀。其水俱匯于畿南任邱縣境，坡塘芰荷、葭葦蒲柳之利比于吳越。《說文》無“淀”字，傳寫者或作洊，或作澱，或作塾，俱非①。

0083上馬石　倣古乘石之意也。《周禮》：“隸僕，下士二人。”“王行，洗乘石。”鄭司農注：“登上車之石也。”《詩》：“有扁斯石，履之卑兮。”乘車之得履石，惟王爲然，王行，洗乘石，致其潔也。《淮南子》云：“周公履乘石。”《尸子》云：“周公踐東宮，履乘石。”

0084土炕　北人以土爲牀而空其下以發火，謂之炕。古書不載。《左傳》：“宋寺人柳熾炭于位，將至則去之。”《新序》：“宛春謂衞靈公曰：‘君衣狐裘，坐熊席，陬隅有竈。’”《漢書·蘇武傳》：“鑿地爲坎，置熅火。”是蓋近之而非炕也。惟《舊唐書·遼東高麗傳》：“冬月皆作長坑，下然熅火以取煖。”此即今之土炕也，但作“坑”字。

0085誕日　彌月　初度　《詩》曰：“誕彌厥月。”傳：“誕，大也。”或曰發語辭②。彌月，乃言終十月之期而生也。今以生日爲誕辰，生後滿月爲彌月，不得其解。《離騷》經曰：“皇覽揆予于初度兮，肇賜予以嘉名。”注：“初度，猶言初節也。”古者子生三月，父名之，謂命名之初節也。今以十年爲度，四十曰四十初度，五十曰五十初度，自幼而壯而老，皆云初度，亦涉于假借，

---

① 此條主要襲自《日下舊聞考》卷七十九，其中“其水……比于吳越”則據朱彝尊《曝書亭集》卷三十七《叢碧山房詩序》。

② 發語辭之解出朱熹《詩集傳》卷六《生民之什》“誕彌厥月”注。

非正解也。

　　0086 廝養　艾草爲防者曰廝，炊烹者曰養。<small>養，餘亮反。</small>

　　0087 文字　春秋以上言文不言字，如《左傳》：“於文，止戈爲武。”“故文反正爲乏。”“於文，皿蟲爲蠱。”及《論語》“史闕文”、《中庸》“書同文”之類，並不言字。《易》：“女子貞不字，十年乃字。”《詩》：“牛羊腓字之。”《左傳》：“其僚無子，使字敬叔。”皆訓爲乳。《書·康誥》“于父不能字厥子”，《左傳》“樂王鮒字而敬”“小事大，大字小”亦取愛養之義，唯《禮儀·士冠禮》“賓字之”、《禮記·郊特牲》“冠而字之，敬其名也”，與文字之義稍近，亦未嘗謂文爲字也。以文爲字始于《史記》^①：秦始皇琅琊臺石刻曰：“同書文字。”《説文·序》云：“依類象形謂之文，形聲相益謂之字。文者物象之本，字者孳乳而生。”《孝經援神契》亦有此語。《周禮》：“外史掌達書名于四方。”註云：“古曰名，今曰字。”《禮記·聘禮》註云：“名，書文也，今謂之字。”此則“字”之名自秦而立，自漢而顯也與？三代以上言文不言字，李斯、程邈出，文降而爲字矣。二漢以上言音不言韻，周禺、沈約出，音降而爲韻矣。

　　0088 敘引　蘇東坡祖名敘，故爲人作序皆用序字^②，又以爲未安，遂改作“引”，而謂《字序》曰《字説》。今人效之，非也。

　　0089 卦爻象象　易者，廬蠪之名，守宮是也。<small>守宮即蜥蜴也，與龍通氣，故可禱雨；與蝌蚪同形，故可嘔電。</small>身色無恒，日十二變，是則易者取其變也。象者，茅犀之名猻神是矣，行則俯首，一望而全體皆見，故統論一卦之體。象，大荒之獸也，有六牙，故六爻之義取以喻之。孔穎達曰：“卦者，掛之于壁也，蓋懸物之杙也。”楊升菴曰：“卦者圭也，古者造律制量，六十四黍爲一圭，則六十四象總名爲卦可也。”^③《木經》云：“爻者交疏之窗也，其字象窗形。”今之象眼窗也。

___

① 記，原誤作“説”。

② 序字，原誤作“敘字”，從宋陸游《老學庵筆記》卷六改。

③ 見楊慎《丹鉛續録》卷二“卦爻名義”條。

一窗之孔六十四,凡三百八十四也,所取於爻者,義取於旁通也。

0090 度量衡古今不同　宋張表臣云:"劉仲景得銅斛二于永興軍,其一云始元四年造,一云甘露元年十月造。數量皆同,云容十斗,重四十斤。以今權量較之,容三斗重十五斤。"按,永興軍,漢左馮翊地。始元,漢昭帝年號;甘露,漢宣帝年號。則二銅斛漢器也。以此上推之:廉頗見魏使,一飯斗米、肉十斤,則是米三升,肉三斤十二兩。凡言一石,准今三斗;一斤,准今六兩。于定國飲酒,數石不亂;劉伶飲酒,一石五斗解酲;孔珪飲酒,七八斗;曹操帳下士持雙戟八十斤。皆可推。且古升上徑一寸,下徑六分,其深八分。古權十黍爲絫,十絫爲銖,十八銖爲錙,二十四銖爲兩。視漢又輕小矣。周尺纔得今六寸六分。《家語》"布指知尺",謂以拇指、食指一磔*音拸*,仍以食指屈二節爲一尺。湯九尺,文王十尺,亦可推。

0091 條記關防　杜佑《通典》曰:"北齊有督攝萬機之印,一鈕,以木爲之,長一尺二寸,廣二寸五分。背上爲鼻鈕,長九寸,厚一寸,廣七分。腹下隱起篆文曰'督攝萬機'四字。"今之條印關防,始于此也。《正字通》:"明制:內外諸司俱用疊篆,以九摺畫而止,字用成雙。不及雙者,足以'之'字。""其印形皆方,大小有差。""餘雜職衙門形稍長,不方,謂之條記。"

0092 道家符籙　《真誥》:"老君佩神虎之符。"《山堂肆考》:"《黃帝出軍訣》:'帝討蚩尤,夢西王母遣人以符授之。帝寤,立壇而請。有玄龜啣符從水中出[①],置之壇中。'道家符籙始此。人主詣道壇受符籙始于南北朝魏時。"

0093 盃珓　即俗所謂打卦也。《演繁露》:"後世問卜于神,有器名盃珓者,以兩蚌殼投空擲地,以觀其俯仰,以斷休咎。自有此制,後人不專用蛤殼矣,或以竹,或以木,畧斲削使如蛤形,而中分爲二。有仰有俯,故亦名'盃珓'。盃者,言蛤殼中空,可以受盛,其狀如盃也。珓者,木合爲教,言神所告教現于此之俯仰也。"宗懍《荊楚歲[時]記》曰:"秋社擬教于神,以占來歲豐

---

① 玄,原作"元"。

儌。其字無所附，並乃獨書爲‘教’，猶言神所告教，于颺擲乎見之也。”此説最爲明白。《經玅圖》：“陽玅俱仰，陰玅俱伏，勝玅一仰一伏，此羲皇所傳兩儀四象。三占之則成卦，而六十四具于中矣。”

0094**法馬**　《東觀漢記》：“馬援于交趾鑄銅馬，奏曰：‘臣聞行天者莫如龍，行地者莫如馬。臣援師事楊子阿。孝武時，善相馬者東門京鑄作銅馬法獻之，立馬于魯班門外，示以爲法，更名曰金馬門。臣既備數家骨法，以所得駱越銅鑄以爲馬，高二尺五寸，圍四尺五寸，謹獻。’詔置德陽殿下。”此法馬之名所由來也。

0095**馬子**　俗有蘇州馬、杭州馬之名。所謂馬者，紀其數也。《禮記·投壺》：“爲勝者立馬，一馬從二馬，三馬既立，請慶多馬。”注：“立馬者，取筭以爲馬，表其勝之數也。謂筭爲馬者，馬謂威武之用。投壺習射，皆以習武也。”畫馬之名，蓋取諸此。

0096**印板**　《孔氏雜説》：“昔時文字未有印板，多是寫本。至後唐明宗長興三年，宰相馮道、李愚請合判國子監田敏校正九經，刻板印賣，從之。至周廣順中，蜀毋昭裔又請刻印板九經，于是蜀中文字復盛。”按柳玭《訓序》文云“嘗在蜀時書肆中閲印板小學書”[1]，則印板非始于五代時矣。陸深《燕閑録》：隋文帝開皇十三年十二月八日敕：“廢像遺經，悉令雕撰。”此即印書之始，又在馮瀛王先矣。《筆叢》：“雕本肇于隋時，行于唐世，擴于五代，精于宋人。”[2]

0097**橫披　手卷　册葉　單條**　《洞天清録》：“古畫多直，有長八尺者，橫披始于米氏父子，非古也。”《雲烟過眼録》：“高宗御府手卷畫前上白引縫間用乾卦圓印，下用‘希世藏’方印，畫卷盡處之下用‘紹興’二字印。又見施家有漢王元昌《羸馬圖》手卷錦表首。”《正字通》：“凡字畫連綴裝潢方闊，

---

[1]　柳玭此書尚有“敘訓、序訓、家訓”之異名。

[2]　見明胡應麟《少室山房筆叢》卷四《經籍會通四》。

俗呼册葉。”《考槃餘事》：“高齋精舍，宜掛單條。”

0098 **數目字**　一、二、三、四、五、六、七、八、九、十、百、千、萬，此數本字也。文省易，緣爲奸，故秦法以數目字文單者以茂密字易之。然觀秦漢諸碑，亦惟“一、二、三”改易，“四”以下仍用本字。今文移家以專壹之“壹”、副貳之“貳”、叁錯之“叁”、矜肆之“肆”、什伍之“伍”、水陸之“陸”、膠柒之“柒”、捌破之“捌”、瓊玖之“玖”、擺拾之“拾”、南北之“阡”、東西之“陌”、蜂萬之“萬”代數字，不知起自何時。或云自徐氏《説文》收附“捌”字，今則“一”至“十”皆改。然《左傳》“萬盈數也”、《漢書》“阡陌之得”，相承已久。俗呼本字爲小，借字爲大，可笑。〇柒，俗柒字。

0099 **檄**　《説文》：“下尺書也。”顔師古曰：“檄者，以木簡爲書，長尺二寸，用徵召也。急則加以羽插之，謂之羽檄，示速疾也。”[1]《史記》漢高祖“以羽檄徵天下兵”。又《韻會》：“陳彼之惡、説此之德、曉諭百姓之書也。又，皎也，明言此使合皎然而識也。漢司馬相如《諭巴蜀檄》、魏陳琳《討曹操檄》皆是。”

0100 **跋語**　《篇海》：“足後曰跋。”故書文字後曰跋。

0101 **右仰**　以尊命卑曰仰。今公家文字，上行下曰仰。古時已有此語。《前漢[書]·孝文皇帝紀》：“詔定三恪禮儀體式，亦仰議之。”

0102 **文移**　文，文書也。自秦少府遣吏四人在殿中主發書，始有“文書”之稱[2]。移，移狀也，如張安世移病、劉歆移書太常[3]，始有“移狀”之稱。文通上下，皆謂之文移。公府不相屬敬則爲移也。

抄明劉元卿《賢奕編》，云：“移文中字，有日用而不知所自，及因襲誤用而不能正者。‘查’字音義與‘槎’同，水上浮木也，今云查理、查勘，有稽考

---

① 顔注見《後漢書·光武帝紀》“王郎移檄，購光武十萬户”注。

② 《通典·職官四》：“秦少府遣吏四人，在殿中主發文書，謂之尚書。尚，主也。”

③ 《漢書·張湯傳》附張安世：“每定大政已決，輒移病出。”師古曰：“移病，謂移書言病也。一曰以病而移居。”劉歆有《移讓太常博士書》。

之義。'弔'本傷也、愍也，今云弔卷、弔册，有索之義。'票'與'標'，本訓急疾，今以爲票帖。'綽'本訓寬綽，今云巡綽。其亦始于方言也歟？"

　　0103 姓　氏　族　　裴駰注《史記·帝紀》云："天子賜姓命氏，諸侯命族。姓者，所以繫統百世使不別也。氏者，所以別子孫所出。族者，氏之別名也。"朱子、吕伯恭雖嘗有辨，而認氏爲族，恐亦有誤。如黄帝，公孫姓，此百世不別者也。少昊，黄帝子，己氏。顓頊，黄帝孫，姬氏，此別子孫所出也。又如魯姬氏，黄帝後，亦公孫姓，無駭以字爲展氏[1]，因以爲族。楚芈氏，亦黄帝後，亦公孫姓。屈、景、昭，爲三族，又謂之三閭。此族者，氏之別名也。天子之後，別以氏，所謂胙之土而命之氏也。諸侯之後，別以族，所謂官有世功，則有官族也。後世氏族通謂之姓，如《史記》："漢高祖姓劉氏"，"黄帝二十五子，得姓者十四人。"即司馬遷亦不免誤，況其後乎？

　　按：三代以前，姓與氏分。漢魏以後，姓與氏合。漢高帝起于布衣，太公以上名字且無可攷，況能知其族姓所出耶？故項伯、婁敬賜姓劉氏，娥姁爲皇后，亦不言何姓。以氏爲姓遂爲一代之制，而後世莫能改焉。

　　0104 家祖　家父　　漢侯霸子孫稱祖父曰家公，陳思王稱父曰家父，母曰家母，潘尼稱祖曰家祖，蔡邕書文稱姑女曰家姑家姊[2]，班固書集曰家孫，戴逵稱弟安道曰家弟。《顔氏家訓》："姑姊妹已嫁，則以夫氏稱之，在室則以次第稱之，言禮成他族，不得云'家'也。子孫不得云'家'者，輕畧之也。"此則與班、蔡諸人之説不同矣。

　　0105 高　曾　曾，重也。由祖以上皆曾祖也，由孫而下皆曾孫也，雖百世可也《爾雅》："父之考爲王父，父之母爲王母，王父之考爲曾祖王父，王父之妣爲曾祖王母。曾祖王父之父爲高祖王父，曾祖王父之妣爲高祖王母。"考之于

---

① 駭，原誤作"孩"。《左傳·隱公八年》："無駭卒，羽父請謚與族。公問族於衆仲，衆仲對曰：'天子建德，因生以賜姓，胙之土而命之氏，諸侯以字爲謚，因以爲族。官有世功，則有官族，邑亦如之。'公命以字爲展氏。"
② 姑女，原誤作"姑曰"，此從北齊顔之推《顔氏家訓·風操》、清王士禎《香祖筆記》卷四改。

《傳》,高祖爲遠祖,《左傳·昭十七年》"郯子來朝",曰:"我高祖少皞摯之立也。"則以始祖爲高祖。《書·盤庚》:"肆上帝將復我高祖之德,亂越我家。"《康王之誥》:"張皇六師,無壞我高祖寡命。"則以受命之君爲高祖。

　　0106 **鼻祖　耳孫**　《方言》:"梁益謂鼻爲祖。獸之初生,其鼻先見,故謂鼻爲祖。"耳孫,玄孫之曾孫也[①]。顏師古曰:"耳孫,諸説不同。據《平帝紀》及《諸侯王表》,昆孫之子也。"[②]"耳、仍"聲相近,耳孫即昆孫之子、來孫之孫、玄孫之曾孫也。所謂仍孫也,從自己而數,是爲八葉。應劭曰:"玄孫之子,去其高曾益遠,但耳聞之。"又是一説。

　　0107 **阿翁　賤息　子姓**　翁,父也。《方言》:"周晉秦隴謂父曰翁。"《廣韻》:"鳥頸毛也。"老人頸毛白而彊短,若此鳥也。《善見律》"翁親"則謂祖,是父祖皆可稱翁。息,生也,子女皆可稱息。左師觸龍曰"賤息舒祺"、《東觀漢紀》"此蓋我子息",是子稱息。呂公見劉季曰:"僕有弱息,願爲箕帚妾。"是女亦稱息。子姓,孫也。《玉藻》注:"姓,生也。孫是子之所生,故謂子姓。"今人稱尊貴者曰翁,稱婦曰息婦。息又从女。稱子姪輩曰子姓,是殆未之考也。

　　0108 **府君　家君**　《三國志》孫堅襲荆州刺史王叡,王叡見堅,驚曰:"兵自求賞,孫府君何以在其中?"孫策進軍豫章,華歆爲太守,葛巾迎策,策謂歆曰:"府君年德名望,遠近所歸。"是府君在漢時爲太守之稱,後人乃以爲尊者亡後之謂。朱子曰:"府君稱于碑者,漢已有之,只是尊神之辭。如言官府之君。"[③]家君者,稱父于生時也,《易》曰:"家人有嚴君。"此之謂與?

　　0109 **太夫人**　《漢·文紀》注:"列侯妻稱夫人,列侯死,子復爲列侯,乃

----

①　玄,原作"元"。本條下二"玄孫"之"玄"同。

②　此據《漢書·惠帝紀》"上造以上及内外公孫耳孫有罪當刑及當爲城旦舂者,皆耐爲鬼薪白粲"顏師古關於"耳孫"注歸納而成。

③　《朱子全書·禮三》:"無爵曰府君、夫人,漢人碑已有,只是尊神之辭。府君如官府之君,或謂之明府。今人亦謂父爲家府。"

得稱太夫人。"是"太"者，父亡母存之號也。《却掃編》云："政和間，待制劉安上建言：'太者，事生之尊稱也，封母而別之，所以致別于其婦。既歿，並祭于夫，若加以尊稱，則是以尊臨其夫也。於名義疑有未正。'自是始詔命婦追封並除去'太'字。"《會典》："誥敕，祖、父在，贈母亦不得用'太'字。"①奈何今稱者、見稱于人者，不論人父與父存否，率以"太"字爲尊稱，不可恠乎？

0110 **從祖** 《爾雅》：父之世父、叔父爲從祖祖父，父之世母、叔母爲從祖祖母。《劉澤傳》"高祖從祖昆弟"，顏師古注曰："言同曾祖，從祖而別也。"

0111 **從父兄弟** 《劉賈傳》："荆王劉賈，高帝從父兄。"師古曰："父之兄弟之子爲從父兄弟，言未同祖，從父而別。"

0112 **世父** 《爾雅》："父之晜弟，先生者爲世父，後生者爲叔父。父之兄妻爲世母，父之弟妻爲叔母。""嬸"字即"叔母"二字合音。《王莽傳》："世父尸病。"顏師古曰："伯父以居長嫡而繼統也。"

0113 **母母** 今人呼伯母爲母母。呂東萊《紫薇雜記》言："呂氏母母受嬪房婢拜，嬪見母母婢拜，即答。"是母母亦尊尊之意也。

0114 **姒娣** 《方言》"築娌"郭璞曰："關西兄弟婦相呼爲築里。"《廣雅》始作"姒娣"，即古娣姒之稱，但娣姒之名，從身長幼②。《爾雅》："長婦謂稚婦爲娣，娣婦謂長婦爲姒。"《左傳》穆姜謂聲伯之母爲姒，叔向之嫂謂叔向之妻爲姒。二者皆呼夫弟之妻爲姒，不從夫之齒也。

0115 **邱嫂** 《名義攷》云："《楚元王傳》：'高祖過邱嫂飡。'張晏曰：'丘，大也，長嫂稱也。'師古曰：'《史記》丘作巨，丘、巨皆大也。'張說得之。應劭曰：'邱，姓也。'孟康曰：'西方稱亡壻爲丘壻。邱，空也，謂兄亡空有嫂

---

① 《大清會典則例》卷三十"封贈"："又定命婦因子孫封者，並加'太'字。若已故，或曾祖、祖父、父在，不加。"《談徵》"祖"字漫漶，從《大清會典則例》。

② 《左傳·成公十一年》："穆姜曰：'吾不以妾爲姒。'"杜預注："昆弟之妻相謂爲姒。"孔穎達疏："娣姒之名，從身長幼，以其俱來夫族，其夫班秩既同，尊卑無以相加，遂從身之少長。"

也。'二説未確。"①

0116**爺**　《玉篇》："俗呼父爲爺。"《杜詩》："見爺背面啼。"《木蘭詩》："不聞爺娘唤女聲。"俱以父爲爺也。今北人呼祖爲"爺爺"者,豈父爲"爺",祖爲大父,所以祖有"爺爺"之稱耶? 宋燕山府永清縣大佛寺内有石幢,係王士宗建,末云"亡耶耶、王安娘娘劉氏",是稱其大父大母也。則"耶耶"之稱,宋時已有之。今人又有呼伯父爲"大爺"者,亦以父爲爺,故伯父爲大爺也。

0117**爹**　戴埴《鼠璞》云："梁蕭憺刺荆州,還,人歌曰:'始興王,人之爹。赴人急,如水火。何時來哺乳我?' 傳謂'爹'徒我反,音妥,荆土方言。今浙人以父爲爹,字同音異,亦隨土聲而變也。《廣韻》:'爹'陟斜切,注:'姜呼父。'②徒可切,注:'北人呼父。' 其説甚明。《隋[書]·回紇傳》以父爲'多',亦此類。"爹或爲"妲"平聲、"跌"平聲,俱此一字,特音隨方而異耳。閩人又以父爲"郎罷",則更非此字矣。

0118**媽姥諸稱**　皆母之轉語也。江南曰阿媽,或作姥,或呼爲妳,因作奶。又,呼母曰阿姐,齊人呼母爲嬡,李賀稱母爲阿彌,皆母字之轉也。

0119**崽　囝　仔**　皆子之謂也。江右謂子曰崽,音宰。《水經注》曰:"變童丱女,弱季崽子。"閩人謂子曰囝。《青箱雜記》:"顧况有《哀囝》一篇。"囝音梘。粤人稱子曰仔,稱雙生曰孖。楊升菴曰:"老人自稱少子曰暮鷃幺豚,因雉之少子名鷃也。"③粤人稱兒惡人亦曰爛崽。

0120**考妣**　《禮》:"生曰父母,死曰考妣。"《禮》疏:"鄭注:考,成也。

① 此條"邱、丘"雜出,依《漢書》則均當作"丘"。又,《談徵》引自《名義考》,但《名義考》中並無相應内容,《談徵》誤記。此條内容實依顔注。《漢書·楚元王傳》:"初,高祖微時,常避事,時時與賓客過其丘嫂食。"顔師古注:"應劭曰:'丘,姓也。'孟康曰:'西方謂亡女壻爲丘壻。丘,空也,兄亡空有嫂也。'張晏曰:'丘,大也,長嫂稱也。'晉灼曰:'禮謂大婦爲冢婦。'師古曰:《史記》丘字作巨。丘、巨,皆大也。張、晉二説,其義得之。"

② 《廣韻》陟邪切:"羌人呼父也。"

③ 明楊慎《升菴集》卷八十一"尋常丈尺"條有關於"鷃"的内容,但與少子稱謂無關。此説法最早見於明方以智《通雅》卷十九。

言其功業之成也。妣之言媲也。媲于考,故古有以考妣爲生存者之稱者。"楊子《方言》:"南楚瀑洭之間在桂陽母謂之媓,謂婦妣曰母㚲,謂婦考曰父㚲。"《尚書》曰"大傷厥考心、如喪考妣",明此非死生之異稱矣。

0121 **宫中稱呼** 宋太祖稱杜太后爲娘娘,見《鐵圍山叢談》。高宗稱徽宗爲爹爹,稱韋太后爲大姐姐,太后稱帝爲哥,内禪後稱孝宗爲大哥,見《四朝聞見録》。

0122 **孩子** 《莊子》:"未至乎孩而始誰。"《廣韻》:"孩,小兒將學語,能鼓頷音含也。"又《禮記》:"咳而名之。"《説文》:"咳,小兒笑聲,从口、亥。"《孟子》"孩提之童"注:"知孩笑。"是又以"咳"爲"孩"也。《扁鵲傳》"咳嬰之兒"、《禮記》"孩蟲",皆以幼小爲義。一曰,咳,古文作孩[①]。

0123 **老子** 今人謂父曰老子,雖年十七八,有子,亦稱老子。乃悟西人所謂大范小范老子,蓋尊之如父,如謂汝霖爲宗爺爺也[②]。

0124 **婦稱夫之兄曰伯** 書無所考,不如《爾雅·釋[親]篇》曰:婦稱夫之兄曰"兄公"、夫之弟曰"叔公"。

0125 **稱妻弟曰舅** 《語録》云:"今人以舅稱妻兄弟,終無所據。前輩但以兄弟稱之也。"[③]

0126 **表兄弟** 有"中表、外表"之説,《爾雅》"姑之子"注:"外兄弟。""舅之子"注:"内兄弟也。"

0127 **太公** 《後漢[書]》:李固之父郃爲司空,固女當固伏誅日,曰"太公以來"云云,注:"太公謂祖父郃也。"今人有謂曾祖父曰太公者,相承之謬

---

① 《説文》口部:"咳,小兒笑也。从口,亥聲。孩,古文咳从子。"

② 此條襲宋陸游《老學庵筆記》卷一:"予在南鄭,見西陲俚俗謂父曰'老子',雖年十七八,有子亦稱老子。乃悟西人所謂大范老子、小范老子,蓋尊之以爲父也。建炎初,宗汝霖留守東京,羣盜降附者百餘萬,皆謂汝霖曰'宗爺爺',蓋此比也。"《續資治通鑑長編》卷一二八:"庚戌,陝西經略安撫副使范仲淹兼知延州……賊相戒曰:'無以延州爲意,今小范老子腹中自有數萬兵甲,不比大范老子可欺也。'"西夏人所稱"小范老子"指范仲淹,"大范老子"指范仲淹前任范雍。

③ 宋祝穆《古今事文類聚後集》卷十"妻兄弟":"今人以舅稱妻之兄弟,終無所據,前輩但以兄弟稱之也。"

也。今人又有稱親家之父曰太公者,亦因親家翁而尊之也。

0128 **泰山**　段成式《酉陽雜俎》云:泰山有丈人峯,故丈人謂之泰山。稱丈母謂太水,不知出何經傳。唐玄宗開元十三年封禪于泰山[①],張説爲封禪使,説之女婿鄭鎰本是從九品官。舊例,封禪後自三公以下皆轉遷一階一級,惟鄭鎰是封禪使之婿,驟遷至五品,兼賜緋服。因大脯次,玄宗見鎰官位騰躍[②],怪而問之,鎰無詞以對。優人黃幡綽奏曰:"此乃泰山之力也。"因此以丈人爲泰山,亦是一説。按裴松之《三國志注》"獻帝舅車騎將軍董承"句下云:"古無丈人之名,故謂之舅。"則是南北朝已稱丈人矣。

0129 **東床**　晉太尉郗鑒,遣門生求女壻于王導家,導命來使遍觀之。王氏子弟咸自矜持,惟一人于東床坦腹而臥,旁若無人。郗太尉聞之,曰:東床坦腹者,佳婿也。訪問,乃是羲之,遂以女妻焉。故今稱人壻曰"令坦"。

0130 **副妾**　《左傳》:"蓮氏之女爲僖子副妾。"又《漢書》:"崇爲副婢所毒。"[③]

0131 **令尊**　《餘冬序録》曰:"至尊、官家,皆古人以稱君上者。魏晉六朝間稱君多但曰官,稱其所私事亦多曰官,稱父曰尊,而伯叔季父及其所私事亦多稱曰尊。"今人但稱父曰尊。

0132 **伯 叔 姪**　今人謂父之兄弟曰"伯、叔",謂兄弟之子曰"姪",皆舛也。伯叔兄弟之稱,如《詩》所云"叔兮伯兮"是也。父之兄弟當曰"伯父、叔父"。《爾雅》"父之晜弟先生爲世父,後生爲叔父"是也。姪乃對姑而言,《公羊傳》"蓋舅出"是也。狄仁傑云:"未聞姪爲天子而祔姑于廟者[④]。"今則對伯叔皆云"姪",古人但稱"猶子、從子"矣。《檀弓》:"兄弟之子,猶子也。"《朱子語録》云"漢人謂姪爲從子,卻得其正"是也。至俗改爲"侄"字,

①② 玄,原作"元"。

③ 副婢,《漢書》作"傅婢"。《漢書·王吉傳》"爲傅婢所毒"顏師古注:"凡言傅婢者,謂傅相其衣服袵席之事。一讀傅曰附,謂近幸也。"

④ 祔,原誤作"附",據《資治通鑑·唐紀》改。

又誤。字書“侄”字：“本音質，堅也。又癡也，侄仡不前也。”①

0133 **老**　今世友朋相狎，呼其姓加以“老”字，亦有本。白樂天詩“每被老元偷格律”，謂微之；“試覓老劉看”，謂夢得。《北史》石躍持絹一匹，謂斛律武都曰：“此是老石機杼，聊以奉贈。”是北齊人嘗以“老石”自稱矣。若“老杜、老蘇”，是別于“小杜、大蘇”言之，非當時相稱。又有稱人字之一者，蘇東坡詩“老可能爲竹寫真”②，謂文與可也。今人多稱其上一字，僧稱下一字，東坡詩“不知老奘幾時歸”③，謂玄奘④。

0134 **丈母**　按柳州《祭獨孤氏丈母》及《通鑑》載韓滉稱元佐母爲“丈母”，皆婦人長老之通稱，又《顏氏家訓·風操篇》云“中外丈人之婦”，猥俗呼爲“丈母”⑤。此即今之表伯叔母也。後因以妻父爲“丈人”，隨尊以妻母爲“丈母”。

0135 **叔丈人**　任淵注山谷《次韻子瞻以紅帶寄王宣義》詩序：“王淮奇，字慶源，東坡叔丈人也。”以妻父爲丈人，因以妻叔爲叔丈人也。

0136 **西席**　柳子厚詩：“若道柳家無子弟，往年何事乞西賓。”“席”字取《曲禮》“席間函丈”及“南鄉北鄉，以西方爲上”之義。

0137 **土地祠**　土地祠，各鄉鎮有之，粵省更多。按《周禮·春官》“大示”而外，有“土示、地示”。此後代土地神之所由名也。土示，五土之示，即社也。今祀典祇有社稷壇，而民間復立土地祠者，社壇，古之國社，後代謂之官社；民間土地祠，《記》所謂“大夫以下，成羣立社，曰置社”，即後代之里社也。

按今呼土地公或土地爺，皆因《後漢[書]·方術傳》有“社公”之名，實本

① 見《康熙字典》卷二“侄”字注。

② 能爲，原誤作“謂”。

③ 奘，原作“裝”。下“奘”同。

④ 玄，原作“元”。

⑤ 《顏氏家訓·風操》：“吾嘗問周弘讓曰：‘父母中外姊妹，何以稱之？’周曰：‘亦呼爲丈人。’自古未見丈人之稱施於婦人也。”

《左傳·昭公二十九年》"社稷之神爲上公"也[①]，而稗官演義所載皆白髮翁，後代塑像皆老人形，亦因其"公"之稱而老之也。

0138**劉海**　李石《續博物志》云[②]："海蟾子，姓劉，名昭遠，華山陳圖南館之道院，常與种放往來。"今俗畫一小兒足踏蟾蜍，可一笑也。

0139**和合二仙**　二仙即宋高僧寒山、拾得也，見《傳燈録》："閭邱大夫以豐干言訪之，聯臂走向石山岩，遽不見。"[③]後人因其像[④]，曰和合仙，作蓬頭赤脚像，手捧瓦鉢。

　　　　　　　　　　　　　　　　　　　　　　上終

---

① 《左傳·昭公二十九年》："故有五行之官，是謂五官。實列受氏姓，封爲上公，祀爲貴神。社稷五祀，是尊是奉。"

② 石，原誤作"名"。

③ 《景德傳燈録》卷二十七："暨豐干滅後，閭丘公入山訪之，見寒、拾二人圍鑪語笑，閭丘不覺致拜，二人連聲咄叱。寺僧驚愕曰：'大官何拜風狂漢耶？'寒山復執閭丘手，笑而言曰：'豐干饒舌。'久而放之。自此寒、拾相攜出松門，更不復入寺。閭丘又至寒巖禮謁，送衣服藥物，二士高聲喝之曰：'賊我！'便縮身入巖石縫中，唯曰：'汝諸人各各努力。'其石縫忽然而合。閭丘哀慕，令僧道翹尋其遺物，於林間得葉上所書辭頌，及題村墅人家屋壁，共三百餘首，傳布人間。"

④ 因，疑當作"圖"。

談徵目録

名　部下

① 原闕"柴汝官哥"四字,此從正文詞目補。

② 原作"門生門童等別",此從正文詞目補改。

0171 狀元　解元

0172 渭陽

0173 宅相

0174 快壻

0175 浮屠

0176 婦人稱奴

0177 舉人

0178 秀才

0179 生員　官員　吏員

0180 通家

0181 醫生有大夫、郎中之稱

0182 親戚

0183 婚姻

0184 昆玉

0185 三姑　六婆

0186 奴婢

0187 家生子

0188 丫頭

0189 紀綱

0190 書手

0191 長老

0192 甲長

0193 傭工

0194 廟祝

0195 軍牢

0196 酒保

0197 家僮

0198 當家

0199 圽老　表子

0200 孤拉姑　營妓

0201 梨園子弟　生　旦　淨　丑之義[①]

0202 英雄

0203 堪輿

0204 日者　風角

0205 牙行

0206 官媒婆

0207 妓

0208 客家

0209 佃户

0210 快手

0211 内外班

0212 老鴇

0213 奴材

0214 漢子

0215 門子

0216 閽豎

0217 天師

0218 釋家

---

① 原作"棃園子弟"，此從正文詞目補。棃，正文作"梨"。

① 玄，原作“元”。

② 從“般若”至“三昧”原闕，從正文補。

0265 太行山爲大行山

0266 課馬

0267 草驢　女貓

0268 馬駒

0269 犍牛　羯羊　犐馬

0270 牙猪

0271 人中

0272 金吾棒

0273 稱人以公

0274 考亭

0275 杏壇

0276 人有小名小字

0277 哂

0278 祖綫

0279 滑稽

0280 揖　拜　跪

0281 沙門

0282 鄧思賢

0283 明經

0284 仰塵

0285 嶰谷

0286 夜航船

0287 魚袋

0288 郵

0289 旗亭

0290 舍

0291 將軍

0292 相公

0293 火長

0294 女子子

0295 古人無以祖父名爲氏①

0296 居停

0297 三教九流

0298 綄

0299 車軸漢

0300 稱縣令爲明府

0301 蜜脾

0302 祠

0303 分　寸　丈　尺

0304 賊　盜　竊

0305 城隍

0306 箇

0307 庚死

0308 苗裔

0309 口占

0310 青囊

0311 漏澤

0312 下官

---

① 氏,正文作"氏者"。

談　徵

外方山人輯

名　部下

0140**隸書**　《金石録》：“右東魏大覺寺碑陰題‘銀青光禄大夫臣韓毅’隸書，蓋今楷字也。庾肩吾曰：‘隸書，今之正書也。’張懷瓘《六體書論》亦云：‘隸書者，程邈造字皆真正，亦曰正書。’自唐以前皆謂楷字爲隸，至歐陽公《集古録》誤以八分爲隸書，自是舉世凡漢時石刻皆目爲漢隸。有一士人力主此論，余嘗出漢碑數本問之：何者爲隸？何者爲八分？蓋自不能分也。因覽此碑，毅自題爲隸書。故聊誌之，以袪來者之惑。”

《老學菴筆記》：“周越《書苑》云①：‘郭忠恕以爲小篆散而八分生，八分破而隸書出，隸書悖而行書作，行書狂而草書聖。’以此知隸書乃今真書。趙明誠《金石録》謂誤以八分爲隸自歐陽公始。”

《千字文》云：“杜藁鍾隸。”《王羲之傳》：“尤善隸書，爲古今之冠。”《項氏家説》曰：“程迥可久辨隸書曰：‘周興嗣《千字》：杜藁鍾隸。’蕭子雲啟云：‘論草隸，逸少不及元常，子敬不及逸少。’任玠《五體序》云：‘篆則科斗、玉筯、垂露、薤葉，隸則羲、獻、鍾、庾、歐、虞、顏、柳，八分則酌乎篆隸之間者。’《書苑》云：‘蔡文姬言：割程隸字八分取二分，割李篆字二分取八分，于是爲八分書。’以諸家參之，則今之稱隸者，乃二八分書；古之稱隸者，真書、行書也。唐與國初並無此誤，自歐陽以來始誤，故少游遂疑邈帖不當

---

① 周，原誤作“用”。

爲小楷，疑非秦書。蓋不知先有眞書，後有八分書也。黄公紹曰：'按《唐六典》校書郎正字所掌字體有五：一古文，二大篆，皆不用；三曰小篆，印璽、旗幡所用；四曰八分，石經、碑碣所用；五曰隸書，典籍、表奏、公私文疏所用。'則程説信矣。"①

0141 山海姓名　《魚龍河圖》："泰山君神姓員名常龍；衡山君神姓丹名靈峙；華山君神姓浩名鬱狩；恒山君神姓登名增高；嵩山君神姓壽名逸羣；東海君姓馮名脩，夫人姓宋名隱娥；南海君姓視名赤，夫人姓翳名逸寥；西海君姓勾太名邱，夫人姓靈名素簡；北海君姓是名禹張，夫人姓結名連翹，呼之令人不病。"

0142 南海神　韓文公《南海神廟碑》："海于天地間，爲物最鉅。自三代聖王，莫不祀事②。考于傳記，而南海神次最貴，在北東西三神、河伯之上，號曰祝融。"

按：祝融火帝，帝于南嶽，又帝于南海者。《石氏星經》云："南方赤帝，其精朱鳥，爲七宿，司夏、司火、司南岳、司南海、司南方。"是也③。

0143 尹喜　世傳老子度關，關令尹喜先敕門吏，俟其至出迎。又，《内傳》："關令尹喜，周之大夫也。"人多讀爲"關令尹"，不知尹姓喜名，爲函谷關吏，故曰"關令"。且"令尹"，楚上卿，執政者，非關吏也。

0144 孫臏　黥布　齊將孫臏，名逸不可考。"臏"非名也。孫足爲龐涓所斷，故稱爲孫臏。乃肉刑，去膝蓋骨之名④。漢淮南王黥布，姓英，"黥"非

---

① 本條襲自清顧炎武《日知録之餘》"隸書"條。

② 祀，原作"紀"，據韓愈《南海神廟碑》改。

③ 清屈大均《廣東新語》卷六"南海之帝"："祝融，火帝也。帝於南嶽，又帝於南海者。《石氏星經》云：'南方赤帝，其精朱鳥，爲七宿，司夏，司火，司南嶽，司南海，司南方。'是也。司火而兼司水，蓋天地之道。火之本在水，水足于中，而後火生于外。火非水無以爲命，水非火無以爲性。水與火分而不分，故祝融兼而爲水火之帝也。其都南嶽，故南嶽主峰名祝融，其離宮在扶胥，故昌黎云：'南海陰墟，祝融之宅。'海在南而離宮在北，故曰陰墟也。體陰而用陽天之道，故以陰爲宅也。四海以南爲尊，以天之陽在焉，故祝融神次最貴，在北東西三帝、河伯之上。"

④ 去，原誤作"盍"。

姓也。布嘗坐法黥，故人稱曰黥布。黥乃墨刑在面之名。《韻會》以“黥”爲姓。今武人有名“孫希黥”者，可笑也。

0145 并官　《十駕齋》：“孔子娶并官氏，今人以爲开官。其誤蓋自明始。按《漢韓敕造禮器碑》云：‘并官聖妃，在安樂里。’宋祥符中封郓國夫人，制詞亦作并官氏。此二碑皆在曲阜孔廟。句容廟學見元至順元年加封號制石刻①，亦作并官。又見宋板《東京雜記》、元板《孔庭廣記》書并官，字未有作开者。自明人刊《家語》誤并爲开，後來刊宋字者轉依誤本校改②，沿譌者三百餘年，良可怪也。”③

0146 扁鵲　春秋時良醫也。齊渤海鄭縣人，姓秦名越人。《黃帝八十八難序》云：“秦越人與軒轅時扁鵲相類，故仍號扁鵲，又家于盧國，因名盧醫。”④

0147 百姓　唐明皇問張説曰：“今之姓氏皆云出自帝王之後，古者無民耶？”説對曰：“古者民無姓，有姓者皆有土有爵者也。故《左傳》云：‘天子命德⑤，因生以賜姓，胙之土而命之氏。’黃帝之子二十五人，得姓者十四而已。其後居諸侯之國土者，其民以諸侯之姓爲姓；居大夫之采地者，其民以大夫姓爲姓，莫可分辯。故云皆出自帝王也。”此不刊之論。至周後，或以所生之地，或以所封之地爲姓，或以民爲姓，或以官爲氏，或以物爲氏，或以宗爲氏。有以聲而訛、因事而改，不可勝紀，而民皆有姓矣。

0148 家口　家小　妻小　人口　《律注》云：“家口，父祖妻妾子孫也。家小，止妻妾也。妻小，止妻也。人口，妻妾子孫也。”⑥

0149 鄉里　妻之稱也。沈約《山陰柳家》詩云：“還家問鄉里，詎堪持作

---

① “句容”前，長沙龍氏刻本《十駕齋養新録》有“予嘗至”三字。

② 字，長沙龍刻本《十駕齋養新録》作“史”。

③ 見清錢大昕《十駕齋養新録》卷十二“并官”條。

④ 《史記·扁鵲倉公列傳》正義：“《黃帝八十一難序》云：‘秦越人與軒轅時扁鵲相類，仍號之爲扁鵲。又家於盧國，因命之曰 盧醫也。’”

⑤ 命，今本《左傳》作“建”。

⑥ 見清沈之奇《大清律輯注》。

夫。”《南史》張彪呼妻曰：“我不忍令鄉里落他處。”今人言“家里”，其意同。至以同鄉爲“鄉里”，猶未得其義。

0150 嬸 妗　宋張文潛《明道雜志》：“經傳中無‘嬸、妗’字，‘嬸’字乃‘世母’字二合呼，‘妗’字乃‘舅母’字二合呼也。二合如真言中合兩字爲一。”

0151 舍弟之稱　吳曾曰：“魏文帝與鍾繇書曰：‘是以令舍弟子建因苟仲茂從容喻鄙［旨］。’”①昔戴逯稱安道曰“家弟”，《晉書》謝安問王獻之曰：“君書何如家尊？”謂其父右軍也，是亦可稱家尊。

0152 大宗 小宗　《禮》曰：“別子爲祖，繼別爲宗，繼禰爲小宗。”別子爲祖，此謂諸侯適子之弟，別于正適，故稱別子爲祖者，謂此別子子孫爲卿大夫者，立此別子爲始祖也。註云：“謂之別子者，公子不得禰先君也，此決上［文］‘庶子王’②。今諸侯庶子乃謂之別子，是別爲始祖，若其世子不立，庶子公子得有禰先君之義。今云別子，明適子在，故謂之別子者，公子不得禰先君也。繼別爲大宗，此謂別子之世長子，恒繼別子與族人爲百世不迁之宗。禰謂別子之庶子，其庶子所生長子繼此。庶子與兄弟爲小宗，故云繼禰爲小宗也。小宗者，以其五世則迁，比大宗爲小宗也。”

0153 姑　《爾雅·釋親》：“婦稱夫之母曰姑。”“父之姊妹亦曰姑。”“王父之姊妹曰王姑。”《詩·邶風》：“問我諸姑。”又，婦謂夫之女妹曰“小姑”。《新婦》詩：“未諳姑食性，先遣小姑嘗。”

0154 先子 先君 先人　今人稱先子、先君、先人爲亡父，然不獨父也。如曾西稱曾子曰“吾先子之所畏也”，則稱祖爲先子。子順曰“吾先君之相魯”，則世祖亦稱爲先君。孔安國曰“先君孔子”，又曰“我先人用藏其家書于屋壁”，又稱十一世祖爲“先君”、五世祖子襄爲“先人”也。

---

① 　旨，從宋吳曾《能改齋漫録》卷二“舍弟之稱”條補。

② 　文，據今本《禮記正義》補。

0155 **訓 詁 註 疏 箋**　顏師古曰："訓者，釋所言之理；詁者，明所載事物之故。"《韻會》："註，解[也]，識也。""疏，陳也，又記也。"[《説文》：]"箋，表識書也。"《博物志》："鄭玄，毛萇郡人，謙言不敢註，但表識其不明者耳，因謂之箋。"①

0156 **簡 牘 牋 牒 札**　《莊子》曰："小夫之知②，不離苞苴竿牘。"注云："苞苴以遺，竿牘以問。"竿音干，即簡牘也。以竹曰竿③，又曰簡。以木曰牘，又曰札。《説文》："牘，書板也。"古者與朋儕往來，以板代書帖，故從片。曰"牋"曰"牒"皆此意也。《説文》作"箋"："表識書也。"後轉作"牋"，亦是用竹爲箋，用木爲牋也。紙亦作"箋"，不忘其本也。牒，《説文》曰"札也"。徐鉉曰："議政未定，短札諮謀曰牒。"《增韻》："官府移文曰牒。"《説文》："札，牒也。"《釋名》曰："札，櫛也。編之如櫛齒相比也。"郭知玄《集韻序》："銀鉤一啟，亥豕成羣。簜櫛行披，魯魚盈隊。"蓋以札爲櫛也。其云簜櫛，亦《周禮》所謂"英簜輔櫛"，竹簡之謂也。

0157 **柴 汝 官 哥 定窰器**　陶器，自虞帝時便有，三代迄于秦漢，所謂甓器是也。古無磁缻，皆以銅爲之。至唐始尚窰器，厥後有柴、汝、官、哥、定、龍泉、鈞州、章生、烏泥、宣成等窰，而品類多矣。《夷門廣牘》云："柴窰，出北地，世傳柴世宗時燒者。汝窰，出汝州，宋時燒者。淡青色有蟹爪紋者，真無紋者尤好。土脉滋潤，薄亦甚難得。官窰，宋政和間京師自置窰燒造。土脉細潤，色青帶粉紅，濃淡不一。有蟹爪紋、紫口、鐵足，好者與汝窰等。有黑土者謂之烏泥，僞者皆龍泉所燒。定窰，出北直隸定州，宋宣和、政和間窰最好，有紫定，有黑定。哥窰與龍泉窰皆出處州龍泉南，有章生一、章生二兄弟，各主一窰。生一所陶者爲哥窰，以其兄故也；生二所陶爲龍泉窰，以地名也。龍泉窰妙者與官窰爭艷，但少紋片、紫骨耳，器質厚實，極耐摩

---

① 據明周祈《名義考》卷八"訓詁註疏箋"條補脱文。

② 之知，原作"知之"，今本作"之知"。

③ 竿，原誤作"干"。

弄，不易茅篾。凡窑器茅篾骨出者，價輕。蓋損曰茅，路曰篾，無油水曰骨：乃骨董市語也。鈞州，即河南禹州也，其窑與汝窑同。"

0158 **欵識**　古器有欵識者。欵謂陰字，是凹入者。識謂陽字，是凸出者。欵居外，識居内。夏器有欵無識，商器無欵有識。凹，腰、窊二音；凸，突、畫二音。

0159 **臨　摹　硬黄　響搨**　臨者，于古人書畫，置紙在旁，視其大小、濃淡、形勢而學之也。摹者，以紙覆其上，隨其曲折宛轉用筆之謂也。置紙熨斗上，以黄蠟塗匀，儼如魷角，毫釐畢現，謂之硬黄。就明窗上，以紙覆，映光摹，謂之響搨。

0160 **分　釐　毫　絲**　亦作毫氂，孟康注《漢書》曰："毫，兔毫也，十毫爲釐。"《隋書·律歷志》引《易緯通卦驗》①："十馬尾爲一分。"《孫子算術》："蠶所吐絲爲忽。"

0161 **先生**　尊貴之稱。韓昌黎《進學解》："招諸生弟子事先生，于兹有年矣。"古人亦有單稱一字者，漢叔通弟子曰："叔孫生，聖人也。"梅福曰："叔孫先非不忠也。"師古注："先，猶言先生。"又"鄧先好奇計"及"張談先"之類是也。後世中官稱士大夫曰老先，亦有所本。俗人不知，輒以單稱"先"爲非，亦少見多怪也。

0162 **先輩之稱**　稱有兩謂。唐宋間呼謂有先輩之稱，或曰此互相推敬耳。然不聞施之同朝同官同年，而所謂皆未任官職、未登第之士。觀歐、蘇書札可見。李方叔，東坡門人，坡書稱方叔爲先輩。《北夢瑣言》："王凝知舉日，司空圖第四，王謂衆曰：'某叨忝文柄，今年榜帖，爲司空先輩一人而已。'"則是所謂先輩者，實未達士也。唐王福畤《雜録》文中子謂魏徵及房、杜曰："先輩雖聰明特達，非董、薛、程、仇之比。"然則是稱隋唐初蓋已如此。自此而後，多以在我前者謂先輩。《詞林》以七科謂前輩，避馬；一科以上但讓馬。

0163 **丈　長**　"長箋"謂古文无偶，爲"丈"非也。"長"者轉爲去聲，則借

---

① 歷，今人習用"曆"。

"丈"通用,且老人有杖,或亦因此。白樂天《歲日張侍御二十丈》。又,《殷判官二十三兄》詩云:"獨有誇張少年處,嗟呼張丈與殷兄。"如子美《上韋五丈》則是尊長之稱。

0164 **門生　門童　弟子　故吏　故民　處士　義士　義民之別**　孔碑陰載:"門生四十二人,門童一人,弟子十人,故吏八人,故民一人。"《隸釋》謂:"漢儒開門授徒,親授業者則曰弟子,次相傳授則曰門生,未冠則曰門童,總稱曰門生。舊所治官府,其掾屬則曰故吏,占籍則曰故民,非吏非民則曰處士,所范則曰義士、義民。"永叔跋《文翁學生題名》言有"典學、從事各一人,司儀、主事各二人,左生七十三人,右生三十人"。

0165 **處士**　少微星,一名處士星,故檀道鸞《續晉陽秋》曰:"會稽處士謝敷,字慶緒,隱若耶山,忽月犯少微,謝敷死也。"

0166 **居士**　人以居士自號甚多,考之六經中,維《禮記·玉藻》有曰"居士錦帶",注:"謂道藝處士也。"吳曾《能改齋漫錄》云[①]:"居士之號,起于商周之時。"按《韓非子》書曰:"太公封于齊,東海上有居士任矞、華仕昆弟二人,立議曰:吾不臣天子,不友諸侯,耕而食之,掘而飲之,吾無求于人,無上之名,無君之禄,不仕而事力云。"然則居士云者,處士之類是已。

0167 **山長**　今稱掌教爲山長。五代蔣維東好學,能屬文,隱居衡岳,從而受業者號爲山長。

0168 **道士**　《大霄琅書經》曰:"人行大道,號曰道士。士者何理也? 事也。身心順理,唯道是從,從道爲士,故稱道士。"《樓觀本記》曰:"周穆王尚神仙,因尹真人草制樓觀,有幽逸之人,置爲道士。"

0169 **和尚**　千里相聚曰和,父母反拜曰尚。

0170 **白丁**　漢賈山《至言》云:"布衣韋帶之士,修身于内,成名于外,亦曰白衣。"唐時應舉者皆以"白衣公卿"稱之。劉禹錫《陋室銘》:"談笑有鴻

---

① 曾,原誤作"僧"。

儒,往來無白丁。"

0171 **狀元 解元** 解,上聞也。進士由鄉而貢曰"解"。解元始于宋高宗,狀元始于唐武后。

0172 **渭陽** 舅謂之渭陽。《左傳》云：秦康公之母,即晉獻公之女也。康公送獻公之子文公至渭陽,曰："見我舅氏①,如母存焉。"是康公送舅至渭水之北,因曰渭陽②。

0173 **宅相** 外甥謂之宅相。魏舒,字陽元。少孤,爲外家甯氏所養。甯氏起宅,相者曰："此宅合出貴甥。"魏舒聞之曰："吾爲外家成此宅相也。"舒後位至晉卿,果如宅相者之言,因呼外甥爲宅相③。

0174 **快壻** 《魏書·劉昞傳》："昞年十四,就博士郭瑀學,時瑀弟子五百餘人,通經業者八十餘人。瑀有女始笄,妙選良偶,有心于昞。遂別設一席于坐前,謂諸弟子：'吾有一女,年向長成,欲覓一快女壻。誰坐此席者,吾當婚焉。'昞遂奮衣來坐,神志肅然,曰：'向聞先生欲求快女壻,昞其人也。'瑀遂以女妻之。"

0175 **浮屠** 今稱佛氏爲浮屠,又佛塔亦名浮屠。按,經云："浮圖者,一聖瑞靈圖也④,浮海而至,故曰浮圖。"以其音似"屠",故誤之耳。有解云："屠,割也,髡其頭,故曰浮圖。"非也。

0176 **婦人稱奴** 男曰奴,女曰婢,故耕當問奴,織當問婢。至宋時,婦女以"奴"爲美稱。貴近之家,其女其婦自稱曰奴。宋季二王航海,楊太后垂簾,對羣臣猶稱"奴",可證矣。六朝人多自稱"儂"。蘇東坡詩："它年一舸鴟夷去,應記儂家舊姓西。"儂家,猶奴家也,"奴"即"儂"之轉聲,"儂"亦

---

① 見我,依《詩·秦風·渭陽》,當作"我見"。

② 《毛詩·秦風·渭陽·序》："《渭陽》,康公念母也。康公之母,晉獻公之女。文公遭麗姬之難,未反,而秦姬卒。穆公納文公,康公時爲太子,贈送文公于渭之陽,念母之不見也。我見舅氏,如母存焉。及其即位,思而作是詩也。"

③ 出《晉書·魏舒傳》。

④ 聖,原誤作"生",從《弘明集》卷八《答道士假稱張融三破論》改。

“人”之轉聲。吳人謂“儂”爲“人”，甌人呼若“能”。《唐詩紀事》載昭宗《菩薩蠻》詞[①]：“何處是英雄，迎奴歸故宫。”此“奴”應讀作“儂”。

0177 舉人　唐人以舉止端麗爲舉舉。韓昌黎《送陸暢歸江南》詩云：“舉舉江南子，名以能詩聞。”“舉人”之名，固有選舉之義，或亦有取于斯也。

0178 秀才　趙武靈王論胡服云[②]：“俗僻民易，則是吳越無秀才也。”秀才之名始此，後再見于《賈誼傳》：“賈生年十八，以能誦詩屬書聞于郡中，吳廷尉爲河南守，聞其秀才。”而《儒林傳》公孫宏等之議則曰：“有秀才異等，輒以名聞。”六朝遂以此爲取士之科云。

0179 生員　官員　吏員　皆以數言也。《增韻》：“入官數也。”《説文》：“員，物數也。”徐氏曰：“古者以貝爲貨，故數之字从貝。”猶言一錢二錢也。

0180 通家　孔融十歲，造李膺。膺敕非名人及通家皆不得白。融白：“先君孔子與君先人李老君師友，累世通家。”膺大悦。衆坐奇之。

0181 醫生有大夫、郎中之稱　《周禮》爲“醫師”。至宋，有和安、成和、成安、成全大夫，保和大夫，保安大夫；翰林良醫有和安、成和、成全、成安郎，保和郎，保安郎；翰林醫正。今之醫生有稱爲大夫或郎中者，意蓋本此。《賢奕編》云：醫人稱郎中、木匠稱博士等，究屬僭分。

0182 親戚　《史記·宋世家》：“箕子者，紂親戚也。”馬融、王肅以爲紂之諸父，服虔、杜預以爲紂之庶兄。《路史》謂“但言親戚，非諸父昆弟之稱”，非也。《曲禮》：“兄弟親戚稱其慈也。”疏曰：“親指族内，戚指族外。”古人稱其父子兄弟亦曰親戚。《韓詩外傳》：“曾子曰：親戚既没，雖欲孝，誰爲孝？”此謂其父母。《左傳·僖公二十四年》：“封建親戚，以藩屏周。”此謂其子弟。《昭公二十年》：“棠君尚謂其弟員曰：親戚爲戮，不可以莫之報也。”此謂其父兄。《戰國策》：“蘇秦曰：富貴則親戚畏懼。”此指其妻嫂。

---

① 昭，原誤作“眼”。“菩薩”後原衍“亦”字。

② 胡，原避諱作方框。

0183 **婚姻**　《説文》：“婚，婦嫁也。《禮》：娶婦以昏時，故曰婚。”① “姻，壻家也。女之所因，故曰姻。”《字林》亦曰：“婚，婦家。”“姻，壻家。”杜預云曰：“妻父曰婚，壻父曰姻。”與《爾雅》説同。至《禮疏》云“壻曰婚，妻曰姻”，《詩疏》以婦黨爲婚，兄弟之黨爲姻，則久矣。

0184 **昆玉**　稱兄弟曰“昆玉”者，蓋錯舉“金昆玉友”之文也。兄弟何以謂之昆玉？“昆”本作崑。周人謂“兄”曰崑，从𥝋从弟，𥝋音沓，猶云沓肩兄弟。今通作“昆”。《詩》“謂他人昆”是也。《説文》“友”从二、又相交。徐氏：“二手相順也。”“友”有相左右之義，兄弟如左右手，故謂兄弟爲友，《晏子》“兄愛而友”是也。金玉，言其貴重耳。“崑”與“𥝋”同。

0185 **三姑　六婆**　《輟耕録》云：“尼姑、道姑、卦姑，三姑也。六婆者，牙婆、媒婆、師婆、虔婆、藥婆、穩婆也。蓋與三刑六害同也。人家有一于此而不致姦盜者，幾希矣。若能謹而遠之，如避蛇蝎，庶乎淨宅之法。”《方言》謂賊爲虔②，虔婆即賊婆也。

0186 **奴婢**　《風俗通》曰：“古制本無奴婢，即犯事者。或原之：臧者，被罪没入官爲奴婢；獲者，逃亡獲得爲奴婢也。”《説文》：“男人罪曰奴，女人罪曰婢。”楊雄《方言》曰：“臧、甬音勇、侮、獲，奴婢賤稱也。荆淮海岱并齊之間，罵奴曰‘臧’，罵婢曰‘獲’。齊之北鄙，燕之北郊，凡人男而壻婢曰‘臧’，女而婦奴曰‘獲’。又，亡奴謂之‘臧’，亡婢謂之‘獲’。”皆奴婢之賤稱也。

0187 **家生子**　奴婢所生子也。《漢書·陳勝傳》：“秦令少府章邯免驪山徒、人奴産子。”③師古曰：“奴産子，猶人云家生奴也。”

0188 **丫頭**　劉賓客《寄贈小樊》詩：“花面丫頭十二三④，春來綽約向

---

① 禮，原作“禮記”，“記”字衍；昏，原誤作“婚”。《説文》女部：“婚，婦家也。《禮》：娶婦以昏時。婦人陰也，故曰婚。从女从昏，昏亦聲。”

② 《方言》卷一：“虔、劉、慘、㷀，殺也……秦晉之北鄙，燕之北郊、翟縣之郊謂賊爲虔。”

③ “人、奴”之間原衍“役”字。《漢書·陳勝傳》：“秦令少府章邯免驪山徒、人奴産子，悉發以擊楚軍，大敗之。”顏師古注：“服虔曰：‘家人之産奴也。’師古曰：奴産子，猶今人云家生奴也。”

④ 十二三，《劉賓客文集》《全唐詩》等均作“十三四”。

人時。”

　　0189 紀綱　今人稱管家爲紀綱，蓋始于秦送懷嬴之僕也。《左傳》晉文公請送懷嬴歸國，穆公以盛飾輜軿送其女，至于河上。以精兵三千護送，謂之“紀綱之僕”①。

　　0190 書手　今人謂吏書手曰“書手”。唐至貞觀中，選五品以上子孫工書者爲書手繕寫，藏于内庫，以宮人掌之，以時暴涼。《輟耕録》止載宗衍元和中爲鹽鐵院書手，豈忘夫《唐志》耶②？《魏書》江式表言“書生五人專令抄寫”。此書生即謂書手。

　　0191 長老　稱舟人之老者。長，上聲。蓋唐已有之矣。杜工部詩云：“長年三老歌聲裏，白晝攤錢高浪中。”《古今詩話》謂川陝以篙手爲三老，乃推一船之尊者言之耳。因思海舶以司柁爲大翁，爲老班，是亦長老、三老之意也。

　　0192 甲長　隋高帝從蘇威議，以百家里置甲長一人。

　　0193 傭工　《説文》：“傭，均直也。”今雇役于人受直也。王逸云：“傭，厮賤之人。”《前·工臣表》：“咸出傭保之中。”師古曰：“傭，賣功傭；保，可信任。皆賃作者。”③今之雇工人也。《後漢[書]·夏馥傳》黨錮事起，馥變姓爲冶家傭④。

　　0194 廟祝　祝，司也，司廟者也。《漢·表》：“景中六年更名大祝爲祠祝，武本初元年更名爲廟祝。”⑤

　　0195 軍牢　宋仁宗遊後苑，還宮，索漿甚急。宮嬪曰：“大家何不于外

①　《左傳·僖公二十四年》：“晉侯逆夫人嬴氏以歸。秦伯送衞于晉三千人，實紀綱之僕。”

②　《舊唐書·職官志》載有多種職官下設書手若干名。

③　《漢書·高惠高后文功臣表》：“咸出庸保之中。”顏師古注：“庸，〔賣〕功庸也；保，可安信也。皆賃作者也。”

④　《後漢書·夏馥傳》：“馥乃頓足而歎曰：‘孽自己作，空汙良善，一人逃死，禍及萬家，何以生爲！’乃自翦須變形，入林慮山中，隱匿姓名，爲冶家傭。”

⑤　《漢書·百官公卿表第七上》：“景帝中六年更名太祝爲祠祀，武帝太初元年更曰廟祀，初置太卜。”

宣索而受渴？”仁宗曰：“吾屢顧不見鐐子，恐問之，則所司有得罪者。”楊升菴曰：“鐐子，亦庖人之別稱，音力弔切。”《通雅》：“王府勳戚稱手下人曰‘牢子’。大內門軍亦曰‘牢子’。或‘牢、鐐’音轉而訛作此字。然官家各時習成稱呼，因爲典故，未可臆斷也。”

0196 **酒保**　《欒布傳》：“爲酒家保。”孟康曰：“爲酒家保。保，庸也，可保信，故謂之保。”師古曰：“謂庸作受顧也，保謂可任保。”

0197 **家僮**　《衛青傳》：“季與主家僮衛媼通。”師古曰：“家僮，婢妾之總稱也。”

0198 **當家**　奴婢之監知家務者，謂之當家，或云管家，即《霍光傳》之所謂監奴也。王建詩：“不是當家頻向説。”在朝之“蒼頭盧兒”、在官之“侍史官婢”，皆當家也[1]。

0199 **及老　表子**及音孤　俗謂娼家曰表子，私娼者曰及老。表子，對內子而言，即外婦也。及，秦以市買多得爲及，蓋負販之徒。及老，猶言客人。又《要雅》云：“游壻曰姻嫽。”皆恋惜意。因憶秦始皇母所幸曰嫽毐。嫽姓，出邯鄲。毐，無行之稱，非名也。今之呼游壻爲姻嫽，其起于毐耶？

0200 **佤拉姑　營妓**　佤，不正也。佤拉姑，猶不正之婦也。營妓，古以待軍之無妻者，猶軍妻也。

0201 **梨園子弟**[2]　**生　旦　淨　丑之義**梨園者，以置近于禁院之梨園也　唐明皇遊月宮，製《霓裳羽衣曲》，選部下妓女弟子三百餘人，親教于梨園中，號梨園子弟。有生、旦、靜作淨、醜省作丑、末、小旦、老旦、外八樣脚色。生者，言此戲文由此人而生起也。旦者，將明未旦之際，曉色未分也，故以男辦女，暗昧難分。外者，言此乃事外之人，而與其事也。末者，對始而言，先出開塲，宜明爲始，乃謂之末。淨者，塗污不潔而謂之淨者，皆反言之也。醜，即

---

① 二稱皆見《漢書》。

② 梨，目録作“棃”。

副淨。外，即副末。《名義攷》又以生爲狌，猩猩也；且，狙也，引《莊子》"猨狙狙以爲雌"之義，言非類爲牝牡也。淨，猙也，《廣韻》："似豹，一角五尾。"丑，狃也，《廣韻》："犬性驕。"又："狐狸等獸跡。"①謂俳優之人如四獸也。此蓋因讀《樂記》"及優侏儒獿雜子女"注，謂"俳優雜戲如獼猴之狀"之語而推言之也，似亦一說，但以"末"爲"末厥"之末，"外"謂"員外"之外，又何不用獸名也？

0202 **英雄**　草之精秀者爲英，獸之特羣者爲雄。故人之文武茂異者，取名于此。

0203 **堪輿**　按，堪輿，指天地，以其如車輿有所覆載也。楊雄《甘泉賦》注："堪輿，天地之神也。"《説文》："堪，天道與地道。"②范浚《心箴》曰："茫茫堪輿，俯仰無垠。"俱指天地總名。而今稱相地者爲堪輿，似爲不合。亦以孟康解堪輿曰："神名，造輿宅書者也。"《淮南子》亦曰："堪輿徐行，雄以音知雌。"③曰"堪輿"者，堪輿家言也。

0204 **日者　風角**　日者，占候時日者也。風角，占候四方四隅之風者也。

0205 **牙行**　即古所謂"駔子朗切　儈音會"也。《貨殖傳》"駔儈"注："會二家交易者，如今度市。"④師古曰："駔者，其首率。"⑤即今牙行也。牙，本作互，以交互爲義。《周禮》："牛人凡祭祀共其牛牲之互。"徐音牙，是昔人以牙爲互字，因牙與牙相似，訛爲牙耳。《舊唐書·史思明傳》："互市郎，主互市也。"《安禄山傳》"互市牙郎"，今《通鑑》亦作"互市牙郎"，又爲後人添一牙字。顏師古解《漢書·劉向傳》"宗族磐互"之義曰⑥："互或作牙，謂若犬牙相交入之意。"乃曲爲之解，非也。《廣韻》："儈，會合市人。"

---

① 狐，原誤作"孤"。

② 今本《説文》作"堪，地突也"。

③ 音，原誤作"意"。

④ 《後漢書·郭太傳》"大駔"李賢注：《説文》曰：'駔，會也。'謂合兩家之買賣，如今之度市也。"

⑤ 《漢書·貨殖傳》"節駔儈"師古曰："儈者，合會二家交易者也。駔者，其首率也。"

⑥ 磐，原誤作"盤"。

0206 官媒婆 今以妓爲官媒，即官婢也。《周禮·天官·酒人》"奚三百人"注爲"今之侍史官婢"也。

0207 妓 女樂也。洪涯妓，三皇時人，倡家托始。見《萬物原始》。又《漢武外史》云："古未有妓，至漢武始置營妓，以待軍士之無妻者。"

0208 客家 《輟耕録》："今之指傭工者曰客作。三國時已有此語：'焦光饑則出爲人客作，飽食而已。'"今人謂客家者本此。

0209 佃户 《晉書·職官志》①："諸公及開府從公，給菜田十頃、田騶十人。光禄大夫，菜田六頃、田騶六人。"又："當官品第一第二者，佃客無過五十户。"此晉武平吳後制。王公近郊有芻藁之田，又得廳人以爲衣食客及佃客也，東晉寓居江左，都下人多爲諸貴人左右、佃客、典計、衣食客之類②。

0210 快手 《宋書·王鎮惡傳》："東從舊將，猶有六隊千餘人，西將及能細直吏快手，二千餘人。"《建平王景素傳》："左右勇士數十人，並荆楚快手。"《王回傳》："募江西楚人，得快射手八百。"

0211 内外班 韓魏公奏："今上司後有内班、外班。"按：内班即宋時所謂衙前，猶長隨、跟班也；外班，即散從，猶聽差、散手也。楊升菴直以衙前爲門子，未確③。

0212 老鴇 今俗呼娼母曰老鴇，曰鴇兒，取其淫也。陸佃云："鴇性羣居如鴈，而有行列。""性最淫，逢鳥則與之交。其字畫'七、十、鳥'爲鴇，爲其多鳥相交之故也。"

0213 奴材 郭子儀曰："子儀諸子皆奴材也。"

0214 漢子 今人謂賤丈夫曰漢子。按，北齊魏愷自散騎常侍遷青州長史，固辭。文宣帝怒曰："何物漢子，與官不就。"又段成式《盧陵官下記》：

---

① 職，原誤作"時"。

② 此條襲《通雅》卷十九"佃客田騶衣食客"條。

③ 明楊慎《升菴集》卷四十八"衙前散從"條："宋代役夫之名，有衙前、散從。衙前，今之内班門子；散從，今之外班皁隸也。**見韓魏公奏。**"

“韋令去西蜀時，彭州刺史被縣令密論訴，韋前期勘知，屈刺史詣府陳謝，及迴日，諸縣令悉遠迎，所訴者爲首，大言曰：‘使君可謂朱研益丹矣。’刺史笑曰：‘則公便是研朱漢子也。’”

0215門子　門子者，守門之人。《舊唐書·李德裕傳》“吐蕃潛將婦人嫁與此州門子”是也。王智興爲徐州門子。今之門子，乃是南朝時所謂縣僮。《梁書·沈瑀傳》：“爲餘姚令，縣南有豪族數百家，子弟縱横，遞相庇蔭，厚自封殖，百姓患之，瑀召其老者爲石頭蒼監，少者爲縣僮。”

0216閹豎　《説文》：“閹，豎也。宮中閹閽閉門者。”蓋男無勢、精閉者也。《周禮·内司服》：“奄一人，與女御二人，奚八人。”“掌王后之六服。”註：“奄，精氣閉藏者。”不必刑餘也。按，“縫人”亦有奄二人與女御、女工，掌王宫縫線之事。奄故不一而足，何精氣閉藏者多也？且王亦安知其精氣閉藏而使之？及考閹人、寺人、外小臣，皆謂之奄。豈司服縫人爲精氣閉藏，而閹寺小臣獨刑餘乎？故凡謂之奄者，皆刑餘也。《司禮·内豎》註云：“未冠之稱。”按，豎者，僮豎之稱。觀掌内外通令小事，爲内人蹕，爲王后喪蹕。及葬，執褻器。所職之事瑣，皆閹寺所不屑者。可知閹寺猶其尊者，而内豎則更卑矣。

0217天師　“天師”之稱，始見于《莊子》，特一尊敬之詞，非以爲號也。後漢張陵始以五斗道誑惑漢沔間，其孫魯據有漢中，魏武授以侯爵，後來習其教者，妄稱陵爲天師。《水經注·沔水篇》注：“瀁水又南逕張魯治東，水西出，上有張天師堂，于今民事之。”又《江水篇》云：“平都縣有天師治。”皆謂張陵也。晉南渡以後，士大夫多有奉五斗米道者，或謂之天師道，由是妖妄之稱始登正史。

0218釋家　周昭王二十二年，兜率天降于西域天竺國，淨梵王妃摩耶氏夢天降金人，遂有孕。于四月八日剖右脅，生太子悉達多，時多靈瑞，生而能言。年十九，于四月八日入靈山修行，勤行精進，禪定六年成道，號“釋迦佛”。故後人以四月八日爲浴佛節。一説生于周定王，與孔子、老聃並出，至漢明帝時始入中國。按，漢明帝時佛像始入中國，帝以六卿之職待之，而未有號。至桓帝，始于濯龍之宮設華蓋以祀老子、浮屠。至晉，其教始盛。元帝東遷，三教峙立，遂以西禪配中孔、老爲三教。宋徽宗取《莊子》書曰“有大覺而後知聖人”，故賜佛“大覺”之號，菩薩曰“大士”，羅漢曰“尊者”，喪門曰“德上”。西方稱佛爲牟尼，謂德同仲尼也；喪門曰比邱，謂德比孔丘也；女喪門曰比邱尼，謂德同孔邱仲尼也。《香祖筆記》云：“僧祐《釋家譜》云：‘懿摩王四子被擯到雪山，住直樹林中，四子生子，王歡喜，言此直釋子，能自存立。故名釋。注：釋迦爲能。’《譜》又云：‘在直樹林中，故名爲釋。注：梵呼直曰釋。’《[釋]別傳》云：‘此國有釋迦樹，甚茂盛。相師云：必出國王。因移四子立國，因名釋種。’”

0219 **比邱尼**　《香祖筆記》載：“初，佛姨母瞿曇彌欲出家，如來不許，謂阿難言：‘若聽女人出家，乃令佛法清淨梵行不得久住[①]，譬如荼生稻田，善穀復敗。’又言：‘我之正法，千歲興盛，以度女人，故至五百歲而漸衰微，所以者何？女人有五處不能得作：一不得作如來，二不得作轉輪聖王，三不得作第二忉利天王，四不得作第六天魔王，五不得作第七梵天王。’按此乃比邱尼之始。夫如來既受姨母乳哺深恩，及五百除饉女[②]，皆長老，久修梵行，而如來難之且如此，後之人談何容易耶[③]？又如唐武后乃真天魔王，以釋氏因果論之，不知往劫是何福德也[④]。”漢劉峻女出家，又洛陽婦阿潘出家，乃尼姑之始。

0220 **南無佛**　《化胡經》云：“老子化胡，王不受其教。老子曰：‘王若不信，吾南入天竺教化諸國。’其道大興，自此已南無尊于佛者。胡王猶不信受，曰：‘若南化天竺，吾當稽首，稱南無佛。’”梵言南無佛，此言歸命，亦云救我。唐僖宗迎佛骨，降樓膜拜。注：北人禮拜，稱南膜，故曰膜拜，長跪拜也。

---

① 法，原誤作“母”，從《香祖筆記》改。

② 除，原誤作“餘”，從《香祖筆記》改。

③ 之，原誤作“人”，從《香祖筆記》改。

④ 往，原誤作“住”，從《香祖筆記》改。

0221 梓潼神　梓潼之神,相傳晉時張惡子。唐天寶十年監察御史王岳靈撰《張惡子廟碑記》,見《唐詩記事》。吴自牧《夢粱録》[①]:"梓潼君在吴山承天觀,此蜀中神尊,掌注禄籍,凡四方士子求名赴選者悉禱之。封王爵曰'忠文英武孝德仁聖王'。"是南宋行都,已立此祠也。

按:虞集《廣州路右文成化廟記》:"《天官書》以斗魁戴筐六星爲文昌之宫[②],徵文治者占焉。或曰:降靈吾蜀之梓潼者則其神也。是以縉紳大夫、士多信禮之,而文昌之祠遂徧都邑。"

0222 觀世音　阿那婆婆婁吉低輸,此云觀世音。能所圓融,有無兼暢,照窮正性,察其本末,所謂觀也。世音者,是所觀之境也。萬向流動,隔別不同,類音殊唱,俱蒙離苦,菩薩宏慈,一時普捄,皆令解脱。故曰觀世音。音但聽而云觀,耳亦色,色亦空也。

0223 玄武[③]　天文北方七宿也,蓋水之精,天一所生者。虚、危以前,其形蛇。室、壁,其形龜。居坎位曰玄,有鱗介曰武,又曰真武。祀玄武即《郊祀》"黑帝"之意,乃設象散髮跣足,身披鎧甲,以象鱗介;玄裳皂纛,以應坎;置龜蛇于前,明其爲七宿,非人也。明朝崇祀太和山,謂太和形勝,惟玄武足以當之,故曰武當。有曰母某氏生于某代某年,爲人天教主者,妄也。

0224 神州　《鹽鐵論》曰:"中國者,天下八十分之一,名曰赤縣神州,而分爲九,大瀛海環其外,所謂八極。"《唐類函》曰:"神州,王畿方千里内地神也。"《河圖括象》曰:"崑崙東南萬五千里曰神州。"是崑崙域于西北,神州域于東南,不過爲方域之名稱。隋始祭神州,唐宋亦于祭皇天地祇外,更祀神州,甚爲不經。有明以後廢古神州之祀典禮甚正,然民間猶沿祀不絶,乃以神州爲太山之神而像以婦人,不知何據。

0225 鍾馗　《唐逸史》:"明皇晝夢鬼,藍袍,曰:'臣終南山進士鍾馗,

---

① 粱,原誤作"梁"。

② 《史記·天官書》:"斗魁戴筐六星爲文昌宫。"

③ 玄,原作"元"。下四"玄"同。

除天下虚耗之孽。’詔吳道子畫之，賜二府。”今俗因畫一神像帖于門首，執椎以擊鬼，好怪者遂附會説鍾馗能唉鬼。畫士又作《鍾馗元夕出遊圖》，又作《鍾馗嫁妹圖》，文人又戲作《鍾馗傳》，俱以爲開元進士，不思後漢有李鍾馗，隋將有喬鍾馗、楊鍾馗。《北史》：“堯暄本名鍾馗，字辟邪。”則鍾馗之名非始于開元矣。按《考工記》曰：“大圭，終葵。”注：“終葵，椎也。齊人名椎曰終葵。”蓋言大圭之首似椎爾。後人以爲人名，能執椎擊鬼，訛矣。

0226 **磨兜鞬**　《輟耕録》云：“襄州穀城縣城門外道旁石人缺剥，腹上有字云：‘磨兜鞬，慎勿言。’是亦金人之流也。距縣四五十里，有石人二，相偶而立，腹上題刻，一云‘已及’，一云‘未匝’，不可得而詳也。”今竟有以金人謂即磨兜鞬者，非也。

0227 **火星娘娘**　娘娘之稱者，離爲火。《易》曰：“離爲中女。”故有此稱。

0228 **撥鐙**　唐林韞“撥鐙之法”凡四字，曰：“推、拖、撚、拽。”陸希聲凡五字：“擫、押、鈎、格、抵。”南唐後主李煜則七字法，曰：“擫、壓、鈎、揭、抵、導、送。”《書苑菁華》解之甚詳：“鐙，馬鐙也，蓋以筆管著中指、名指尖，令圓活易轉動；筆管既直，則虎口間空圓如馬鐙也。足踏馬鐙淺，則易轉運。手執筆管亦欲其淺，則易于撥動矣。”所謂擫者，擫大指骨上節，下端用力欲直，如提千鈞。壓者，捺食指著中節旁。鈎者，鈎中指著指尖，鈎筆令向下。揭者，揭名指著指爪肉之際[①]，揭筆令向上。抵者，名指揭筆，中指抵住。導者，小指引名指過右。送者，小指送名指過左。

按：撥鐙之字，昔以馬鐙爲喻，唯《楊升菴集》云：“後主撥鐙法，鐙，古燈字，撥灯、畫沙、懸針、垂露，皆喻撥鐙如挑灯，不急不徐也。楊鐵崖與顧至山聯句云：‘書出撥鐙侵繭帖。’”

0229 **木公　金母**　木，東方生氣，有父道，故曰公。金，西方成氣，有母道，故曰母。曰王公王母者，尊之也。有謂木公居雲房之間、金母居崑崙之

---

① 際，原作“祭”。

北等語,皆妄也。

0230 **般若**　梵云般若波羅蜜,此云智慧到彼岸[①]。

0231 **沙彌**　僧落法後謂沙彌[②]。

0232 **檀越**　檀,惠也。言行惠施,能越貧窮海也。

0233 **涅槃**　佛家死謂涅槃,謂寂滅。

0234 **圓寂**　僧亡也。

0235 **飛錫**　遊行僧也。

0236 **掛錫**　安住僧也。

0237 **蘭若**　空靜處也。

0238 **叢林**　僧說法聚處。

0239 **三昧**　佛法妙處恒在三昧,謂聞思修也。

0240 **漢壽亭侯**　曹操以關某爲漢壽亭侯。漢壽,地名。今稱壽亭侯,非也。漢壽,郡名,在蜀之嚴道。其後先主即位于蜀,而侯助之,固有兆于此與?況“漢”爲代名,而下綴以“壽”,延炎祚四十餘年,亦非偶然矣。

《筠廊偶筆》云:“大內有‘壽亭侯印’,方一寸,瓦鈕連環四,刻‘壽亭侯印’朱文四字,翡翠燦然,傍有痕,似嵌寶玉取去者。先文康公嘗印一紙,寶玩之。此印流傳不一,詳《容齋四筆》。”按,此印貯在大內,必非尋常刻者比;又經洪文敏、宋文康公兩相公之博雅寶重而珍玩之,必非贗者。則壽亭侯之稱已久矣。

0241 **招提**　《僧史》:“魏太武帝始光元年造伽藍[③],創立招提之名。”《釋氏要覽》:“梵語云拓鬭提奢,唐言四方僧物。訛拓爲招,去‘鬭、奢’,留‘提’,故稱招提,即今十方住持寺也。”

---

① 從“般若”到“三昧”條(共十條),原文僅詞目爲大字,釋義則爲雙行小字,每條連排,不另起行。目錄中亦未列這些詞目。現以詞條形式改排,並在目錄中加上相關詞目。

② 法,似當作“髮”。

③ 始光,原誤作“始元”。

0242 **尼寺** 何充捨宅安尼，乃尼寺之始。

0243 **寺** 寺，官舍也。《風俗通》云："寺，嗣也。理事之吏嗣續于其中也。"今九卿自大理、太常已下官署，皆名曰寺，沿東漢之舊也。鴻臚寺，本以待四裔賓客，漢明帝時，摩騰、竺法蘭自西域以白馬馱經至洛，故舍于鴻臚寺。今之白馬寺，即漢鴻臚寺舊址。後遂以名浮屠之宮，非偶同也。按，名白馬者，相傳天竺國有伽藍，名招提。其處大富，有惡國王利于財，將毀之。有一白馬繞塔悲鳴，即停毀①。自後改招提爲白馬，諸處多取此名焉。

0244 **古刹** 王簡棲《頭陀寺碑》："列刹相望。"李周翰注："刹，佛塔也。"《南史·虞愿傳》"以孝武莊嚴刹七層"、梁簡文《答立刹啟》皆可據②。《韻會》以刹爲佛寺，《說文》以爲柱，《釋氏要覽》以爲幡竿，皆非也。

0245 **塔** 《翻譯名義集》③："塔，西國浮圖也。"《高僧傳》："康僧會于吳赤烏十年至建業④，孫權使人求舍利子。既得之，權乃造塔藏之。"此中國造塔之始。《法苑珠林》："有舍利者名塔，無舍利者名支提。"

0246 **觀** 終南山尹喜之居有草樓焉，後人創立道宮，名曰樓觀。故道家所居多以觀名。按《黃帝內傳》："西王母授帝白玉元始真容，置于高觀之上。時人謂之道觀。"名觀之義，疑取諸此。

0247 **天師改真人** 宋濂《漢天師世家》：天師道陵，留文成侯之後。漢建武十年生于吳天目山。中直言極諫科，拜巴郡汀州令。棄官，隱洛陽北邙山，修煉形之術。章、和徵，皆不起。入鄱陽，上龍虎山，合九天神丹。往崧山，得黃帝九鼎丹書。入蜀，感玄元老君，授以經錄之法，壽百二十二歲，上昇。四十二代孫正常，洪武制授護國道德真人。上謂羣臣曰："至尊者天，豈

① 停，原誤作"亭"。《高僧傳》卷一："相傳云：外國國王嘗毀破諸寺，唯招提寺未及毀壞。夜有一白馬，繞塔悲鳴。即以啟王，王即停壞諸寺。因改招提以爲白馬。故諸寺立名，多取則焉。"

② 《答立刹啟》，並無此文，可能是指《大愛敬寺刹下銘》。

③ 譯，原誤作"釋"。

④ 康，原誤作"唐"。

有師也。以此爲號，褻天甚矣。"遂去舊稱，改天師爲真人。

0248**僧尼**　漢明帝，天竺僧摩騰、法蘭至墓在洛陽白馬寺內，此中國有僧之始。而中國云："佛法初來，止許西域人爲僧奉之，中國人不許。"至吳赤烏年間，方有漢人爲僧，此中國之爲僧之始。東晉有婦人阿藩者，學西域之教，始有尼姑之稱。

0249**羽客　黄冠**　皆道士之稱。羽客，猶云羽人。《王子年拾遺記》："周昭王假寐，夢雲中八人，服皆羽衣，王求仙術，受絶慾之戒，因名羽人。"《楚辭》："乃羽人于丹邱，留不死之舊鄉。"《廬山記》："南唐保大中，道士譚紫霄，唐主寵之，出入金門，賜號金門羽客。"宋林靈素能召呼風雨，祈雨有驗，徽宗甚寵信，賜號金門羽客。古之衣冠，皆黄帝時之衣冠也。自趙武靈王改其服式，而中國稍有變者。至隋煬帝東巡，欲其便于田獵，盡爲趙服，而黄帝時之衣冠始絶，獨道士之衣冠尚存，故曰黄冠云。唐李淳風之父名播，仕隋，因隋政亂，棄官爲道士，號黄冠子。

0250**上人**　美僧人也。內而德智，外有勝行，在人之上，故曰上人。一曰上品之人，不教而善，有過能自改，故云。

0251**閻羅王**　隋韓擒虎慷慨多智畧，以平陳功進上柱國。疾篤，時有人驚走至其家曰："我欲見閻羅王。"擒虎聞之曰："生爲上柱國，死作閻羅王，亦足矣。"因寢疾而卒。《翰苑名談》："宋寇準死，有王克勤者，見公于曹州境上，問從者，曰：'閻羅交政。'"

0252**鍾離權**　仙家稱"鍾離先生"者，唐人鍾離權也，號雲房，與吕喦同時。韓澗泉選《唐詩絶句》，卷末有鍾離一首，可證也。近世稱漢鍾離，因權嘗自號爲"天下都散漢鍾離權"，人誤以漢字屬下，猶漢壽亭侯，人稱壽亭侯，誤以漢字屬上也。

0253**丹青**　《西京雜記》："終南山有樹，直上百尺，無枝，上結蘩條，狀如車蓋，葉一青一丹，斑駁錦繡，長安謂之丹青樹。"今名畫師曰丹青，亦取其有丹有青，錦繡斑駁之意也。

0254 名宿 《朱浮傳》："欲收士心，召中州名宿。"又："華譚自負宿名，怏怏不得志。"①

0255 名諱 《禮》："生曰名，死曰諱。"今世俗以"諱"混施之生者，極可笑，然漢人已有之。吳楚材《彊識畧》言："《漢西嶽廟碑》云'樊君諱毅'，毅時尚在也。"然則俚俗相沿，亦有所本。

0256 泰山石敢當 今人家正門，適當巷陌橋道之衝，則立一小石將軍，或植一小石碑，鐫其上曰"泰山石敢當"，以厭禳之。前無可稽，惟西漢史游《急就章》云"石敢當"，本虛擬人名，非真有其人也。而顏師古以衛之石碏、石買、石惡，鄭之石制，周之石速，齊之石絲如爲命族來歷，亦祇因石氏而言之耳。敢當究爲何族之後，世之用此以爲保障者？亦取其"敢當"之義：所向無敵也。何必指其人以實之？或云：即泰山之下，博浪沙中，用鐵錐之力士，然當時不傳其名，秦皇索之，十日不得其人。亦何所據而云然？

0257 陰火 木華《海賦》有"陰火潛然"句，初不知其說，及到嶺南，舟行海中，水遇陰晦，波如然火，滿海煜然。以物擊之，迸散如星。有月則不復見。意陰火指此耳。

0258 長工　短工 《唐史》："凡工匠，以州縣爲團，五人爲火，置長一人。四月至七月爲長工，二、三月，八、九月爲中工，十月至正月爲短工。"②

0259 圖子 圖，音由，言由此以致彼也。今俗鷦鵪由子、畫眉由子之謂也。唐呂溫有《由鹿賦》，其序云："遇野人繫鹿，問之。答曰：此爲由鹿，由此鹿以誘致羣鹿也。"宋祁《筆記》曰："呂溫作《由鹿賦》，曰：'由此鹿以致他鹿，故曰由鹿。'"案：《說文》曰："率鳥者，繫生鳥以來之名圖，音由。"③呂溫得其意，而不知《說文》有此"圖"字也。

---

① 《後漢書·朱浮傳》："浮年少有才能，頗欲厲風迹，收士心，辟召州中名宿涿郡王岑之屬，以爲從事。"《晉書·華譚傳》："太興初，拜前軍，以疾復轉祕書監。自負宿名，恒怏怏不得志。"

② 見《新唐書·百官志》。

③ 《說文》口部："率鳥者，繫生鳥以來之名曰囮，讀若譌。圖，囮或从繇。"

0260 **十二神**　唐玄宗御墨曰龍香劑[①]。一日，見墨上有小道士如蠅而行[②]，呼"萬歲"，曰："臣，墨之精，黑松使者也。凡世人有文者，墨上皆有龍賓十二。"

0261 **青州從事　平原督郵**　《野客叢談》曰："徐彭年引《湘江野錄》謂'青州從事善造酒'，考《世説》：'桓温有主簿，善別酒，謂好酒曰青州從事，惡者曰平原督郵。蓋青州爲齊郡，而平原有鬲縣。好酒下臍，而惡酒在鬲也。'"酒亦號顧建康。《南史》："顧憲之令建康，甚清。都下飲酒者醇，輒號爲顧建康。"

0262 **干支**　即"幹枝"省文，張世南云。

0263 **竹枝詞**　唐人《柳枝詞》專詠柳，《竹枝詞》則泛言風土，如楊廉夫《西湖竹枝》之類。前人亦有一二專詠竹者，殊無意致。宋葉水心又剏爲《橘枝詞》。

0264 **古董**　蘇東坡作"古董"，晦菴作"汩董"。見《霏雪錄》。

0265 **太行山爲大行山** ^{"太行"之"行"音"杭"}　《東谷所見》云："有一主一僕久行役，忽登一山，遇豐碑，大書'太行山'三字，主欣然曰：'今日欣然得見太行山。'僕隨後撇撒：'官人不識字，只有大行山，安得太行山！'主叱之。僕姍笑不已。主有怒色，僕反謂官人[③]：'試問此間土人，若是太行山，某罰一貫與官人；若是大行山，官人當賞某一貫。'主人笑而肯之。行至前，聞市學讀書聲，主曰：'就讀書家問。'遂登其門，老儒出接，主具述其事，老儒笑曰：'公當賞僕矣。此只是大行山。'僕在側，視主曰：'又却某之言是。'主揖老儒，退，僕請錢，即往沽飲。主俟之稍久，大不能平復，求見老儒，詰之：'將謂公是土居，又讀書，可證是否。何亦如蠢僕之言大行耶？'老儒大笑曰：'公可謂不曉事。一貫錢，瑣末耳，教此等輩永不識是太行山。'老儒之言頗有

<hr>

① 玄，原作"元"。

② 蠅，原誤作"繩"，從《墨史》《説郛》等正。

③ 謂，原誤作"爲"，從《東谷所見》"太行山"條、《説郛》卷七十三"太行山"條改。

味，今之有真是非，遇無識者，正不必與之辯。”

按，《山海經》，大行山一名五行山，《列子》作“大形”，則“行”本音也。崔伯易《感山賦》：“上正樞星，下開冀方。起爲名邱，妥爲平岡。巍乎至尊，其名太行。”蓋趁韻之誤耳①。後遂以爲“太行”，不復知有“大形”矣。

0266 課馬　俗呼牡馬爲課馬，出《唐六典》：“凡牝四游而課，羊則當年而課之。”②課爲歲課駒犢③。

0267 草驢　女猫　今人謂牝驢爲草驢。《北齊書·楊愔傳》：“選人魯漫漢在元子思坊，騎禿尾草驢。”是北齊時已有此名。山東、河南人謂牝猫爲女猫。《隋書·外戚獨孤陁傳》：“猫女可來？無住宫中。”是隋時已有此名。

0268 馬駒　《淮南子·修務訓篇》曰“馬之爲草駒之時”，注云：“馬五尺以下爲駒，放在草中，故曰草駒。”草之義蓋取諸此。

0269 犍牛　羯羊　犗馬　《説文》：“犗，騬馬也。”“騬，犗馬也。”“羯，羊牯犗也。”《唐韻》：“犍，犗。”人多未喻。《增韻》：“凡畜健强者皆爲犗。”唐郭崇韜謂魏王繼岌曰：“騬馬亦不可乘。”是以“不馴”爲義。按《陳忠傳》：“宫刑，或云犗刑。”④《廣韻》：“劇，以刀去牛勢也。或云犍。”⑤則犗也、騬也、羯也、犍也，皆馬牛羊去勢之名也。今人謂之“騙”。《朧仙肘後經》：“騙馬、宦牛、羯羊、閹猪、鐵雞、善狗、淨猫。”犍音堅，犗音介，騬音呈，劇音虔。

0270 牙猪　牙，即“豝”之轉音也。《左傳》：“盍歸吾艾豭。”牝豕則謂“豝”。《詩》云：“一發五豝。”南人謂資曰“巴”，北人謂女陰曰“巴”，亦此意也。

0271 人中　脣之上，謂人中。若曰人身之中半，則當在臍腹間。蓋自此

---

① 趁，原誤作“赶”。
② 見《唐六典》卷十七。
③ 爲，《珩璜新論》、《説郛》卷十三作“謂”。
④ 陳忠，原誤作“阿宫”。《後漢書·陳忠傳》“除蠶室刑”唐李賢注：“蠶室，宫刑名也，或云犗刑也。”
⑤ 云，《廣韻》原文作“作”。

而上,眼、耳、鼻皆雙竅。自此而下,口及二便皆單竅。三畫陰,三畫陽,成泰卦也。《蠡海録》①:"又名水溝穴,蓋居人身天地之中,天氣通于鼻,地氣通于口。天食人以五氣,鼻受之;地食人以五味,口受之。穴居其中,故曰人中。"

　　0272 金吾棒　應劭曰:"吾禦也,常執金革,以禦非常。"《古今注》曰:"執金吾,棒也。以銅爲之,金塗兩末,謂之金吾。"漢光武曰:"仕宦當作執金吾。"②師古曰:"金吾,鳥名,主辟不祥。天子出行,職主先導,以禦非常,故執此鳥之象以名官。"③《逸篇》又以爲九子之一,形似美人,首魚尾④,有兩翼,其性通靈不寐,故用以巡警。

　　0273 稱人以公　《公羊傳》曰⑤:"天子三公稱公。"如周公、召公、畢公、毛公是也。"二王之後稱公。"宋公是也⑥。《通典》曰:"周制,非二王之後,列國諸侯其爵無至公者。雖春秋有虞公、州公,或因殷之舊爵,或嘗爲天子之臣,子孫因其號耳,非周之典制也。"東遷而後,列國諸侯皆僭稱公。迨至楚君僭爲王,則臣亦稱爲公。《宣公十一年》所謂"諸侯、縣公皆慶寡人"者也。傳中亦析公、申公、鄭公、蔡公、息公,是也⑦。戰國以後,則又有以尊老而"公"之者,《戰國策》孟嘗君問"馮公有親乎"、《史記》文帝謂馮唐"公奈何衆辱我"是也。他如《漢書·溝洫志》之"白公"、《項籍傳》之"南公"、《眭弘傳》之"東平嬴公",皆長老之號。即《方言》"周晉秦隴謂之公"者,亦皆尊

---

① 録,當作"集"。

② 《後漢書·陰皇后紀》:"初,光武適新野,聞后美,心悦之。後至長安,見執金吾,車騎甚盛,因歎曰:'仕宦當作執金吾,娶妻當得陰麗華!'"

③ 《漢書·百官公卿表》:"中尉,秦官,掌徼循京師,有兩丞、候、司馬、千人,武帝太初元年更名執金吾。"顏師古注:"應劭曰:'吾者禦也,掌執金革以禦非常。'師古曰:金吾,鳥名也,主辟不祥,天子出行,職主先導,以禦非常,故執此鳥之象因以名官。"

④ 此處疑有脱文。明楊慎《升菴集》卷八十一"龍生九子條"作"形似美人,首尾似魚"。

⑤ 曰,原誤作"也"。

⑥ 《公羊傳·隱公五年》:"天子三公稱公,王者之後稱公。"

⑦ 清顧炎武《日知録》卷二十:"傳中如葉公、析公、申公、鄖公、蔡公、息公、商公、期思公,並邊中國,白公邊吳,蓋尊其名,以重邊邑。"

老者，而今之稱公又不皆尊老也。

0274 **考亭** 世以考亭稱文公，及閱晦翁後人所藏家譜，知考亭乃黃氏之亭。蓋五季亂，黃端子稜之父禮部尚書，携稜入閩，見建陽山水秀麗，遂家焉。歿而葬于三桂里，子稜乃築亭于半山以望其考，因名曰望考。文公居近其地，世因以考亭稱之。以地稱人可也，以他人之考稱文公，于理甚悖，然公在日，實無以此稱之者。後人誤謬，急當改正。

0275 **杏壇** 今夫子廟中有壇石，刻曰"杏壇"。《闕里志》："杏壇，在殿前，夫子舊居。"非也。杏壇之名，出自《莊子》。《莊子》曰："孔子遊乎緇帷之林，休坐乎杏壇之上。弟子讀書，孔子弦歌鼓琴，奏曲未半，有漁父下船而來，鬚眉交白，被髮揄袂，行原以上[1]，距陸而止，左手據膝，右手持頤，以聽曲終。"司馬彪曰："緇帷，黑林名也；杏壇，澤中高處也。"《莊子》書凡述孔子皆是寓言，漁父不必有其人，杏壇不必有其地，即有之，亦在水上葦間，依陂傍渚之地，不在魯國之中也，明矣。今之杏壇，乃宋乾興間四十五代孫道輔增修祖廟，移大殿于後，因以講堂舊基甃石爲壇，環植以杏，取杏壇之名名之耳。

0276 **人有小名小字** 《聽雨紀談》云："古人有小名，必有小字。《離騷》：'名予曰正則兮，字予曰靈均。'蓋屈子名原字平，而正則、靈均則小名小字也。嘗見宋進士同年錄皆書小名小字，猶存古人之意。然亦有不盡然者，如相如小名犬子，楊雄子小字童烏。相如未聞其小字，楊雄子未聞其小名。今人主子亦但有小名而無小字。唐陸魯望有《小名錄》，陳思有《小字錄》，及有所謂《侍兒小名錄》，豈小名小字固可互稱耶？"《代醉編》："金人粘罕、兀术皆以小字行，粘罕名宗維[2]，兀术名宗弼。"見趙與時《賓退錄》[3]。

0277 **哂** 《海錄碎事》："齒本曰哂，大笑開口則見，故哂謂之笑也。"《曲禮》曰："笑不至矧。"注："齒本曰矧。"即所謂哂也。

---

① 行，原誤作"紆"。

② 維，《靖康稗史箋證》作"翰"。

③ 時，原誤作"特"。

0278**袒絻**_{下音問，通作免}　《檀弓》：“絻，以布廣一寸，從項中而前，交于額上，又卻向後繞髻。”《喪服小記》集解：“呂氏曰：‘絻，以布卷幘，以收四垂短髮，而露其髻於冠，禮謂之闕項。冠者先着此，後加冠。’”按二説，“絻”之義已明，而曰“袒”者何？蓋不着冠露髻，猶《喪大紀》注所稱：“袒幘也，此服之最輕者，總以下冠各異，而絻固有也。”又，古者有罪，免冠而闕項存，因謂之免，是知絻不獨喪服，即平時亦有吉則用皂，所謂緇纚_{纚，徙、離二音}；凶則用素，所謂袒絻。緇纚所以韜髮，故用全幅；袒絻止于括髮，故廣一寸耳。緇纚，今易爲網巾；袒絻，猶今之勒頭帶耳。

《律例服圖》內載：凡同五世祖族屬，在緦麻絶服之外，皆爲袒免，親遇喪葬則服素服，尺布纏頭。按《律圖》，袒免之制，專指五世祖族屬，于緦麻僅遠一服者而言，若同六世祖以外族屬，不在袒免之例。今江浙風俗，凡同宗無服之親概稱袒免，未免誤。

0279**滑稽**　《炙轂子》：“滑稽，轉注之器也。今若以一器物底下穿孔，注之不已。”

0280**揖　拜　跪**　朱子謂：兩膝著地，以尻著膝而稍安者爲坐；伸腰及股而勢危者爲跪；因跪而益致其恭，以頭著地爲拜。《詩詁》：“推手曰揖，引手曰厭_{音壓}。推手與胷離也，厭則著手與胷。首與腰平爲拜。”《荀子》：“平衡曰拜。”“平衡謂磬折，正首與腰平。”[①]“兩膝屈地危陧爲跪。”[②]《説文》：“跪，拜也。”《周禮·大祝》：“九拜：以首至地曰稽首[③]；以首置地曰頓首；不至地曰空首；恐悚蹙迫而下手曰振動；雍容而下手曰吉拜；泣血而下手曰凶拜；不再拜曰奇拜[④]；答拜曰褒拜；直身肅容而微下手曰肅拜。”凡言下手與首不至地皆立而拜；稽首、頓首，非跪不能拜；奇拜、褒拜，兼跪立二者，故跪亦曰

①　《荀子·大略》：“平衡曰拜。”楊倞注：“平衡謂磬折，頭與腰如衡之平。”

②　《釋名·釋姿容》：“跪，危也。兩膝隱地，體危陧也。”

③　稽，原作“嵇”。

④　“不”前原衍一“拜”字。

拜。稽首即稽顙。鄭康成曰：“拜而後稽顙曰吉拜，稽顙而後拜曰凶拜。婦人吉事肅拜，凶事手拜。”肅拜，即九拜之肅拜；手拜，以首至手，又謂拜手。婦人古無屈膝而拜者，有則自武后始也。

0281 沙門　　釋宗，無主之教，故削髮出家，謂喪門。後僧褘改爲沙門，猶沙汰之沙，絶情洗慾[1]，總歸于無爲也。

0282 鄧思賢　　嘗見人戲呼一譁訐者爲鄧思賢。初不可曉，後讀《筆談》，始得其説云：“世傳江西人好訟，有一書名《鄧思賢》，皆訟牒法也。其始則教以侮文；侮不可得，則欺誣以取之；欺誣不可得，則求其罪劫之。蓋思賢，人名，人傳其術，遂以名書。”

0283 明經　　今人但以貢生爲明經，非也。唐制有六科：科一曰秀才；二曰明經；三曰進士；四曰明法；五曰書；六曰算。《大唐新語》：“隋煬帝置明經、進士二科。國家因隋制，增置秀才、明法、明字、明算，并前爲六科。”當時以詩賦取者謂之進士，《金史·移剌履傳》：“進士之科，隋大業中始試以策，唐初因之，高宗時雜以箴、銘、賦、詩，至文宗始專用賦。”以經義取者謂之明經。葉石林《避暑録話》：“唐制，取士用進士、明經二科。本朝初唯用進士，其罷明經，不知自何時。仁宗患進士詩賦浮淺，不本經術，嘉祐三年始復明經科。”今取詩賦用經義，則今之進士亦唐之明經也。

0284 仰塵　　一名承塵。《逸雅》：“承塵，施于上，承塵土也。”伊尹制《楚辭》：“經堂入奥，朱塵筵些。”注：“塵，承塵也。”

0285 嶰谷　　《吕氏春秋》：“伶倫自大夏之西，沉渝之陰，取竹于嶰谷兩節間。”注：“解，脱也。谷，溝也。取竹之無谷節者，則嶰當作解。”[2]解兩節間自無谷節，故云取竹于解谷兩節間。或以爲地名者，非也。

---

[1]　絶，原誤作“纜”。《廣弘明集》卷一：“精進者爲沙門，漢言息心，剃髮去家，絶情洗慾而歸於無爲也。”

[2]　此注是《漢書》注而非《吕氏春秋》注。《漢書·律曆志》：“黄帝使泠綸自大夏之西，昆侖之陰，取竹之解谷。”顔師古注：“孟康曰：‘解，脱也。谷，竹溝也。取竹之脱無溝節者也。一説昆侖之北谷名也。’晉灼曰：‘谷名是也。’”

0286**夜航船**　凡篙師于城埠市鎮人烟湊集去處，招集客旅，裝載夜行者，謂之夜航船，即今之渡船也。太平之時，在處有之。然古樂府有《夜航船》曲，皮日休詩有“明朝有物充君信，携酒三樽寄夜航”之句，則此名亦古矣。

0287**魚袋**　唐百官佩金魚，謂之魚袋。武后朝佩金龜，後乃佩魚。《朝野僉載》①：“唐初爲銀兔符，以兔爲瑞。後爲銀魚符，以鯉爲瑞。武后以玄武爲瑞②，乃以銅爲龜符。或謂鯉，李也；龜，武也，重國姓也。”③《炙轂子》云：“古者有算袋，魏文帝易以龜袋。唐改魚袋，本算袋之遺，而龜袋又何取于國姓耶？”

0288**郵**　《漢[書]·黃霸傳》“郵亭鄉官”注：“郵，行書舍，謂傳送文書所止處，如今之驛舘。”

0289**旗亭**　張衡《西京賦》：“旗亭五里。”注：“市樓立亭于上。”

0290**舍**　《漢書》注：“郡國朝宿之舍，在京師者率名邸。邸，至也，言所歸至也。”《漢[書]·酈食其傳》：“沛公至高陽傳舍。”注：“傳舍者，人所止息。前人已去，後人復來，轉相傳也。一云：謂傳置之舍也。”

0291**將軍**　《春秋傳》：“晉獻公作二軍，公將上軍，太子申將下軍。”是已有“將軍”之文，而未以爲名也。至《昭公二十八年》，閻没、女寬對魏獻子曰：“豈將軍食之而有不足。”正義曰：“此以魏子將中軍，故謂之將軍。”及六國以來，遂以將軍爲官名，蓋其元起于此。

0292**相公**　前代拜相必封公，故稱之曰相公；若封王，則稱相王。司馬文王進爵爲王，荀顗曰：“相王尊重。”是也。晉簡文帝及會稽王道亦稱王相④。自洪武革去丞相之號，則有“公”而無“相”矣。即初年之制，亦不盡沿唐宋，有相而不

---

① 僉，原誤作“簽”。

② 玄，原作“元”。

③ 《朝野僉載》卷三“賜借緋紫”有相關内容，但無以上引文，此乃從宋程大昌《演繁露》卷十“龜符”條、明周祈《名義考》卷十一“魚袋”條等致。

④ 清顧炎武《日知録》卷二十四“相公”條作“晉簡文帝及會稽王道子亦稱相王”。

公者胡惟庸是也，有公而不相者常遇春之倫是也。封公拜相，惟李善長、徐達，三百年來有此二相公耳。

0293 火長　今人謂兵爲户長，亦曰火長。崔豹《古今注》：“伍伯，一伍之伯也。五人爲伍，五長爲伯，故稱伍伯。一曰户伯。漢制：兵五人一户灶，置一伯，故曰户伯。亦曰火伯，以爲一灶之主也。”《通典》：“五人爲列，二列爲火，五火爲隊。”《[新]唐書·兵志》：“五十人爲隊，隊有正[1]；十人爲火，火有長。”又云：“十人爲火，五火爲團。”則直謂之火矣。《宋書·卜天與傳》：“少爲隊將，十人同火。”《木蘭詩》：“出門看火伴。”柳子厚《段太尉逸事狀》：“叱左右，皆解甲，散還火伍中。”或作“夥”，誤。

0294 女子子　《喪服小記》言：“女子子，在室爲父母杖。”然則女子子爲己所生之子矣。胡氏謂重言“子”，衍文。黃氏以爲女子之子。皆非。言女子者，別于男子也。猶《左氏》言“女公子”。古人謂其女亦曰子。《詩》曰：“齊侯之子，衛侯之妻。”《論語》曰：“以其子妻之。”是也。此言男子之別，故加“女子”于“子”之上以明之。

0295 古人無以祖父名爲氏者　《後漢書·段熲[傳]》：“其先出鄭共叔段。”凡若此類，皆不通之説。古人但有以王父字爲氏，無以名爲氏者，按段氏當出自段干。《史記》：“老子之子名宗，爲魏將，封于段干。”《[新]唐書·世系表》：“封于段，爲干木大夫。”謬。故以爲姓，其後隱如入關，方去一“干”字。《魏世家》有段干木、段干子，《田完世家》有段干明[2]。

0296 居停　宋丁謂因寇準得進，事準甚恭。嘗會食中書，羹污準鬚，謂起拂之。準曰：“參政，乃爲長官拂鬚耶？”[3]謂憾之，自是謂誣準與李迪朋黨，貶迪衡州，貶準雷州。王曾言貶責太重，曾嘗假準第舍，謂熟視之，曰：

①　正，原誤作“五”。
②　《元和姓纂》卷九“段”：“鄭武公子共叔段之後，以王父字爲氏。戰國韓相段規。《三輔決録》云：段氏，李老君之自出，段干木之子隱如入關，去‘干’爲段氏。”
③　爲，原誤作“謂”，從《續資治通鑑長編》卷九十三改。

“居停主人恐亦不免。”

0297三教九流　儒、釋、道。三教。儒家出于司徒之官、道家出于史官、陰陽家出於羲和之官、法家出於理官①、名家出于禮官、墨家出于清廟之官、從横家出于行人之官、雜家出于議官、農家出於農稷之官，并小説爲十家。小説家出於稗官。《藝文志》。

0298統　今人以雞羽爲之，重五兩，繫于檣尾，以候風也。《淮南子》云：“若統之候風也。”注：“候風雨也，楚人謂之五兩。”《文選》：“占五兩之動靜。”

0299車軸漢　《畫墁録》②：“宋太祖招軍，不專取長人，要琵琶腿、車軸身，取多力也。”

0300稱縣令爲明府　明府之稱，始于唐人。唐呼縣令爲明府，丞爲贊府，尉爲少府，漢人則謂之明廷。劉翊稱种拂③，高獲稱鮑昱，皆然。若明府，則稱太守矣。法真稱太守曰④：“以明府相待有禮，故敢自同賓末。若欲吏之，真將在此北山之北，南山之南矣。”⑤

0301蜜脾　今以蜂窩生蜜爲蜜脾，蓋形似也。《格物要論》：“蜂採百芳釀蜜，其房如脾，故謂之蜜脾。其王之所居疊積如臺。語曰‘蜂臺蟻樓’，言蜂居若臺、蟻居若樓也。”

0302祠　今多土地祠、名賢祠之類，祠之爲言思也，所以寄□□于無數也⑥。

0303分寸丈尺　《漢[書]·律歷志》⑦：“度者，分、寸、尺、丈、引。本起

---

① 理，原誤作“稷”，蓋涉下文“農稷之官”而誤。《漢書·藝文志》：“法家者流，蓋出於理官。”

② 墁，原誤作“慢”。

③ 拂，原作“祂”，據《後漢書·獨行列傳》改。

④ 稱，疑誤，似當作“謂”。

⑤ 引文出《後漢書·逸民列傳·法真傳》。

⑥ “寄、于”之間二字闕文。

⑦ 歷，今習用“曆”。

黄鍾之長，以子谷秬黍中者[1]，子谷，北方黑黍，取大小中者，一黍以廣，度之九十分，爲黄鍾之長。一黍爲一分，十分爲寸，十寸爲尺，十尺爲丈，十丈爲引，而五度審矣。其法以銅，高一寸，長一丈，而分寸尺丈存焉。以爲引，高一分，分者，自三微而成著，可分别。寸、忖、尺、蒦，職在内官，廷尉掌之。”蒦，音約。《禮》：“《家語》曰：‘布指知寸，布手知尺。’”謂以拇指、食指一参，仍以食指屈二節爲一寸。蔡邕《獨斷》：“夏以十寸爲尺，殷以九寸爲尺，周以八寸爲尺。”《名義攷》：“周尺纔得今六寸六分。”

0304 賊 盜 竊 《尚書》：“寇賊奸宄。”註：“害人曰賊。”《左傳·文十八年》：“竊賄爲盜。”賄，財也。賊、盜原有分，故歷來律法不一。李悝《法經》六篇，一《盜法》，二《賊法》。漢魏爲《賊律》《盜律》，後周有《劫盜律》《賊叛律》，至隋方合爲《賊盜》，唐宋以後其名不改。盜自中出曰竊。《書·微子》：“殷民攘竊神祇之犧牷牲。”《春秋·定八年》：“盜竊寶玉大弓。”

0305 城隍 “城隍”之名見于《易》，若廟祠則莫究其始。《記》曰：“天子大蜡八，伊耆氏始爲蜡。”注：“伊耆，堯也。”蓋蜡祭八神，水庸居七，水則隍也，庸則城也。此正祭城隍之始[2]。

0306 箇 《説文》古賀切，“竹一枝也”。《荀子》：“負矢五十箇。”蓋古以竹爲矢，此“箇”字正義。《禮·少儀》：“太牢則以牛肩臂臑折九箇。”又，羊“七箇”、豕“五箇”。俱從“箇”，而《禮記》《周禮》亦多從“个”，蓋即“竹”字之半也。今人又别作“個”。

0307 庾死 《史記》：“庾死獄中。”[3]注不明庾義。《説文》：“束縛捽抴爲臾。”[4]“臾、庾”古字通也。

---

① 谷，當作“穀”。下“谷”同。

② 此條襲自清孫承澤《春明夢餘録》卷二十二“都城隍廟”條。

③ 《史記》無此語。《漢書·宣帝紀》：“今繫者或以掠辜若飢寒瘐死獄中，何用心逆人道也！”顏師古注：“蘇林曰：‘瘐，病也。囚徒病，律名爲瘐。’如淳曰：‘律，囚以飢寒而死曰瘐。’師古曰：瘐，病，是也。此言囚或以掠笞及飢寒及疾病而死。如説非矣。”

④ 《説文》申部：“臾，束縛捽抴爲臾曳。”段注：“曳字各本無，今補。束縛而牽引之謂之臾曳。”

0308 苗裔　《離騷》經:"帝高陽之苗裔兮。"晦菴《集註》:"苗裔,謂遠孫也。苗者,草之莖葉。裔者,衣裾之末,衣之餘也。故以爲遠末子孫之稱。"

0309 口占　忙中作書曰口占。《職林》:"岑文本策令叢遽,敕吏六七人泚筆,分口占授,咸無遺意。"[1]

0310 青囊　郭景純《青囊秘書》自是堪輿家事,後遂引之爲醫家言。考《顏宏之傳》:"求蛇胆療嫂,不得,忽有青衣童子持囊授含,含開視,乃蛇胆也。"[2]後世因此遂用之醫耶?

0311 漏澤　《漢書》:吾邱壽王對寶鼎事曰[3]:"臣聞周德始于后稷,長于公劉,大于太王,成于文武,顯于周公,德澤上昭天,下漏泉。"今之"漏澤"固取名于此。

0312 下官　梁武帝改稱臣爲下官。

0313 爰書　爰,換也。以文書換口辭也。

0314 湘君　湘夫人　《山海經》:"洞庭之山,帝之二女居之。"郭璞注曰:"天帝之二女而處江爲神,即《列仙傳》江妃二女也。《九歌》所謂'湘夫人',稱'帝子'者是也。而《河圖玉版》曰'湘夫人'者,帝堯女也。秦始皇浮江至湘山,逢大風,而問博士:'湘君何神?'博士曰:'聞之,堯二女,舜妃也,死而葬此。'《列女傳》曰:'二女死于湘江之間,俗謂之湘君。'鄭司農亦以舜妃爲湘君。說者皆以舜陟方而死[4],二妃從之,俱溺死于湘江,遂號爲湘夫人。按《楚辭》曰湘君、湘夫人,亦謂湘水之神,有后有夫也。初不言舜之二

---

① 《新唐書·岑文本傳》:"時顏師古爲侍郎,自武德以來,詔誥或大事皆所草定。及得文本,號善職,而敏速過之。或策令叢遽,敕吏六七人泚筆待,分口占授,成無遺意。"

② 《晉書·顏含傳》:"顏含字弘都,琅邪莘人也……醫人疏方應須眞蛇膽,而尋求備至,無由得之。含憂歎累時,嘗晝獨坐,忽有一青衣童子,年可十三四,持一青囊授含,含開視,乃蛇膽也。童子逡巡出户,化成青鳥飛去。得膽,藥成,嫂病即愈。"其字不作"宏之"。

③ 吾,原作"五"。

④ 陟,原誤作"陞"。陟方,指天子巡狩。

妃。《記》曰：'舜葬于蒼梧之野，蓋二妃未之從也。'明二妃生不從征，死不從葬。且《傳》曰：'生爲上公，死爲上神。'《禮》曰：'五嶽比三公，四瀆比諸侯。'今湘川不及四瀆，無秩于命祀，而二女帝者之后，配靈神祇，無緣復下降小水而爲夫人也。原其致謬之由，由乎俱以帝女爲名，名實相亂也。"

0315 山門　曰山門①。老杜《三川觀水漲》詩："乘陵破山門。"註："謂土門山也。山有二土門，故曰山門。"白樂天《寄天竺師》詩："一山門作兩山門。"指天竺山言。蓋舊時廟宇多在山中，故名。今城市中亦稱之矣。

0316 衖衕　今之巷道名爲"胡洞"，字書不載。或作"衖衕"，又作"衖衕"，皆無據也。南齊蕭鸞弑其君于西弄②。註："弄，巷也。南方曰弄，北方曰衖衕。"③"弄"之反切爲衖衕，蓋方言耳。

0317 閔子兄弟　閔子嘗有言曰："母在一子寒，母去三子單。"但閔子而外，不知二子是何人，經傳亦罕有所見。至山東謁閔子祠，見正像傍有二主位，觀之，乃閔子之二母弟也，一曰閔蒙，一曰閔革，與"損"俱用《易》卦名④。此其家廟，所奉必有所據，可以補經傳之所以未及云。

0318 方相氏　今人行葬事，造二大人巡路，爲方相氏，即嫫母。嫫母，黃帝之次妃。《帝紀》⑤："黃帝納醜女，號爲嫫母，使訓宮女，而有淑德。帝周遊行時，元妃嫘祖死于道。令次妃嫫母監護于道，以時祭之，因以嫫母爲方相氏。"

0319 娼婦　古優女曰娼，娼之老婦曰鴇。考之，鯧魚爲衆魚所淫，鴇鳥爲衆鳥所淫。相傳老娼爲鴇，意出于此。黿因娼而得名也，即蛇與黿交，而雄黿畏避之，故曰黿。出《詢芻錄》。

---

① 此處頂格書寫，疑刻書時有脫誤。

② 事見《南齊書·鬱林王紀》："帝竟無一言。出西弄，殺之。"

③ 見清顧炎武《唐韻正》"衖"字注。

④ 閔子，名損。

⑤ 即《雲笈七籤》卷一○○《軒轅本紀》。

0320私科子　雞雉所乳曰窠，即科也。《晏子春秋》："殺科雉者，不出三月。"蓋言官妓出科，私娼不出科，如乳雉也。

0321女校書　蜀人呼營妓爲女校書。故胡曾有詩《贈薛濤》云[1]："萬里橋邊女校書，枇杷花下閉人居。掃眉才子知多少，管領春風總不如。"〇按晁氏以武元衡奏薛濤授校書[2]，無稽語也。

0322綠林　世謂盜爲綠林客。按，後漢新市人王匡、王鳳等共攻離鄉，聚藏于綠林中[3]。綠林山在荆州。

0323蛋戶　諸蛋以艇爲家，不許岸居，良家亦不與通姻，與浙江之墮民、河南之樂戶等。其有男未聘，則置盆艸于船梢；女未受聘，則置盆花于船梢，以致媒妁。婚時以蠻歌相迎，男歌勝則奪女過舟。其女大者曰魚姊，小者曰蜆妹。魚大蜆小，故姊曰魚而妹曰蜆云。人善沒水，每持刀槳水中，與巨魚鬬，大魚在巖穴中，或與之嬉戲，撫摩鱗鬣，俟大魚口張，以長繩繫鈎，鈎兩腮，牽之而出。或數十人張罘，則數人下水，誘引大魚入罘，罘舉，人隨之而上。亦嘗有被大魚吞唊者；或大魚還穴，橫塞穴口，己在穴中不能出而死者。

0324雲臺二十八將　鄧禹、高密侯，字仲華。吳漢、廣平侯，字子顏。賈復、膠東侯，字君文。耿弇、好畤侯，字伯昭。寇恂、羅奴侯，字子翼。岑彭、舞陰侯，字君然。馮異、夏陽侯，字公孫。朱祐、鬲侯，字仲先。祭遵、潁陽侯，字弟孫。景丹、櫟陽侯，字孫卿。蓋延、安平侯，字巨卿。銚期、安武侯，字次況。耿純、東光侯，字伯山。臧宮、朗陵侯，字君翁。馬武、楊虛侯，字子張。劉隆、慎侯，字元伯。馬成、全椒侯，字

---

①　此處作者題爲胡曾，乃是從《唐才子傳》之説。此詩又見唐代詩人王建《王司馬集》，詩題爲《寄蜀中薛濤校書》。其中"閉人居"，二書均作"閉門居"。

②　元辛文房《唐才子傳》卷八："及武元衡入相，奏授校書郎。蜀人呼妓爲校書，自濤始也。"宋晁公武《郡齋讀書志》卷四收薛濤《錦江集》五卷，其解題曰："右唐薛濤洪度也，西川樂妓，工爲詩，當時人多與酬贈。武元衡奏校書郎，太和中卒。李肇云：'樂妓而工詩者，濤亦文妖也。'"

③　綠，原誤作"碌"。按《後漢書·劉玄傳》作"綠"。作"碌"當是從《藝林彙考》所轉引《楊公筆録》，但《楊公筆録》實作"綠"。下文"綠"，原亦誤作"碌"。

君遷①。王梁、阜成侯，字君嚴②。陳俊、祝阿侯，字子昭。杜茂、參蘧侯，字諸公。傅俊、昆陽侯，字子衛。堅鐔、合肥侯，字子伋。王霸、淮陽侯，字元伯。任光、阿陵侯，字伯卿。李忠、中水侯，字仲都。萬脩、槐里侯，字君游。邳彤、靈壽侯，字偉君。劉植、昌成侯，字伯先。此河北二十八將，光武所與定天下者。

明帝圖畫于南宮雲臺，又益四人：王常、山桑侯，字顏卿。李通、固始侯，字次元。竇融、安豐侯，字周公。卓茂，褒德侯，字子康。合三十二人。馬援以椒房之親不與焉。

0325 凌煙二十四勳臣　　長孫無忌趙公、河間孝王恭、杜如晦萊公、魏徵鄭公、房玄齡梁公③、尉遲敬德鄂公、李靖衛公、蕭瑀宋公、段志元褒公、劉宏基夔公、屈突通蔣公、殷開山鄖公、許紹譙公，《西京記》柴紹④、長孫順德邳公、張亮鄖公、侯君集陳公、張公謹郯公、程知節盧公⑤、虞世南永興公、劉政會渝公、唐儉莒公、李勣英公、高士廉申公、秦叔寶胡公⑥。

0326 瀛洲十八學士　　杜如晦、房玄齡⑦、于志寧、蘇世長、薛收收卒，劉孝孫補之、褚亮、姚思廉、陸德昭、孔穎達、李玄道、李守素、虞世南、蔡允恭、顏相時、許敬宗、薛元敬、蓋文達、蘇勖。天下慕向，謂之登瀛洲。

0327 六祖　　佛祖不自達摩始。佛書言：西天已有二十七祖，二十八傳乃至菩提達摩。自西天航海而來，三週寒暑，至于南海五羊，梁普通七年庚子九月二十一日也。魏正光元年，寓少林石室，面壁九年，謂之壁觀婆羅，是爲中土初祖。面壁時，有僧神光聞達摩住少林，乃侍參乘，立雪過膝，又斷左臂置于祖前。祖知是法器，乃名之曰慧可，是爲二祖，俗姓姬。二祖博求法

---

①　遷，原誤作“選”，據《後漢書》改。

②　嚴，原作“巖”，據《後漢書》改。

③⑦　玄，原作“元”。

④　《資治通鑑·唐貞觀十七年》：“戊申，上命圖畫功臣趙公長孫無忌、趙郡元王孝恭……譙襄公柴紹……”胡三省音注：“柴紹，當作許紹。”

⑤　盧，原誤作“虞”，據《舊唐書》卷六十五改。

⑥　胡公，《舊唐書》卷六十五作“胡壯公”。

嗣，至北齊天平二年得三祖僧璨，後受其付法于大樹下。三祖隱居皖公山，有沙彌道信，乞解脱法門，九載乃付衣鉢，是爲四祖，姓司馬氏，生于廣濟。既嗣祖風，攝心無寐，脅不至席垂六十年，于黄梅逢一小兒識其法器，付傳法衣，是爲五祖宏忍。先是，宏忍爲破頭山栽松道者，常請于四祖，曰："法祖可得聞乎？"祖曰："汝已老矣。倘若再來，尚可遲汝。"果托生于浣衣女，女孕後抛港中，明日泝流而上，遂舉之。隨母行乞，後遇信大師，得法嗣，化五祖于破頭山。遇居士盧能，嶺南人，求作佛，五祖呵令入槽服勞杵曰八月餘，以法衣付之，是爲六祖。六祖于南海法性寺從智光律[師]登戒壇授滿，始于菩提樹下剃髮，中宗敕改寶林爲中興寺以居之，即今之曹溪也。其後脉出二支，禪分五派，皆衍曹溪之旨。異説分宗，牴牾辯難，往往而有。不知與達摩壁觀、婆羅不立文字之文有當焉否耶？

0328 **五宗**　五宗者，皆盧能後人也。慧能授傳于宏忍，退居曹溪。其弟子懷讓、行思皆深入其閫奥。懷讓傳道一，一之學，江西宗之。其傳懷海，海傳希運，運傳臨濟惠照大師義玄①，玄立玄門，策勵學徒，是爲臨濟之宗。海之旁出，爲溈山大圓禪師祐，祐傳仰山智通大師慧寂，是爲溈仰之宗。行思傳希遷，遷之學，湖南主之。歷傳至雲門匡真大師文偃②，偃之氣宇如王，三句之設，如青天震雷，聞者掩耳，是爲雲門之宗。元妙師備，偃之同門友也。傳至法眼大師文益，益雖依華嚴六相，唱明宗旨，迴然獨立，是爲法眼之宗。遷之旁出，爲藥山惟儼，儼以寶鏡三昧，傳至洞山悟本大師良价，价傳曹山元澄大師本寂，而復大振，是爲曹洞之宗。法眼再傳，至延壽，流入高句驪。仰山三傳至芭蕉徹，當石晉開運中，遂亡弗續。雲門曹洞僅不絕如線，惟臨濟一宗，大用大機，震盪無際。若聖若凡，無不宗仰，此則世之所謂禪也。歷傳至簡公，號海雲大士，禪學蓋中興焉。印簡弟子二人，一曰可菴朗，曰頤菴

---

① 玄，原作"元"。下二"玄"字同。

② 文，原誤作"聞"。

儴。傅西雲安住天都慶壽寺，元之諸主皆崇奉，賜以玉印，曰臨濟正宗。今惟曹洞、臨濟並駕爭鳴。少林之學，乃宗曹洞，蓋自藥山、雲儼以寶鏡三昧，羽翼別傳，而价、寂二公立爲“五位君臣，正偏回護”之旨，視諸家爲獨密，故五宗皆法王。而周過其歷，時惟曹洞。少林之于曹洞，亦猶魯之秉周禮也。

0329 地支六合　《蠡海録》①：“六合者，日月會于子則斗建丑，日月會于丑則斗建子，故子與丑合。日月會于寅則斗建亥，日月會于亥則斗建寅，故寅與亥合。”卯、戌、辰、酉、巳、申、午、未之合，可以類推。

0330 點心　小食　今人以早飯前及飯後、午前午後、晡前小食爲點心。《唐史》：“鄭傪爲江淮留後，家人備夫人晨饌，夫人顧其弟曰：‘治妝未畢，我未及餐爾，且可點心。’”則此語唐時已然。小食亦罕見經傳，唯《昭明太子傳》：“京師穀貴，改常饌爲小食。”小食之名本此。

0331 子冠氏上　子程子，謂伊川也。朱文公稱周、程，特曰“子周子、子程子”，復于姓上繫“子”字。按，《公羊傳》“子沈子、子公羊子、子司馬子”，何休注：“加子姓上，名其爲師也。若非師而但有德者，不以子冠氏上。”文公于周、程，蓋師尊之也。

0332 孛　彗　長各星　文穎曰：“三星，其占略同。孛星，光芒短，其光四出，蓬蓬勃勃；彗星，光芒長，參參如掃彗；然長星光芒有一直指，或竟天，或十丈，或三丈、二丈。大抵孛、彗多爲除舊布新、火災，長星多爲兵革。”②

0333 老小兵　晉武帝初，有司奏：“男子年十六以上至六十爲正丁；十五以下至十三，六十以上至六十五爲次丁；十二以下，六十六以上爲老小，不事也。”③

0334 郎　郎者，奴僕稱其主人之謂。《通鑑》注：“門生、家奴呼其主爲郎。”唐張易之、昌宗有寵，武承嗣、三思、宗楚客等候其門庭，爭執鞭轡，呼易之

---

① 録，當作“集”。

② 此爲《漢書·文帝紀》“有長星出于東方”顏師古注引文穎之説。

③ 見唐杜佑《通典·食貨篇·丁中》。

爲“五郎”、昌宗爲“六郎”。宋璟獨“卿”之，鄭杲謂璟曰[①]：“中丞奈何卿五郎?”璟曰：“以官言之，正當爲卿。足下非張卿家奴，何‘郎’之有?”安禄山德李林甫，呼“上郎”，李輔國用事，中貴人不敢呼其名，但呼“五郎”。程元振，軍中呼爲“十郎”。其名起自秦漢郎官。《三國志·周瑜[傳]》：至吳，“時年二十四，吳中皆呼爲周郎。”《江表傳》：“孫策年少，雖有位號，而士民皆呼爲孫郎。”温大雅《大唐創業起居注》：“時文武官人並未署置，軍中呼太子、秦王爲大郎、二郎，明皇行第三，呼爲三郎。”《韋堅傳》：“三郎當殿坐，看唱《得寶歌》。”及“三郎郎當”之語，以天子而謂之三郎，亦唐人之輕薄也。唐以後，僮僕稱主人通謂之“郎”，今則輿臺厮養無不稱之矣。

　　0335 先卿　人主稱臣爲卿，稱其臣之父亦可爲先卿。《宋史·理宗紀》：“工部侍郎朱在進對奏人主學問之要，上曰：‘先卿《中庸序》，言之甚詳，朕讀之不釋手，恨不與同時。’”此如《商書》之言“先正保衡”，蓋尊禮之辭也。

　　0336 先妾　人臣對君稱父爲先臣，則亦可稱母爲先妾矣。《左傳》晏嬰辭齊景公曰：“君之先臣容焉。”《戰國策》匡章對齊威王曰：“臣非不能更葬先妾也。”陳沈炯表言：“臣母妾劉八十有一，臣叔母妾邱七十有五。”曰“母妾、叔母妾”比“先妾”之稱更爲得也。

　　0337 西洋異人　大西洋國有異人二：一姓利名瑪竇，一姓郭名天祐，俱突須深目，朱顏紫髯。從渠國中泛海八年，始至東粤。居粤十年，置産築居，約數十金，復棄之，擔簦至金陵。金陵水部一官署，多厲鬼，入者輒死，二人税居之，無恙也。自稱西洋無常主，惟生而好善，不茹葷，不近女色者，即名天主，舉國奉之爲王。其俗重友誼，不爲私蓄。一入中國，日夜聽經史。因著《重友論》《畸人十書》，多格言。所挾異寶不可縷述，其最奇者有一天王圖，四面觀之，其目無不直射者。又有自鳴鐘，按時即有聲，漏刻毫不爽。有玻璃石一，照目前，即枯木、頹垣皆現五采光。一鐵絃琴，其狀方，不叩自鳴，

聲踰絲竹，即考之《博古圖》，並無此製。又方金一塊，長尺許，起之則層層可披閲，乃天主經也。其囊若無物，偶需數百金，頃刻可辦。居數年，人莫識其淺深。

0338 瞽　瞍　鄭云："無目眹謂之瞽，有目無眸子謂之瞍。"[①] 按，眹，兆也。無目，謂上下相合，漫無兆域，若鼓皮然，故曰"瞽"。《説文》："瞽，目但有眹也。"非是。瞍，即今青盲，目上下開，有眹而無珠子，故曰"有目無眸"，《詩》所謂"矇瞍"也。

0339 閼氏　單于　屠耆　閼氏，單于妻號，謂可愛如烟支。屠耆，單于子號，謂賢爲屠耆。居次，單于女號，猶漢言公主也。

0340 馬頭娘　《雲笈》云："黄帝元妃西陵氏，始養蠶爲絲。"《禮記》："皇妃祭先蠶，西陵氏也。"《周禮》疏："蠶爲龍精，與馬同氣，禁原蠶，爲其害馬也。"由《雲笈》與《禮記》，則蠶祖爲西陵氏，黄帝妃也。由《周禮》疏，則蠶馬之所視以爲盛，衆馬胎于蠶也。古之可見者如此。《圖經》："高辛氏，蜀蠶女，父爲人所掠，惟所乘馬在。母誓：得父者以女妻之。馬振迅去，得父還。父違誓殺馬，曝其皮，捲女飛去，女化爲蠶，披馬皮，謂之馬頭娘。"蜀人祀以祈蠶。曰娘者，因西陵氏而譌也。曰馬者，因馬同氣而譌也。曰祀以祈蠶者，托于皇妃祀先蠶之文也。其不經如此。至有謂"高辛氏募得犬戎將吳將頭，以少女娶槃瓠"[②]，皆此類也。

0341 酇　鄼　音贊、礤　酇，則旦切；鄼，才何切。皆秦之縣名。酇屬南陽郡，漢初以封蕭何。鄼屬沛郡，後續封何之子。地本不同，字亦各異。《集韻》"酇"又才何切。鄼，亦作酇。《韻會》謂："酇，蕭何子孫所封。""鄼，蕭何初封邑。"是二字果同音，而亦可互用耶？此其必不然也。何初封本南陽

① 出《周禮·春官·宗伯》"瞽矇"鄭玄注引鄭司農云。
② 娶，疑誤，似當作"妻"。《後漢書·南蠻傳》："昔高辛氏有犬戎之寇，帝患其侵暴，而征伐不剋，乃訪募天下有能得犬戎之將吳將軍頭者，購黄金千鎰，邑萬家，又妻以少女。時帝有畜狗，其毛五采，名曰槃瓠。下令之後，槃瓠遂銜人頭造闕下，羣臣怪而診之，乃吳將軍首也……帝不得已，乃以女配槃瓠。"

之鄭，非才何切，續封則沛郡之酇，亦不可作鄭。而乃有訛者，何也？蓋其後以初封本鄭，後雖改封酇，仍稱鄭也，猶楚初封郢，後徙陳、徙壽春，仍稱郢也。然則郢亦可他隣、女救二切，陳與壽亦可作郢耶？

0342 **灃　澧**音風、里　灃、澧，二水名。灃水，出鄠南山灃谷[①]，北入渭。周都鄷邑，鄷以灃水得名。通作"豐"。《詩》："維豐之垣。"《書》："王來自商，至於豐。""灃"字從水，豐聲；豐從兩丰，從山從豆。澧水，出衡山，乃江沅之別流。今岳之澧州，以澧水得名。《書》："東至于澧。"《楚辭》："濯余佩于澧浦。""澧"字從水，豊聲，豊從兩丰，從凵從豆。文本相似，但其中一從山，一從凵耳。蔡邕以豊同豐，誤矣。凵，音坎。

────────────

① 谷，原闕，從明周祈《名義考》卷四改。

談徵目録

言　部

---

① 槩,正文作"槩"。下"槩"同。

0429 狐疑

0430 猶豫

0431 枝梧

0432 詭到

0433 夠

0434 醋大

0435 狼狽

0436 狼藉

0437 狼戾　很戾

0438 自相矛盾

0439 守株待兔

0440 鹵莽滅裂

0441 酒媒

0442 酵

0443 金鋪

0444 雞素

0445 莦草

0446 楥

0447 韠

0448 阿堵

0449 骨朵

0450 東西

0451 不一

0452 不宣

0453 感激

0454 作俑

0455 孤注

0456 百家姓

0457 投刺

0458 天花亂墜

0459 大手筆

0460 大方家

0461 別字

0462 五更

0463 三月爲一季

0464 一面之交

0465 社夥

0466 雷同

0467 瞬息　彈指

0468 毋毋　叵羅

0469 唱喏

0470 要害

0471 土著

0472 地著

0473 間道而行

0474 四流五散

0475 若干

0476 什有二三　十有八九

0477 尋常

0478 相於

0479 璧謝

0480 杜撰

0481 嘁

0482 舀

0483 紇梯紇榻

0484 瞎字也不識

0485 急急如律令

0486 利市

0487 關節　梯媒

0488 隘呼

0489 賊秃

0490 斫

0491 坐草

0492 渴睡

0493 乾愁　乾忙

0494 十字

0495 玷捶即腏歠

0496 鋪排　抖藪

0497 倰僜　蔑楔

0498 信

0499 串字

0500 量雅

0501 勿勿

0502 賃屋

0503 結草銜環

0504 散誕　逍遥

0505 不郎不秀

0506 斯開

0507 慫憑

0508 舊雨

0509 醫用艾一灼謂之一壯

0510 畫虎不成反爲犬

0511 狗尾續金貂

0512 畫蛇添足

0513 朝三暮四

0514 倏

0515 麤

0516 莫逆之交

0517 休　莫

0518 噴飯

0519 小兒貿瓜只揀大的拿

0520 針毡

0521 疥壁

0522 員缺

0523 十斗爲石

0524 錢字錢漫

0525 胡嚨

0526 阿

0527 幺

0528 東道

0529 當直

0530 重聽

0531 出人頭地

0532 槐花黄,舉子忙

---

① 從"鼕鼕響"至"雞知司旦 鶴知夜半",目録原闕,從正文詞目補。

② 從"恁地 那向"至"諺語",目録原闕,從正文詞目補。

0579 敗子

0580 笨伯

0581 白日鬼

0582 丫頭

0583 員外

0584 行李

0585 硯北

0586 殺人還錢，欠債還命

0587 買賣

0588 係風捕影

0589 黑靨子

0590 外甥像舅

0591 風流

0592 小妮子

0593 跳龍門

0594 導引之術

0595 合從連橫

0596 廉隅

0597 譨譨

0598 四六

0599 推敲

0600 倚馬

0601 緩頰

0602 遠水趕不上近渦

0603 城門失火，殃及池魚

0604 爾俸爾禄數語

0605 蘸

0606 峭拔折勢

0607 傍人門户

0608 二百五

0609 所

0610 千里姻緣使線牽

0611 隔門限説話

0612 殺　弎

0613 七月成八月不就

0614 各各

0615 潦草

0616 赤

0617 掣肘

0618 揚湯止沸，不如灶底抽薪

0619 目不識丁

0620 以袠爲十

0621 者箇

0622 小的

0623 鉏鋙　齟齬

0624 銀鐺

0625 朱提一流

0626 虎威

0627 獻芹子

0628 讓語

0629 唐突

0630 不咸

談　徵

外方山人輯

言　部

0343 老君治世　謂世界總有老君治之也。老子，上三皇時爲玄中法師，下三皇時爲金闕帝君，伏羲時爲鬱華子，神農時爲九靈老子，祝融時爲廣壽子，黃帝時爲廣成子，顓頊時爲赤精子，帝嚳時爲禄圖子，堯時爲務成子，舜時爲尹壽子，夏禹時爲真行子，殷湯時爲錫則子，文王時爲文邑先生。一云守藏史，或云在越爲范蠡，在齊爲鴟夷子，在吳爲陶朱公。雜見《太平廣記》《抱朴子》云。老子，名耳，字伯陽；一名雅，字伯宗；一名志，字伯光。周武王時爲守藏史，遷柱下史。至第五帝昭王二十三年，過函谷關，度關令尹喜。後二十五年，降于蜀青羊肆，會尹喜，同度流沙。至穆王時，復還中夏。第十四帝平王時，復出關，開化蘇鄰諸國，復還中夏。二十七帝敬王十七年戊戌，孔子問道于老君，退有“猶龍”之嘆[①]。第三十五帝烈王二年丁未，過秦，秦獻公問以歷數，遂出散關。至顯王八年庚申東遷。至第三十八帝赧王九年乙卯，復出散關，飛昇崑崙[②]。

0344 張竈君　《酉陽雜俎》：“竈神名隗，狀如美女。又姓張，名單，字子

---

① 《史記·老子韓非列傳》：“孔子適周，將問禮於老子……孔子去，謂弟子曰：‘鳥，吾知其能飛；魚，吾知其能游；獸，吾知其能走。走者可以爲罔，游者可以爲綸，飛者可以爲矰。至於龍，吾不能知，其乘風雲而上天。吾今日見老子，其猶龍邪！’”

② 本條內容詳見明朱國禎撰《涌幢小品》卷二十九：“初三皇時，化身號萬法天師……在吳爲陶朱公。右雜見《太平廣記》《抱朴子》等，與前説稍不同。又《造天地經》云：摩訶迦葉，往爲老子。《清淨法行經》亦云：老子，名耳，字伯陽……飛升昆侖。”

郭。夫人字卿忌。有六女，皆名察洽。其屬神有天帝嬌孫、天帝夫人、天帝都尉、天帝長兄、硎上童子、突上紫宮君、太和君、玉池夫人等。一曰竈神名壤子。”

0345 菩薩　本云“菩提薩埵”，畧其文，便于稱呼，故曰“菩薩”。菩提者，覺也。薩者，有情也。謂在有情之中乃覺悟者，故謂之覺有情也。

0346 商　商，刻也。《説文》云：“從外知內也。”《士昏禮》：“日入三商爲昏。”《詩·東方未明》注疏云：“《尚書緯》謂刻爲商。”馬氏曰：“日未出未没，皆二刻半。三商，據整數也。”[1]夏文莊《蓮華漏銘》：“五夜持宵，三商定夕。”蘇子亦云：“三商而眠，高春而起。”《通雅》云：“商乃漏箭所刻之處，古以刻鑴爲商，所謂商金、商銀是也。刻漏者，刻其痕以驗水也。今中州人驗雨謂幾多商者，似應作幾商雨解。”

0347 旋風　轉旋如焰，焚輪之狀，亦曰焚輪，又望之插天如羊角然。《莊子》“搏扶搖羊角而上者九萬里”，羊角即旋風也，《爾雅》謂“頹”。扶搖，謂暴風相扶而動搖，奔疾如犬走然，即《爾雅》所謂“猋”也[2]。

0348 雨淋　今人着雨謂之“雨淋”。昔唐明皇幸蜀，棧道中聞雨淋鈴聲，帝憐貴妃，因採其聲以爲曲，授梨園。

0349 夾雨夾雪　《詩》：“相彼雨雪，先集維霰。”[3]《説文》：“霰，稷雪也。”《詩補傳》曰“粒雪”。郭璞《爾雅注》謂“雨雜下也”。雪初作未成花，圓如稷粒，撒而下，杜子美詩所云“帶雨不成花”也。

0350 雲占　諺曰：“雲往東，一塲空；雲往西，馬濺泥；雲往南，水潭潭；雲往北，好晒麥。”俗而有理。蓋天地之氣，東北陽也，西南陰也。雲起東北，陽倡陰必和，故有雨。雲起西南，陰倡陽不和，故無雨。《易》曰“密雲不

---

① 清阮元《儀禮注疏》引漢馬融語：“馬氏云：‘日未出、日没後皆二刻半。’云三商者，據整數言也。”

② 《爾雅·釋天》：“南風謂之凱風，東風謂之谷風，北風謂之涼風，西風謂之泰風。焚輪謂之積，扶搖謂之猋。”

③ 《詩·小雅·頍弁》：“如彼雨雪，先集維霰。”鄭玄箋：“喻幽王之不親九族亦有漸，自微至甚，如先霰後大雪。”

雨”，以其來自西郊也①。或問：海之東爲陽方，西爲陰方，是矣；南本陽而屬陰，北本陰而屬陽，何也？曰：一陽生于子，仲天之氣所始也，卦又當坎，北非陽而何？一陰生于午，仲地之氣所始也，卦又當離，南非陰而何？今粵之雲往南則晴，往北則陰，何也？以南近海，海之陰氣盛也。

0351**百刻**　每日百刻，每時初凡四刻正。凡四刻得八刻，十二時得九十六刻，尚餘四刻，均分于十二時之中爲初。初，正初也。或以子丑寅卯獨多一刻，非。

0352**犂明**　《史記·呂后紀》“犂明”，徐廣註曰：“犂，猶比也。將明之時。”又《南越傳》：“犂旦，城中皆降伏波。”《史記》“犂旦”註：“《索隱》曰：‘犂，黑也，天未明而尚黑也。’”

0353**糊皴皴，膠牙酸**　《老學菴筆記》：“楊朴詩：‘數個糊皴徹骨乾，一壺村醪膠牙酸。’”糊皴，餅上之紋也。

0354**頓飯**　俗以一餐爲一頓，其語亦在有之。《隋[書]·煬帝紀》云：“每之一所，輒數道置頓。”唐劉世讓曰：“突厥數寇，良以馬邑爲之中頓。”②註：“‘頓’是‘食’也。置食之所，猶今言‘中火’也。”《北史》：“農爲中軍，寶爲後軍，相去各一頓。”

0355**叩首**　叩首，以手至首也，所謂舉手加額也。叩頭，以首至地也，所謂頓，爲叩地也。叩，一也，首與頭，一也，而其辨如此。

0356**瓜葛**　蔓延相及，屬之綿遠者，云“瓜葛”。王導嘗與其子奕，爭道，導笑曰：“相與瓜葛。”③又“葭莩之末”，是親之薄者。葭，蘆也；莩，蘆中白也，雖薄而不相離也。《中山王傳》：“非有葭莩之親。”

---

① 《易·小畜》：“密雲不雨，自我西郊。”

② 《資治通鑑·唐高祖武德六年》：“先是，前并州總管劉世讓除廣州總管，將之官，上問以備邊之策，世讓對曰：‘突厥比數爲寇，良以馬邑爲之中頓故也。’”《舊唐書·劉世讓傳》：“突厥南寇，徒以馬邑爲其中路耳。”

③ 《晉書·王導傳》：導子悅，“字長豫。弱冠有高名，事親色養，導甚愛之。導嘗共悅奕棋，爭道，導笑曰：相與有瓜葛，那得爲爾耶！”

0357 行李　黄直翁謂："行李，本作'行理'，古文'李'與'理'通，皆謂使人。《左傳·僖三十年》：'行李之往來，共其困乏。'《襄八年》：'亦不使一介行李告于寡君。'用李字。《昭十三年》：'行理之命，無月不至。'《國語》：'行理以節運之。'用理字。《管子》書'大理'，亦作李。"① 今曰"司理"。可見"理、李"通用。理，治也。行理，行而治事者也。因謂行囊曰"行理"。

0358 一槩　大槩　槩，平斗斛之物。《禮·月令》："仲春之月，正權槩。"《周禮·冬官·考工記》："槀人槩而不稅。"② 疏："槩，所以勘諸塵之量器以取平者。"今云"一槩"者，謂衆人平等也。言"大槩"者，大率也。《史記·伯夷傳》："其文辭不少槩見。"《莊子·天下篇》："槩乎皆嘗有聞者也。"③

0359 稱地爲雙　嘗讀金黄華老人詩有"招客先開四十雙"之句④，殊不可曉。近讀《雲南雜誌》曰："夷有田，皆種稻，其佃作三人二牛，前牽中壓而後驅之，犁一日爲一雙。以二乏爲已，二已爲角，四角爲雙，約有中原四畝地。"則老人之詩意見矣。今人計田以工，"一工"言一人可耕耘也。大率三工爲"一畝"。又犁一日謂"一償"，"償"者，"雙"之訛也。

0360 傳奇　裴硎著小説，號《傳奇》，謂硎之説多奇異，可以傳示也。

0361 眹兆　《廣韻》："吉凶形兆謂之兆眹。"按，兆，灼龜坼；眹，目眶。二者著見機微，故吉凶形兆謂之"兆眹"，或作"眹兆"，而讀作"朕兆"，謬矣。

0362 折扣　折收　《尚書》"關石"註："彼此通同，而無折閲。"《荀子》："良賈不爲折閲不市。"註："閲，賣也，謂折所閲賣之價。"⑤ 則"折閲"即俗所謂"折扣"也。

0363 晒伐　今人將田犁過不動謂之晒伐。伐者，發也，發土于上也。

---

① 此條乃歸納黄公紹(字直翁)原編、熊忠舉要《古今韻會舉要》卷十一"理、李"下相關內容而成。

② 槩，原文如此。

③ 嘗，原誤作"常"。

④ 黄華老人，即王庭筠。《黄華亭》之一："帝遣名山護此邦，千家瑟瑟嵌西窗。山僧乞與山前地，招客先開四十雙。"

⑤ 《荀子·修身》注："閲，賣也。謂損所閲賣之物價也。"

《攷工記》:"匠人爲溝洫。"疏云:"耜,耒頭金。耜廣五寸,四耜一金,兩人並發之爲耦,若長沮、桀溺兩人耕爲耦,共一尺,深者謂之畎,畎上高土謂之伐。"

0364 蹞步　蹞,《玉篇》:"舉一足行也。"步,《白虎通》:"人再舉足[曰]步,備陰陽也。"《司馬法》:"六尺曰步。蹞得三尺,俗謂之小步。人行左步爲彳音斥,行右步爲丁音祝,合則爲行。"

0365 酒逢知己,藝壓當行　李太白過武昌,見崔顥《黃鶴樓》詩,嘆服,遂不復作,去而賦《金陵鳳凰臺》也。其事本如此。其後禪僧作一偈云:"一拳搥碎黃鶴樓,一脚踢翻鸚鵡洲。眼前有景道不得,崔顥題詩在上頭。"旁有一遊僧,亦舉前二句而綴之曰:"有意氣時消意氣,不風流處亦風流。"又一僧云:"酒逢知己,藝壓當行。"元是借此事設辭,非太白詩也。流傳之久,信以爲真。宋初,有人僞作《太白醉後答丁十八》者,又有收入《太白遺詩》者,俱未考也。

0366 賒　《周禮·地官·司市》:"以泉府同貨而斂賒。"註:"無貨則賒,貰而予之。"

0367 賸　今俗謂物餘爲"賸",《説文》:"物相贈加也①。一曰送也,副也。"古者一國嫁女,二國往媵之。"媵"之言"送、副貳"也,義出于此。《[新]唐書·杜甫傳》:"殘膏賸馥,沾丐後人多矣。"

0368 嘻嘻咄咄　《左傳·襄三十年》傳曰:"譆譆出出。"《通雅》謂當作"嘻嘻咄咄,皆狀鬼神之聲"。今俗謂人譟閙曰"唧唧咄咄",當即此義。

0369 一路福星　宋哲宗朝,鮮于侁,字子駿,四川保寧人。司馬光爲相,用爲京東轉運使,出按河北,語人曰:"以侁之賢,不宜使居外,今以爲轉運使,誠恐非宜。然齊魯之區,凋敝已甚,欲救東土之敝,非子駿不可。此一路福星也,安得有子駿布列天下乎?"②

---

① 贈,今本作"增"。

② 《宋史·鮮于侁傳》:"哲宗立,念東國困於役,吳居厚掊斂虐害,竄之,復以侁使京東。司馬光言於朝曰:'以侁之賢,不宜使居外。顧齊魯之區,凋敝已甚,須侁往救之,安得如侁百輩,布列天下乎?'士民聞其重臨,如見慈父母。"

0370口中雌黄　晉王衍，字夷甫，善玄言義理，有所未安，隨即更改，世號口中雌黄①。蓋古人用黄紙寫字，有誤則以雌黄塗之，故云。

0371揚眉吐氣　唐玄宗時②，韓朝宗爲荆州刺史，人皆仰之。李白上書自薦曰：“今天下以君侯爲文章之司命，人物之權衡，一經品題，便成佳士。而今君侯何惜階前盈尺之地，不使白揚眉吐氣、激昂青雲耶？”

0372可口不可口　言物之堪食也。《莊子》：“楂梨橘柚③，皆可于口。蓋比三皇五帝，或以禮義，或以法度，同歸于治。”

0373火燒眉毛　《三國志》④：“吳張昭謂諸葛亮曰：‘久聞先生居隆中，每自比管仲、樂毅，然管仲一匡天下，樂毅力挽微燕，而玄德未得先生之時，尚衝橫衆宇，據守城池。今得先生，乃棄新野，走樊城，敗當陽，走夏口，有燒眉之急，反不如往日矣。豈有管、毅萬一之分哉？’”

0374賣野眼　李白詩“賣眼擲春心”，龍輔《女紅餘志》：“《觀美女詩序》云：‘賣眼香屏之中，弄姿渌水之側，及桃李之芳年，輕金瓊之重體。’”

0375眼裏説話　龍輔《女紅餘志》云：“寵姐每嬌眼一轉，憲則知其意，宮中謂之眼語，又能作眉言。”憲，寧王也。

0376不耐煩　見《宋書》庾登之弟仲文傳⑤。

0377不爽快　人謂有疾曰“不爽快”，陳壽作《華陀傳》亦然⑥。

0378破瓜　《樂府》：“碧玉破瓜時。”而《談苑》載張泪詩云：“功成應在破瓜年。”泪後以六十四卒。破瓜者，二八也。老少男女皆可稱破瓜，

---

① 見《晉書·王衍傳》。

② 玄，原作“元”。

③ 楂，《莊子·天運篇》作“柤”。

④ 此條内容非出《三國志》，而是出於明羅貫中《三國演義》第四十三回《諸葛亮舌戰羣儒》。

⑤ 《宋書·庾炳之傳》：“炳之字仲文……炳之爲人强急而不耐煩，賓客干訴非理者，忿詈形於辭色。素無術學，不爲衆望所推。”

⑥ 今本《三國志·華佗傳》用“不快”，非“不爽快”。有二例：“又有一士大夫不快，佗云：‘君病深，當破腹取。然君壽亦不過十年，病不能殺君，忍病十歲，壽俱當盡，不足故刳裂。’”“體中不快，起作一禽之戲，沾濡汗出，因上著粉，身體輕便，腹中欲食。”

亦奇。

　　0379魁梧　壯大之意。《張良［傳］·贊》：“魁梧奇偉。”蘇林曰：“梧，音悟。”師古曰：“魁，大貌也。梧，言其可驚悟。今人讀作吾，非。”

　　0380蓮　京師里語，目形容短矮者曰“蓮”①。《文選》有“蓮脆”之語②。《唐書·王伾傳》：“形容蓮陋。”《通鑑音義》作“七禾切”。

　　0381皴　皮細起也。《梁書·武帝紀》：“執筆觸寒，手爲皴裂。”又畫家皴法，亦此義。

　　0382跁　今俗謂小兒匍匐曰“跁”。部下切，音“罷”，行貌。《玉篇》：“跁跒不肯前。”李建勳詩：“跁跒爲詩跁跒書。”《類篇》：“跁跒，蹲也。”

　　0383犒勞　《左傳·僖二十六年》：“齊孝公伐我北鄙，使展喜犒師。”註：“勞師也。”

　　0384顆　《説文》：“小頭也。”《韻會》：“今言物一顆，猶一頭也。”《六書故》：“圜物以顆計。珠琲曰顆。”

　　0385錢通神明　張延賞判度支，有獄頗冤，久不決，公欲判明，忽案上有一帖云：“奉錢三萬貫，乞勿問此獄。”公忽收吏訊之。明日又一帖云：“奉錢十萬貫，乞勿問此獄。”因曰：“錢至十萬貫，可通神矣。無不可回之事。我懼禍及，不得不止。”③

　　0386抛磚引玉　趙嘏至吳，常建以有詩名，必遊靈巖寺，建先題云：“館娃宮畔十年寺，水闊雲多客至稀。”末二句未續。嘏遊寺，續云：“聞説春來倍惆悵，百花深處一僧歸。”人以建爲抛磚引玉④。

　　0387風聞　御史許風聞談事，相承有此言，而不究所從來。考之“風

---

①　目，原誤作“自”，從明楊慎《俗言·蓮子》改。

②　晉左思《魏都賦》：“漢罪流禦，秦餘徒役。宵貌蕞陋，禀質蓮脆。巷无杼首，里罕耆耄。”

③　唐張固《幽閒鼓吹》卷五十二亦有記載。

④　常建爲玄宗開元時進士，趙嘏於武宗會昌二年進士及第，時常建已卒，所傳常建題句待趙嘏補成之事，其或訛傳或附會。《全唐詩》卷四六二以此絕句屬白居易，卷五五〇又屬趙嘏。因有此傳説，後常將“抛磚引玉”用爲以淺拙引出高明之謙詞。

聞”二字，出《漢書·尉佗〔傳〕》，曰：“風聞老夫父母墓已壞削。”賈逵《國語註》曰：“風聞，采也，采聽商旅之言。”齊沈約爲御史中丞，彈王源曰：“風聞東海王源，嫁女與富陽滿氏。”蘇冕《會要》云：“故事，御史臺無受詞訟之例，有詞狀過門，御史採狀有可彈者，即署其姓名，皆云風聞訪知。”

0388 熇熇　今人謂火氣熾盛曰“熇熇”呼酷切，音忽，字義俱有所本。《詩·大雅》：“多將熇熇，不可救藥。”傳：“熇熇然，熾盛也。”

0389 熏　《説文》：“火氣上出也。从屮从黑，屮、黑，熏象也。”《詩·豳風》：“穹室熏鼠。”[1]又《大雅》“憂心如熏”，傳：“黑灼也。”又《説文》熏作醺，“醉也”。《詩·大雅》“公尸來止熏熏”，箋：“熏熏，坐不安之貌。”今之所謂“熏熏醉”者，此義也。

0390 姑息　楊升菴引《尸子》：“紂棄黎老之言，而用姑息之語。”註：“姑，婦女。息，小兒也。”元美仍主“姑息”爲且休之詞[2]。《吕覽·先識篇》：“辟遠箕子，爰近姑與息。”《太平御覽》引武王曰：“紂爰近姑與息。”則“爰”是“愛”訛也。以此徵之，確指兒女子輩。但兒女輩每遇事多有且休處，兼此二説，則“姑息”意更明白圓足。

0391 惡　《大學》：“如惡惡臭。”今但以“穢惡”爲義。顏師古曰：“惡，即矢也。”《昌邑王傳》：“如是青蠅惡矣。”越王句踐爲吳王嘗溲惡，皆指“矢”言。矢，本作“𧰨”，俗作“屎”，借作“矢”。《廉頗傳》所謂“一飯三遺矢”是也，今人曰“惡”。“屎”又作活字用。𧰨，从草从胃〔省〕[3]。胃，胃本字。隸別作屎，从米，尸聲。

0392 小便　便溺與屎同，本是溲音小便，後人借作“小”也。《東方朔傳》“小遺殿上”，註：“小便也。”《張湛傳》“遺矢溲便”，註：“溲，小便也。”《朔傳》以“溲”作“小”，猶以“矢”作“𧰨”，古字假借者多有之，但以“溲”爲小

---

① 穹，原誤作“窒”。

② 元美，即王世貞。

③ 《説文》艸部：“𧰨，糞也。从艸，胃省。”

便，即以"菡"作大便，可笑也。

0393 **瘦如柴　醉如泥**　《埤雅》："柴，豺也。"豺體細瘦，謂之豺。棘人骨立，謂之柴毁。"豺、柴"通。小説[1]："南海有虫[2]，無骨，在水中則活，去水醉如一塊泥，因名曰泥。"人醉，肢體軟如泥虫然。然柴未有不瘦，泥未有不軟者，即謂如木柴之柴、土泥之泥，亦未嘗不可。

0394 **麤笨**　《宋書·王微傳》有"麤笨"之語。《晉書》："豫章太守史疇肥大，時人目爲'笨伯'。"

0395 **須臾**　《儀禮·聘禮》速賔辭曰："寡君有不腆之酒，請吾子與寡君須臾焉。"[3]註："須臾，言不敢久。"古者言："樂不踰辰，燕不移漏。"故少頃之間，皆稱"須臾"。《丹鉛録》云："須，待也。《左傳》'寡君須矣'是也。"臾字，從申從乙。乙，屈也。如今人請客云"恭俟屈降"之義。今之所云"俟屈"，即古之所云"須臾"也。

0396 **寧馨**　馨字，晉人以爲語助辭。《王衍傳》："何物老嫗，生此寧馨兒？"《世説》："劉真長語桓温曰：'使君如馨地，寧或闘戰求勝。'""王道與何次道語，舉手指地曰：'正自爾馨。'""王朝之雪中詣王螭，持其臂，螭撥其手曰：'冷如鬼手馨，强來捉人臂。'""劉惔譏殷浩曰：'田舍兒强學人作爾馨語。'"合此觀之，其爲語辭了然。唐劉禹錫詩："幾人雄猛得寧馨。"得晉人語意矣。

0397 **警策**　陸機《文賦》："立片言以居要，乃一篇之警策。"蓋以文喻馬也。言馬因警策而稱駿，以喻文資片言益明也。夫駕之法，以策駕乘。今以一言聚于衆辭，若策駈馳，故云"警策"。

0398 **謡言**　《爾雅》曰："徒歌曰謡。"《説文》"謡"作"䚻"，註云："从肉、言。"今按，徒歌不用絲竹相和也。肉、言，歌者人聲也，出自胷臆，故曰

---

① 小説，宋吴曾《能改齋漫録》作"稗官小説"。

② 虫，原作"虽"，下"虫"同。

③ 《儀禮·燕禮》："公與客燕，曰：寡君有不腆之酒，以請吾子之與寡君須臾焉。"

“肉、言”。童子歌曰“童昏”，以其言出自胸臆，不由人教也。晉孟嘉云：“絲不如竹，竹不如肉。”唐人謂徒歌曰“肉聲”，即《説文》“肉、言”之義也。

0399 排行　兄弟二名而用其一字者，世謂之“排行”。如德家、德文，義符、義真之類。起自晉末，漢人所未有也。《水經注》：“昔北平侯王譚，不同王莽之政，子興生五子，並避亂隱居。光武即帝位，封爲五侯：元才北平侯、益才安喜侯、顯才蒲陰侯、仲才新市侯、季才唐侯。”是後人追撰妄説。東漢人二名亦少。又有單名，以偏傍爲排行者，始見于劉琦、劉琮。此後應璩、應瑒，衛瓘、衛玠之流，踵之而出矣。《陳球傳》：“二子瑀、璠，弟子珪。”若取偏旁又不當與父同也[①]。今人兄弟行次，稱一爲“大”，不知始自何時？漢淮南厲王常謂上“大兄”，孝文帝行非第一也。

0400 清慎勤　王隱《晉書》載李秉《家誡》云[②]：“昔侍坐于先帝時，有三長史俱見，臨辭出，上曰：‘爲官長，當清，當慎，當勤，修此三者何患不治？’”見《魏志·李通傳》註。秉所稱先帝，司馬昭也。昭雖篡弒之賊，其言不可以人廢。今人謂“清慎勤”三字出于《吕氏官箴》，由未讀裴松之《三國志注》也。

0401 備馬　北京方言，將出則令備馬。《南渡録》：“康王質於金，間道南奔，倦息崔府君廟，夢神曰：‘追騎已至，宜速去，已備馬候矣。’”

0402 福無雙至，禍不單行　《説苑·權謀篇》：“韓昭侯造作高門，屈宜咎決其不出此門。此所謂‘福不重至，禍必重來’也。”諺云“福無雙至，禍不單行”，古人已有言之者矣。

0403 瓜期　齊侯使連稱、管至父戍葵邱，瓜時而往，曰“及瓜而代”。故今稱任滿當代曰“瓜期”。據《傳》，乃一年戍守耳。今例稱“瓜期”，不當。

0404 院落　詩詞中有“院落、籬落、村落、部落”。落，居也。唐宫中巷有“野狐落”，亦居也。

---

① 《後漢書·陳球傳》：球“子瑀，吳郡太守；禹弟琮，汝陰太守；弟子珪，沛相……”與此不同。

② 家，原作“字”，從《三國書·魏書·李通傳》裴松之注引王隱《晉書》改。

0405　**黴**　《埤雅》云：“四五月間，梅欲黃落，則水潤土溽①，礎壁皆汗，鬱蒸成雨，謂之梅雨。”今人衣服，四五月間，爲濕氣所敗，謂之“上梅”。《説文》：“物中久雨青黑曰黴。”《楚辭》：“顔黴黎以沮敗②。”則上梅、梅雨皆當作“黴”。因當梅熟，遂譌爲“梅”。

0406　**書卷**　今之書籍，每册必數卷，或多至十餘卷。此僅存卷之名耳。古人藏書，皆作卷軸，“鄴侯家多書，插架三萬軸”是也③。此制在唐猶然，其後以卷書之難，因而爲摺，久而摺斷，乃分爲薄帙，以便檢閱。蓋愈遠而愈失其真矣。

0407　**書帙**　《羣碎録》云④：“古人書卷，外必用帙藏之，如今裹袱之類。宋真宗取廬山東林寺《白居易集》，命崇文院寫較，包以班竹帙，送寺。帙如細竹簾，其内襲以薄繒，故帙字從巾。”

0408　**一肴**音周　道書以一卷爲一肴，與“軸”通用，陶九成《説郛》用之。佛書以一條爲一肴，《容齋隨筆》、史繩祖《學齋呫嗶》用之。有以“一條”爲“一則”者。

0409　**塗乙**　禰正平作《鸚鵡賦》，“文不加點⑤”。點者，塗也。加者，乙也。唐試士式，塗幾字，乙幾字。乙，音主，與黇同。文字遺落，鈎其旁而添之也。又《東方朔傳》云：“止輒乙其處。”謂有所絶止，黇而記之曰“乙”。如士人讀書，以朱識其止處也。

0410　**權輿**　權輿，見《詩經・秦風》注，云：“權輿，始也。”義猶未明。蓋造稱自權始，造車自輿始，故以始爲“權輿”。

0411　**爪子**　今山西人有“爪子”之稱，唐代宗以“孚”名賀知章子，蓋戲

---

① 潤，原作“濶”。

② 顔，原誤作“韻”。

③ 唐韓愈《送諸葛覺往隨州讀書》詩。

④ 羣，原誤作“郡”。

⑤ 《後漢書・禰衡傳》：“衡攬筆而作，文無加點，辭采甚麗。”蕭統《禰衡〈鸚鵡賦〉序》：“衡因爲賦，筆不停輟，文不加點。”

其爲爪子也①。

0412 **龍鍾**　今人稱年老人曰“龍鍾”。龍鍾，本竹名，言如竹之枝葉搖曳，不能自禁持也。

0413 **倔强**　《宋史·趙鼎傳》鼎不附和議，檜曰：“此老倔强猶昔。”

0414 **偷盜**　《管子·形勢解》：“偷得利而後有害，偷得樂而後有憂。聖人不爲也。”偷盜之義取諸此。

0415 **惡金尿銀**　《蜀記》：“秦惠王欲伐蜀，乃刻五石牛，置金其後。蜀人見之，以爲牛能便金，此天牛也，使五丁力士拖牛成道。秦蜀道通，石牛力也。”②

0416 **破釜沉舟**　楚懷王遣上將軍宋義、次將軍項羽救趙。義留兵四十餘日不進，羽即帳中斬義，引兵渡河，沉船破釜，持三日糧，示軍必死，遂破秦軍以救趙③。

0417 **焦頭爛額**　漢霍光女爲宣帝妃，霍顯等皆驕。後茂陵徐福上言：“霍氏太盛，宜以時抑制。”上不聽。及後霍氏誅滅，而告者皆封。或人爲徐福上書曰：“臣聞客有過主人者，見主人積薪于直突。客曰：‘當徙薪曲突。’主人不聽。乃火然，救火者皆焦其額。主人殺牛置酒謝鄰。鄰人有謂主人曰：‘向使聽客之言，不費斗酒，終無火患。今論功講賞，曲突徙薪無恩澤，焦頭爛額爲上客。’主人乃悟而請之。”④

0418 **梁上君子**　後漢陳寔，字仲弓，在鄉里，平心率物，有爭訟，輒求判

① 唐鄭綮《開天傳信記》：“賀知章秘書監，有高名。告老歸吳中，上嘉重之，每別優異焉。知章將行，涕泣辭上。上曰：‘何所欲？’知章曰：‘臣有男未有定名，幸陛下賜之，歸爲鄉里榮。’上曰：‘爲道之要，莫若信。孚者，信也。履信思乎順，卿子必信順之人也，宜名之曰孚。’知章再拜而受命。知章久而謂人曰：‘上何譴我耶？我實吳人，孚乃爪下爲子，豈非呼我兒爲爪子耶？’”清梁章鉅《稱謂錄》引《仁恕堂筆記》：“甘州人謂不慧之子曰爪子。殊不解所謂。後讀《唐書》：賀知章有子……”爪子，猶言蠢材、笨蛋。
② 此乃《蜀王本紀》引《秦惠王本紀》語。
③ 見《史記·項羽本紀》。
④ 見《漢書·霍光傳》。

正,曉諭曲直,退無怨者。時歲荒,夜有盜,潛入其室,匿梁上。寔陰見之,呼子孫,正謝之曰:"夫人不善未必本惡,習與性成,遂至于此,勿學此梁上君子也。"盜驚,投地伏首,請罪。寔論之曰:"觀君狀貌,不似惡人,宜克己反善,當守清貧。"遺絹三疋,米一斗,自是一縣盜皆化①。

0419**日子**　今人謂日多曰"日子"。日者,初一初二之類;子者,謂甲子乙丑之類。陳琳《檄吳將校部曲文》"年月朔日子",李周翰注曰:"子,發檄時也。"漢人未有稱夜半爲"子"時者,誤矣。古人文字,年月之下必繫以朔,必言朔之第幾日,而又繫之干支,故曰"朔日子"也,如魯相瑛《孔子廟碑》云"元嘉三年三月丙子朔廿七日壬寅"、史晨《孔子廟碑》云"建寧二年三月癸卯朔七日己酉"、樊毅《復華下民租碑》"光和二年十二月庚子朔十三日壬午"是也。此"日子"之稱也。

0420**打秋豐**　《米元章帖》作"打秋豐",《雪濤諧史》作"打抽豐",言于豐多處抽分之也。

0421**三生有幸**　一省郎遊京國寺,夢至碧巖下,一老僧前烟極微②,曰:"此檀越結願香,[香]存,而檀越已三生矣。第一生,唐玄宗時劍南安撫③;第二生,唐憲宗時西蜀書記;第三生,即今省郎。皆檀越結願來也。"省郎恍悟。

0422**班門弄斧**　柳子厚文:"操斧于班郢之門,斯強顏耳。"唐李白墓在采石磯邊,士大夫之憑吊者,輒題其詩于石壁。明梅之煥詩曰:"采石磯邊一堆土,李白之名高千古④。來來往往一首詩,魯班門前弄大斧。"

0423**吹毛求疵**　史漢武時,議者多言晁錯之策是而見殺爲冤。有司緣此欲摧抑諸侯王,數奏其過惡,吹毛求疵,服笞其臣,使証其言。諸侯或有小

---

① 見《後漢書·陳寔傳》。

② 前,原作"言",從宋陳敬《陳氏香譜》"結願香"條改。

③ 玄,原作"元"。

④ 名,原誤作"石",從明梅之煥《題李白墓》詩改。

過大惡,有司本不知,乃發奸摘伏,亦如吹開毛孔以求瑕疵也[1]。疵是黑纇。

　　0424 礓礫　寺院階級曰"礓礫"。吳任臣《字彙補》"礓"作"姜",云:"姜礫石,見《大内規制記》。"

　　0425 黃昏人脚定　《左傳·昭公五年》:"日之數十,故有十時,亦當大位。"注云:"日中當王,食時當公;平旦爲卿,雞鳴爲士;夜半爲皂,人定爲輿;黃昏爲隸,日入爲僚;晡時爲僕,日昳爲臺[2],隅中日出,闕不在第,尊王公,曠其位。"

　　0426 嬌客　陸放翁《老學菴筆記》:"秦會之有十客,吳益以愛壻爲嬌客。"

　　0427 委蛇　魚雅　《詩》言"委蛇",晉張華儒雅有籌畧,由是稱不迫者曰"委蛇",不俗者曰"儒雅"。不知"委"從"禾",取禾谷垂穗委曲之貌[3]。蛇本蛇虺,其行紆曲,言大夫動而有法,若禾穗之垂與蛇行也,故沈讀作"委委蛇蛇"。"儒"當作"魚"。雅,烏也。魚與烏,行皆成隊,言人動容中禮無錯亂,若魚與烏也,故韓愈《元和詩》云"魚魚雅雅"。

　　0428 倉皇　今人謂匆遽曰"倉皇"。或曰"蒼惶、倉卒",義固不謬,而"倉、蒼"之文,則不可解。《説文》:"倉,穀藏也。蒼黃取而藏之,故謂之倉。"徐氏曰:"蒼黃,穀色也,農人乘蒼黃而取之。"謹蓋藏,戒後時也,故以"蒼黃"爲匆遽義。彼作"遑"作"惶"者,不知其爲"黃"而誤也。作"卒"者,不可與"蒼"并言也。作"倉"者亦非。

　　0429 狐疑　狐之爲獸,其性多疑,每渡冰河,且聽且渡,故言疑者稱"狐疑"。

　　0430 猶豫　《爾雅》曰:"猶如麂,善登木,多疑慮,居山中,忽聞有聲,即恐有人且來害之,每豫上樹,久之乃下,須臾又上,如此不一。故不決者稱謂猶豫。"故梁黃門侍郎明少遐曰："狐性多疑，猶性多豫也。"①一説爲"猶、與"，二獸名。後事而疑曰"猶"，先事疑曰"與"。

0431 枝梧今謂支吾　《左傳》："曹共公曰：'曹，小國也，而居列國之中，子弟往來，何國無之？若一一待之以禮，則國微費重，何以支吾？'"②《史記・項羽本紀》③："諸將皆慴伏④，莫敢枝梧。"顏師古注曰："小柱爲枝，斜柱爲梧，即今屋小柱邪柱也。"

0432 詭到　《史記》："張儀曰：'不如出兵以到之。'"《索隱》曰："到，欺也。"

0433 夠　今人謂多曰"夠"，少曰"不夠音遘"⑤。《廣雅》曰："夠，多也。"《魏都賦》："繁富夥夠，不可單究。"

0434 醋大　今人稱秀才謂"酸秀才"。《資暇録》云："世稱士流爲醋大，言其峭酸，冠士民之首也。按，秀才本爲措大，言其能措大事也。如'韓休真措大''桑維翰窮措大'，解者紛紜其説。"要之，"措大"皆贊美之詞，後人以"措"爲"醋"，因其峭酸。又"措"音近"醋"，故嘲之曰"醋大"。

0435 狼狽　狼似犬，頭銳頰白，高前廣後；狽亦狼屬，前足絶短，每行，常駕兩狼，離則躓也。故人猝遇無措謂之"狼狽"。《神異經》曰："狽無前足，附狼而行，故曰狼狽。"

0436 狼藉　《覃史》云："狼臥遊戲多藉其草，而草皆穢亂，故里語云'狼藉'，言其不撿也。"

0437 狼戾　很戾　狼性不恤，故曰"狼戾"。羊性很，愈牽愈不進，故曰"很戾"，言其不順從也。狼，從犬良聲；很，從彳音尺艮聲，字相近而迥異⑥。

---

① 猶，明楊慎《升菴集》卷八十一"狐疑猶豫"條作"鼬"。

② 見《東周列國志》。《左傳》無此語。

③ 紀，原作"記"。

④ 慴伏，《史記・項羽本紀》作"慴服"，《漢書・項籍傳》作"讋服"。

⑤ 曰，原誤作"也"。

⑥ 迥，原誤作"迴"。

今言不順者,乃曰"狼戾",或曰"貪很",則失之矣。很,下懇切。

0438 自相矛盾　《韓非子》:"楚人有鬻楯與矛者。譽之曰:'吾盾之堅,莫能陷也。'又譽其矛曰:'吾矛之利,與物無不陷也。'或曰:'以子之矛陷子之盾,何如?'其人弗能應也。"

0439 守株待兔　《韓非子》:"宋人有耕田者,田中有株,兔走觸株,折頸而死,因釋其耒而守株,冀後得兔,兔不可復得,而身爲宋國笑。"

0440 鹵莽滅裂　長梧封人曰:"予昔爲禾耕而鹵莽之,則其實亦鹵莽而報予。芸而滅裂之,其實亦滅裂而報予。"此即《莊子》所謂"耕之不善曰鹵莽,芸之不善曰滅裂"也。按,鹵,鹹地也。莽,草掩地也。滅,赤地也。裂,龜坼地也①。四者地之不可耕芸者也。爲禾者因其鹵莽而鹵莽之,因其滅裂而滅裂之,其實有不鹵莽不滅裂者乎?

0441 酒媒　《説文》《玉篇》"媒人"注訓"麴"②。《周禮》"媒人"注:"齊人名麴麩曰媒。"③今人鄉語猶然。皆酒酵也。太史公《報任安書》:"全軀保妻子之臣,隨而媒糵其短。"《漢書》注:"師古曰:媒如媒妁之媒,糵如麴糵之糵。"按,麴,即麴餅;糵,即今麥芽爲餳者。故曰:"麴多太苦,糵多太甘。"麴糵釀成其罪曰"媒糵"。

0442 酵　以酒母起麵曰"發酵"。蕭子顯《齊書》:"永明元年正月,詔太廟,四時祭薦,宣皇帝起麵餅。"注:"發酵也。"韋巨源《食單》有"婆羅門輕高麵",今俗蒸饅頭用酵發麵者是也。

0443 金鋪　昔公輸班見水中蠡引閉其户,終不可開,遂象之立于門户。按,今門上排立而突起者,公輸班所飾之金也。《義訓》曰:"門飾金謂之鋪,鋪謂之鏂音歐。即今俗謂之浮泡釘也。"

---

① 坼,原誤作"拆"。
② 此處疑有脱誤,此承明周祈《名義考》而來。《説文》《玉篇》"媒"字注不如此。
③ 《周禮》作"媒氏",《周禮·地官·司徒》:"媒氏,下士二人,史二人,徒十人。"注:"媒之言謀也,謀合異類,使和成者。今齊人名麴麩曰媒。"

0444 **雞素**　本雞斯，文長曰：“雞斯之制以約髪，近日小荷包云‘雞素’，相沿誤也。”《通雅》云：“雞斯即笄縰，或因其名而改，亦未可知。然或是‘雞嗉’，雞以嗉盛食，此以盛物，其形相似耳。《六韜》云：‘太公等求得雞斯之乘。’雞斯，蓋國名，豈其國佩此囊耶？”

0445 **茮草**音近蒿　《漢律》：“疄田茮草。”《[新]唐書·陸龜蒙[傳]》：“茮刺無休。”人皆知芟草爲“茮草”，音近“蒿”，與“薅”同。《詩》：“以薅荼蓼。”今見“薅”字，反讀若“耨”音，誤矣。

0446 **楥**　《説文》：“履法也。”所券切。鞾工木胎爲楥頭，改作“楦”，至今呼之。

0447 **韏**音虉　今韏帽、韏鼓皆謂之韏，硝皮家亦曰“韏皮”。此字見《周禮·鮑人》“卷而摶之①，欲其無迆也”注：“革不韏。”

0448 **阿堵**　猶今之所謂“這箇”也，不可定指爲錢。顧愷之：“正在阿堵中。”張謂詩：“家無阿堵物，門有寧馨兒。”亦就事作語也。馬永卿《懶真子》曰：“阿堵，猶今所謂‘兀底’。”“寧馨，猶今所謂‘恁地’也。”兀底，秦音。恁地，吳音。

0449 **骨朵**　《宋景文筆記》曰：“關中人以腹大爲‘胍肛’，音‘孤都’。俗謂杖頭大者謂‘胍肛’，後訛爲‘骨朵’。”今北方呼花蕾爲“骨朵”。

0450 **東西**　《齊[書]·豫章王嶷傳》：“嶷謂上曰：‘南山萬歲，殆似貌言，以臣懷，陛下極壽百年。’上曰：‘百年亦何可得？止得東西一百，于事亦濟。’”是謂物曰“東西”。又，物曰“東西”，胡不曰“南北”？蓋東方木、西方金，皆有形質，可以執持，可以收藏，與南方火、北方水不同，故謂物爲東西。其説亦甚合物理。

0451 **不一**　車若水《腳氣集》云：“王右軍帖多於後結寫‘不具’，猶言‘不備’也。有時寫‘不備’，其‘不具’草書似‘不一一’。蔡君謨帖並寫‘不

---

① 摶，原誤作“搏”。

一一’，亦不失理。”按，此則知今人于書柬後，每書“不一”，其原始于右軍書也。

0452 不宣　宋人書問，自尊與卑曰“不具”，以卑上尊曰“不備”，朋友交馳曰“不宣”，見《東軒筆錄》。今人多不辨此，然三字之分別殊亦不解。

0453 感激　宋人書感激曰“感礉”，取《孟子》“是不可礉也”，注云：“礉，激也。”義與“激”同，然亦鑿矣。

0454 作俑　平空起事謂之“作俑”。俑，從葬木偶人也。古之葬者，束草爲人以爲從衞，謂之芻靈，畧似人形而已。中古易之以俑，則有面目機發，而太似人矣。故聖人惡其不仁，曰：“始作俑者，其無後乎？”

0455 孤注　出錢賭賻曰“注錢”。盡則悉其所有爲一注，曰“孤注”。勝則得之，敗則失之。宋真宗時契丹入寇澶淵，寇準扶帝親征，士卒奮銳，契丹大懼，請盟而退。上益厚待準。王欽若譖準于帝曰：“陛下知博乎？輸錢欲盡，乃盡出所有，謂之孤注。前者澶淵之役，寇準以陛下爲孤注耳。”上乃罷準相，令出知陝州①。

0456 百家姓　陸放翁詩：“兒童冬學鬧比鄰，據案愚儒却自珍。授罷村書閉門睡，終年不著面看人。”自注：“農家十月乃遣子入學，謂之冬學。所讀《雜字》《百家姓》之類，謂之村書。”今鄉村小兒所習《百家姓》一書，猶宋人所習，以趙爲首，尊國姓也。

0457 投刺　古無紙，刺姓名于竹木之上，故云。後漢禰衡，字正平，初遊許下，懷一刺，無可投者。至于刺字漫滅，孔融一見，愛其才，遂爲忘年之交②。今名帖之制實始于漢。

0458 天花亂墜　梁武帝時，有異僧雲先法師講經于天龍寺，天雨寶花，繽紛而下。

---

① 見《宋史·寇準傳》。
② 見《後漢書·禰衡傳》。

0459 大手筆　晉王珣音荀，爲桓溫掾，嘗夢人以大筆如椽與之[1]，占者曰：“此當有大手筆事。”俄而武帝崩，哀册謚議，皆其所草。唐穆宗禁中書詔大手筆多李德裕爲之。

0460 大方家　《莊子》：“河伯以天下之美盡在己，順流而東行，至于北海，東面而視，不見水端，河伯始旋其面目，望洋同海若而嘆曰：‘人我睹子之無窮也。非至子之門，則殆矣。吾長見笑于大方家。’”[2]

0461 別字　《後漢書》：“讖書非聖人所作，其中多近鄙別字。”近鄙者，猶今俗用之字。別字者，本當爲此，而誤爲彼字也。今人謂之“白”字，“別”之轉音也。

0462 五更　《顏氏家訓》：“或問：一夜何故五更？答曰：漢魏以來，謂爲甲夜、乙夜、丙夜、丁夜、戊夜，亦云一更、二更、三更、四更、五更，皆以五爲節。所以然者，假令正月建寅，斗柄夕則指寅，曉則指午矣。自寅至午，凡歷五辰，冬夏之月，雖復長短參差，辰間遼闊，盈不至六，縮不至四，進退常在五者之間。更，歷也，經也。故曰五更。”楊誠齋：“天上歸來已六更。”不知何説。後見《蟬精雋》云：“宋内五更絕，梆鼓遍作，謂之蝦蟇更，其時禁開而百官入，所謂六更也。”

0463 三月爲一季　《異聞録》：“三月爲一時，兩時爲一行，兩行爲一年，二年半爲一雙，以閏月兼本月，此謂月雙，五年再閏爲閏雙。今止三月爲一季耳。”

0464 一面之交　漢應奉少時，詣彭城相袁賀。賀將出行。閉門，造車匠于內啟扉出視奉。後數年，遭匠于道，奉識而呼之[3]。今云“半面”或曰“一面”者，俱此意也。《貞觀政要·公平篇》：“擇賢才者，所以安百姓也。用人但聞堪否，豈以新舊異情？凡一面尚且相親，況舊人而頓忘也。

0465 社夥　今人看街坊雜戲場曰“社夥”。蓋南宋遺風也。宋之百戲

---

① 嘗，原誤作“常”，此從《晉書·王珣傳》語意改。

② 同海若、人我，《莊子·秋水》作“向若、今我”。

③ 見《後漢書·應奉傳》注引三國吳謝承撰《後漢書》。

皆以"社"名,如雜劇曰"緋緑社",蹴毬曰"齊雲社",唱賺曰"遏雲社",行院曰"翠錦社",撮弄曰"雲機社"之類。詳見《武林舊事》。夥者,《方言》:"凡物盛而多也。"或作社火,言如火燃,一烘而過也。

0466 **雷同**　附和之意,事無可否而同之者謂之雷同。《楚辭·九辯》:"世雷同而炫耀兮。"《文公集》:"雷聲相似,有同無異也。"①《曲禮》曰:"世雷同。"注:"雷之發聲,物無不同時應者。"

0467 **瞬息　彈指**　《翻譯名義集》:"《僧祇律》云:'二十念謂一瞬,二十瞬名彈指。'"②

0468 **毋毋　叵羅**　京師及河南人謂餅曰"饆饠",柳斗曰"頗羅"。饆饠爲"毋毋"。《禮》:八珍"淳毋音鍐。"頗羅爲叵羅。李白詩:"蒲萄美酒金叵羅。"③謂金酒罌也。叵羅本柳斗,罌刻文似柳斗,故名叵羅。

0469 **唶喏**喏音惹　《左傳》:"使訓羣騶知禮。"注:"騶唶,喝聲也。"《玉篇》:"喏,敬言也。"喝,呵也。貴者將出,唶使避己,故曰"唶喏",亦曰"鳴騶",即孟子"行避人"也。今俗謂揖曰"唶喏",不可曉。

0470 **要害**　《漢書·西南夷傳》:"調穀積要害處。"顔師古注曰:"要害者,在我爲要,於敵爲害也。"

0471 **土著**　《漢書·張騫傳》:"其俗土著。"師古曰:"土著者,謂有城郭常居,不隨畜牧移徙也。著音直畧反。"

0472 **地著**　《食貨志》:"理民之道,地著爲本。"師古曰:"地著,安土也。"

0473 **間道而行**　《漢[書]·高帝紀》:"從間道走軍。"師古曰:"間,空也。投空隙而行,不公顯也。"

---

① 宋朱熹《楚辭集注》:"雷同,雷聲相似,有同無異也。"

② 東晉佛陀跋陀羅共法顯譯《摩訶僧祇律》卷十七:"須臾者,二十念名一瞬頃,二十瞬名一彈指,二十彈指名一羅豫,二十羅豫名一須臾。"

③ 李白《對酒》詩:"蒲萄酒,金叵羅。"

0474 **四流五散**　宋太祖謂范質曰："江陵,四分五裂之國。"即此語也。

0475 **若干**　《食貨志》:"或用輕錢,百加若干。"干,猶"箇"也,謂當如此箇數目。

0476 **什有二三　十有八九**　《高帝紀》:"士卒墮指者十二三。"《宣帝紀》:"畜産大耗十八九。"言十損其八九也。

0477 **尋常**　應劭曰："八尺曰尋,倍尋曰常。"①

0478 **相於**　孔融《與韋甫休書》:"閒僻疾動,不得與足下岸幘廣坐,[舉杯]相於,以爲邑邑。"繁欽詩:"何以結相於。"杜甫詩:"良友幸相於。"《廣韻》:"於,居也。"有相依以居之意。

0479 **璧謝**　今人不受饋遺曰"璧謝",本晉文公故事,與完璧歸趙事無干。昔晉公子重耳至曹,僖負羈"餽盤殽,置璧焉,公子受殽返璧"。

0480 **杜撰**　杜默作詩多不合律,故今人謂無所本者謂之"杜撰"。

0481 **噦**于月切　嘔也。今人嘔吐謂之噦。《內則》:"不敢噦噫。"古樂府《歡好曲》:"不覺喉中噦。"韓詩:"思想甚含噦。"

0482 **舀**"遙"上聲　《説文》:"杵,舀也。抒彼注此謂之舀。"即今以杓舀水之謂也。

0483 **紇梯紇榻**　唐張祜《贈戲營妓》詩有云:"更有一雙皮屐子,紇梯紇榻到門前。"②

0484 **瞎字也不識**　《懶真子》云③:"唐蕭穎士性輕薄,有同人誤識臧武仲名,譏之曰:'汝紇字也不識。'"④今俗云"瞎字也不識",乃"紇"字之訛。"紇"字,恨發反,字書云"下没切","痕"字入聲。

0485 **急急如律令**　本漢公移常語。張天師,漢人,故承用之,道流至今

---

① 《史記·屈原賈生列傳》載賈誼《弔屈原賦》"彼尋常之汙瀆兮",應劭注:"八尺曰尋,倍尋爲常。"

② 該詩《全唐詩》置崔涯名下,名《嘲妓》,詩兩首,此其二。

③ 懶,原誤作"慎"。

④ 宋馬永卿《懶真子》云:"魯臧武仲,名紇……"臧武仲,即臧孫紇,複姓臧孫,名紇,謚號"武"。

祖述,見《雲麓漫鈔》。《搜神記》:"律令[①],周穆王時人,善疾走,死爲雷部小鬼。"故秦漢行制誥于天下,必曰"律令",咒曰"急急如律令"。

0486利市　"利市"之説,到處皆然。《易·説卦》:"巽爲利,市三倍。"

0487關節　梯媒　《杜陽雜編》云:"元載寵姬薛瑶英,善爲巧媚,載惑之。瑶英之父曰宗本,兄曰從義,於趙娟相遞出入[②],以構賄賂,號爲關節。趙娟本岐王愛妾,後出爲薛氏妻,生瑶英三人。更與中書主吏卓倩等爲腹心,而宗本輩以事告者,載未嘗不頷之。天下齎寶貨求大官,無不恃載權勢,指薛、卓爲梯媒。"又李肇《國史補》總敘進士科云:"造請權要,謂之關節。"劉軻《牛羊日歷》云[③]:"由是輕薄奔走,揚鞭馳鶩,以關節緊慢爲甲乙。"以此推之,則諺所謂打關節、有梯媒者,不爲無祖矣。

0488嗌呼　飽食氣滿而有聲也。嗌,即"噫"字,音依,恨聲。即梁鴻《五噫》之"噫"。又音"嗌"。

0489賊秃　今人罵僧輒云"賊秃"。按,梁荀濟《表》云[④]:"朝夕敬妖怪之胡鬼,曲躬供貪淫之賊秃。"則此語六朝已有之矣。

0490斫　斫,之若切,今人讀若坎。張文潛《明道雜志》:"世傳朱全忠作四鎮時,一日與賓佐出游,全忠忽指一方地曰:'此可建一神祠。'試召一視地工驗之,工久不至。全忠怒甚,見于詞色。左右皆恐。良久,工至。全忠指地視之。工再拜賀曰:'此所謂乾上龍尾地,建廟固宜,然非大貴人不見此地。'全忠喜,薄賜而遣之。工出,賓僚或戲之曰:'爾若非乾上龍尾,當坎下驢頭矣。'東北人謂斫伐爲'坎'。"乃知此音之譌,由來已久矣。

0491坐草　郎瑛曰[⑤]:"諺謂臨産曰坐草,起自晉也。按,陳仲弓爲太邱

---

① 令,原誤作"云",從明張國祥《搜神記》卷六"律令"條改。

② 於,《輟耕録》卷八"關節梯媒"作"與"。

③ 劉,原誤作"牛",蓋從陶宗儀《輟耕録》卷八"關節梯媒"條而誤。

④ 指荀濟《論佛教表》。

⑤ 瑛,原誤作"英"。

長，出捕盜，聞民有坐草不起子者，回車治之。"

0492 渴睡 言貉睡也。《朱子語類》言"秦兵曹瞌睡"，眉公《讀書鏡》引胡旦謂呂文穆作"渴睡漢"，《懶真子》載舉人求易韻事，曰"老人渴睡"。實當用貉睡，言貉好睡也。貉行數十步輒睡，以物警之，乃起，既行復睡①。

0493 乾愁 乾忙 唐韓退之詩："乾愁慢解坐自累，與衆異趣寧相親。"王介甫詩："賴付乾愁酒一樽。"謂空愁而無益也。偶桓詩："白首乾忙度歲時。"又云："乾忙雖是紅塵冷，須聽幽禽快活吟。"亦謂空忙而無用也。

0494 十字 《十駕齋》："十字，即古人所謂午貫也。"白樂天詩②："十字津頭一字行。"《晉書·何曾傳》③："蒸餅非裂成十字者不食。"《北史·李庶傳》④："劉家在七帝坊十字街南⑤。"《水經注》濟水、渠水篇並有"十字溝"。《顏魯公家廟碑》陰額云："殷夫人居十字街西北第一宅。"劉禹錫詩："十字清波遶宅牆。"

0495 玷捶即朒敠 《莊子》"捶鉤者"注："玷捶鉤之輕重，玷音點，捶音朵。"滄園曰："以手稱物之輕重曰朒敠。"焦音"顛掇"，則白下之方言也。

0496 鋪排 抖擻 《方言》："東齊曰'鋪頒'，猶秦晉言'抖藪'也。"郭曰："謂斗藪舉索物也。"今謂治辦鋪設亦有"鋪頒、鋪排"之語。《唐韻》"抖藪"即"斗藪"也。文丞相《答謝教授》："寒簷積雨，抖藪無惊。"

0497 倰僜 蔑楔 《通雅》："人不省事曰倰僜，新睡曰㜆㜆，木不方正曰蔑楔⑥，作事不方正曰㯂㯂⑦，人不方正曰儚儚，皆此二音而別之。"

---

① 明李時珍《本草綱目·獸二·貉》："其性好睡，人或蓄之，以竹叩醒，已而復寐。故人好睡者謂之貉睡，俗作渴睡，謬矣。"

② 詩，原誤作"府"。

③ 晉，原誤作"留"。

④ 庶，原作"廣"，據《北史》改。

⑤ 字，原作"家"，據《北史》改。

⑥ 蔑，《通雅》卷四十九作"㰿"。

⑦ 㯂㯂，《通雅》卷四十九作"攓揳"。

0498　信　　今人以遺書爲信，故謂之“書信”。《東觀餘論》謂使者曰“信”，引晉武帝炎《報帖》，末云：“故遣信還。”《真告》云：“公至山下，又遣一信見告。”“凡言‘信’者，皆謂使者也。”①王右軍《十七帖》有云：“往得其書，信遂不取答。”謂昔嘗得其來書，而信人竟不取回書耳。世俗遂讀作“往得其書信”爲一句，誤矣。楊用修又引《古樂府》云“有信數寄書，無信心相憶。莫作瓶墜井，一去無消息”爲證，良是。然此語起于東漢以下，若古人所謂“信”者，乃符驗之別名。《墨子》：“大將使人行守，操信符。”《史記·刺客傳》：“今行而毋信②，則秦未可親也。”《漢書·石顯傳》：“迺時歸誠，取一信以爲驗。”《後漢書·齊武王傳》：“得司空劉公一信③，願先下。”《周禮·掌節》註：“節，猶信也，行者所執之信。”此如今信牌之“信”，不得謂爲使人也。

0499　串字　　今倉庫收貼曰“串子、串單”。“串”當作“貫”。《文字指歸》云：“支財貨契曰貫，俗貝字。”

0500　量雅　　雅，酒器名。魏文帝《典論》：“荆州牧劉表子弟以酒器名三爵，上曰伯雅，中曰仲雅，小曰季雅。”《隱窟雜志》：“宋時閬州有三雅池，古有修此池得三銅器，狀如酒杯，各有篆文，曰伯雅、仲雅、季雅。當時雖以名池，而不知爲劉表物也。”今謂能吃酒者曰“量雅”，殊不順。

0501　勿勿　　黃伯思云：“右軍帖語有‘詰之、勿勿’，《顏氏家訓》云：‘書翰多稱勿勿。相承如此，莫原其由，或有言是忽忽之殘缺者，妄也。《説文》：勿者，州里所建之旗，蓋以聚民事，故悤遽者稱勿勿。’而今世俗妄于‘勿勿’中斜加一點，謂爲‘匆匆’，字彌失真也。據《祭義》云：‘勿勿其欲饗之也。’注：‘勿勿，猶勉勉也，愨愛之貌。’杜牧之詩‘浮生長勿勿’。是知‘勿勿’出于《祭義》。唐人詩中用之，不特稱于書翰耳。”④

---

① 見宋黃伯思《東觀餘論·法帖刊誤》卷上“第一帝王書”。
② 原文誤作“全行而言信”。
③ 司空，《後漢書》作“司徒”。
④ 見宋黃伯思《東觀餘論·法帖刊誤》卷上“第二漢魏吳晉人書”條。

0502 賃屋 《後漢書·梁鴻傳》：鴻"至吳，依大家皋伯通，居廡下，爲人賃舂。"居廡，即賃屋也。韓退之《醉崔少府》詩"賃屋得連牆"即用此。

0503 結草銜環 世言報德曰"結草啣環"。"結草"出《左傳》，"銜環"無所出。魏顆從武子治命，嫁其嬖妾，及有輔氏之役，見老人結草以抗秦師。秦有力人杜回躓而顛，因獲之。夜夢老人曰："所嫁婦人之父也。"楊寶見黃雀將死，飼巾箱中，毛成飛去，後有黃衣以白環四枚與寶，言環而非銜。隋侯見大蛇被傷，因治之，後蛇銜珠以報，言銜而非環。或合二事而言也。

0504 散誕 逍遥 謝艮齋《勸農》詩句也①。又黃幾復解《莊子·逍遥遊》名義云②："消者，如陽動而冰消，雖耗也不竭其本。搖者，如舟行而水搖，雖動也而不傷其内。遊于世若是，唯體道者能之。"

0505 不郎不秀 今俗鄙稱有"不郎不秀"之語，有解作《詩》語"不稂不莠"者，非也。元時有郎、官、秀爲等第，不郎不秀者，是言不高不下也。

0506 斯開 以手離物謂之撕。撕，俗字，即斯也。《説文》："斯，析也。"《爾雅·釋言》③："斯，離也。"《詩·陳風》："墓門有棘，斧以斯之。"箋："維斧可以開析之。"《呂覽·報更篇》："趙宣孟見桑下餓人，與之脯一朐，曰：斯食之。"注："析也。"

0507 慫慂 《衡山王傳》："日夜縱子勇反臾音勇。"④《汲黯[傳]》："寧令從臾承意，陷主不義乎?"一作"慫慂"。

0508 舊雨 杜少陵云："臥病長安旅次，多雨……尋常車馬之客，舊雨來，今雨不來。"⑤

---

① 宋謝諤《勸農》其二有"逍遥散誕"語，見羅大經《鶴林玉露》卷十六。

② 幾復，原誤作"復幾"。

③ 言，原誤作"詁"。

④ 《史記·衡山王傳》："衡山王以此恚，與奚慈、張廣昌謀，求能爲兵法候星氣者，日夜從容王密謀反事。"

⑤ 唐杜甫《秋述》小序："秋，杜子臥病長安旅次，多雨生魚，青苔及榻。常時車馬之客，舊雨來，今雨不來。昔襄陽龐德公，至老不入州府，而揚子雲草《玄》寂寞，多爲後輩所褻，近似之矣。"

0509**醫用艾一灼謂之一壯**　《埤雅》：“壯者，以壯人爲法，其言謂若干壯，謂壯人當依此數，老幼羸弱，量力減之。”

0510**畫虎不成反爲犬**　《後漢［書］》：“馬援，字文淵，扶風人。在交趾，遺書戒子弟，有曰：‘龍伯高敦重周慎，口無擇言，謙約節儉，廉公有威，吾愛之重之，願汝曹效之。杜季良豪俠好義，憂人之憂，樂人之樂，清濁無所失，父喪致客，數郡畢至，吾愛之重之，不願汝曹效也。蓋效龍伯高不得，猶爲謹敕之士，所謂刻鵠不成尚類鶩者也；效季良不得，陷爲天下輕薄子，所謂畫虎不成反類狗也。’”

0511**狗尾續金貂**　晉趙王倫篡位，“同謀者越階次，奴卒廝役亦加爵位①。每會，貂蟬盈座，時人語曰：‘貂不足，狗尾續。’”言小人多，而不稱其冠也。

0512**畫蛇添足**　《國策》：“陳軫爲齊説楚將昭陽曰②：楚有一人遺舍人一卮酒，舍人相謂曰：‘請畫地爲蛇，先成者飲酒。’先成者舉酒起曰：‘吾能爲之足。’後成者不以爲可，奪其酒曰：‘蛇無足，有足者非蛇也。子安能爲之足？’遂飲其酒。今君相楚攻魏，得八城，又欲攻齊，猶爲蛇足也。昭陽乃解軍去。”

0513**朝三暮四**　《列子》：“宋有狙公，善養狙，每狙啖以七茅_{粟也}。將計所食，先誑之曰：‘與若茅朝三暮四，足乎？’衆狙怒。既而曰：‘與若茅朝四暮三，足乎？’衆狙悦。其實一也。”

0514**倐**　成都山有疾獸，名“倐”，頃刻萬里，故今謂疾爲“倐”。

0515**齼**音“楚”去聲　齒怯也。今京師語謂怯皆曰“齼”，不獨齒怯也。曾茶山《和曾宏父餉柑詩》③：“莫向君家樊素口，瓠犀微齼遠山顰。”

0516**莫逆之交**　琴牢與子桑户、孟之反三人，爲莫逆交，遊方之外者

---

①　廝，原誤作“厥”，從《晉書·趙王倫傳》改。

②　軫，原誤作“珍”。

③　父，原誤作“文”。按宋曾幾（號茶山居士）詩題爲《曾宏甫分餉洞庭柑詩》作“甫”，“父”通“甫”。

也。《莊子》云："子祀①、子輿、子梨、子來四人相與語曰：'孰能知生死存亡之一體者，吾與之友。'相視而笑，莫逆于心，遂相爲友。"

0517 休 莫　今人不許人曰休、曰莫。司空圖曰："休休休，莫莫莫，伎倆雖多性靈惡，賴是長教閒處着。"②

0518 噴飯　《東坡集》："文與可見余詩'料得清貧饞太守，渭川千畝在胸中'③，失笑，噴飯滿案。"

0519 小兒買瓜只揀大的拿　唐明皇召諸學士宴于便殿，因酒酣，顧謂李白曰④："我朝與天后之朝何如？"白曰："天后朝政出多門，國由姦幸⑤，任人之道，如小兒市瓜，不擇香味，惟揀肥大者。我朝任[人]如淘沙取金，剖石採玉，皆得其精粹者。"明皇笑曰："學士過有所飾。"

0520 針毡　杜錫，字世嘏，元凱子，仕西晉惠帝。遷太子舍人，太子遹遊戲無度，屢諫。患之。置針于錫所常坐毡中，刺之流血⑥。

0521 疥壁　大歷中，元覽禪師住荊州陟屺寺。張藻于壁間畫古松，符載爲贊，衛象爲賦。師見曰："何爲疥吾壁？"命加堊焉。

0522 員缺　員缺之説，自晉時已有之。《晉書·王蘊傳》："遷尚書吏部郎，每一官缺，求者十輩。"《世説》注引《山濤啟事》曰："吏部郎史曜出缺處⑦，當選。"《魏書·元脩義傳》："遷吏部尚書，時上黨郡缺，中散大夫高居求之。"至唐，趙憬《審官六議》，遂有"人少闕缺字同多、人多闕少"之語。

0523 十斗爲石　斗、斛，量名也。石，權石也。古者制禄之數，皆用斗斛。《左傳》言："豆區釜鍾，各自其四，以登于釜。"《論語》："與之釜，與之

---

① 祀，原誤作"杞"，從《莊子·大宗師》改。
② 見司空圖《題休休亭》（一作《耐辱居士歌》）詩。
③ 川，《蘇軾文集》所録《文與可畫篔簹谷偃竹記》作"濱"。
④ 顧，原誤作"故"，從五代王仁裕《開元天寶遺事》"任人如市瓜"條改。
⑤ 由，原誤作"尤"，從五代王仁裕《開元天寶遺事》"任人如市瓜"條改。
⑥ 見《晉書·杜錫傳》。
⑦ 缺處，《世説新語·賞譽》注引作"處缺"。

庾。"《孟子》："養弟子以萬鍾。"皆量也。漢承秦制,始以石爲名。《韓非子》:"王因收吏璽,自三百石已上,皆效之子之。"是時即以石制禄。《史記·燕世家》同。故有中二千石、二千石、比二千石、千石、比千石、六百石、比六百石、四百石、比四百石、三百石、比三百石、二百石、比二百石、百石,而三公號萬石。百二十斤爲石,是移權之名于量也。今人以十斗爲石,本於此。

0524 **錢字錢漫** 自古鑄錢,若漢五銖。唐開元、宋以後,各年號錢皆一面有字,一面無字。儲泳曰:"自昔以錢之有字處爲陰,無字處爲陽。古者鑄金爲貨,其陰則紀國號,如鏡陰之有欵識也。"[1]凡器物之識,必書于其底,與此同義。沿襲既久,遂以漫處爲陽。"漫"亦謂之"幕",見《漢書·西域傳》。《舊唐書·柳仲郢傳》作"模"。後此乃有別鑄字于漫處者。天啟錢鑄一"兩"字,崇禎有"户、工"等字,則錢品益不一矣。

0525 **胡嚨** 《説文》:"胡,牛頷下垂也。"徐曰:"牛頷下垂皮也。"《釋名》:"胡,互也。在咽下垂,能斂互物也。"《詩》:"狼跋其胡。""狼之老者頷下垂胡。"[2]《漢書·郊祀志》:"有龍垂胡,迎黄帝。"師古曰:"胡,頸下垂肉也。"《後漢書》:"請爲諸君鼓嚨胡。"古人讀侯爲胡。《息夫躬傳》師古曰:"咽,喉嚨。"即今人言"胡嚨"耳。"

0526 **阿** 《隸釋·漢殽阮碑》陰云:"其間四十人,皆字其名,而繫以阿字,如劉興阿興、潘京阿京之類。必編户民未嘗表其德,書石者欲其整齊而强加之,猶今閭巷之婦以'阿'挈其姓也。"《成陽靈臺碑》陰有"主吏仲東阿東",又云:"惟仲阿東,年在元冠,幼有中質。"又可見其年少而未有字。《抱朴子》:"禰衡游許下,自公卿國士以下,衡初不稱其官,皆名之云'阿某',或以姓呼爲'某兒'。"《三國志·吕蒙傳》注:"魯肅拊蒙背曰:'非復吴下阿蒙。'"《世説》注:"阮籍謂王渾曰:'與卿語,不如與阿戎語渾子戎。'"皆是小

---

[1] 見宋儲泳《祛疑説》"易占説"條。

[2] 此爲孔疏語。

時之稱也。亦有以‘阿’暱其字者，《世説》桓公謂殷淵源爲“阿源”，謝太傅謂王修齡爲“阿齡”，謂王子敬爲“阿敬”。婦人以“阿”暱其姓者，則隋獨孤后謂雲昭訓爲“阿雲”，唐蕭淑妃請武后爲“阿武”，韋后降爲庶人稱“阿韋”，劉從妻裴氏稱“阿裴”，吳湘娶顔悦女，其母焦氏稱“阿顔、阿焦”，是也。亦可以自稱其親，《焦仲卿妻詩》“堂上啟阿母”“阿母謂阿女”是也。亦可爲不定何人之辭。古詩：“道逢鄉里人，家中有阿誰？”《三國志·龐統傳》：“先生謂曰：向者之論，阿誰爲失？”是也。阿者，助語之詞，古人以爲慢應聲。《老子》：“‘唯’之與‘阿’，相去幾何？”今南人以“阿”暱其名者甚多，但讀作入聲，非。

0527 幺　“一”爲數之本，故可以大名之，一年之稱“元年”，長子之稱“元子”是也。又爲數之初，故可以小名之，骰子之謂一爲“幺”是也。《爾雅》：“幺，幼。”註曰：“豕子最後生者，俗呼爲幺豚。”故後人有“幺麿”之稱。《説文》：“幺，小也，象子初生之形。”“幼”字從“幺”，亦取此義。

0528 東道　世人稱主人曰“東道”，蓋本鄭人謂秦“盍舍鄭以爲東道主”，以鄭在秦之東也①。漢光武時常山太守鄭晨②，請從擊邯鄲，光武曰：“不如以一郡爲我北道主。”③皆一時便語。

0529 當直　《資暇録》：“新官併宿本署曰‘儤直’。今作‘豹直’，蓋取豹性潔，善服氣，于霜雪雨霧中，伏而不出，慮污其身。‘儤直’雅是豹伏之義。”“‘寓直’二字，起于潘岳爲武賁中郎將④，晉朝未有將校者，故寄直散騎省。今百官各當本司而直，安可爲寓？”

0530 重聽　黃霸爲潁川太守，長史許丞老，病聾，督郵白欲逐之。霸曰：“許丞，廉吏，雖老，尚能拜起迎送，頗重聽，何傷？且善助之，幸無一失賢者

①　見《左傳·僖公三十年》。

②　鄭晨，《後漢書》作“鄧晨”。

③　見《後漢書·鄧晨傳》。

④　起于潘岳爲武賁中郎將，《資暇集》卷中作“出於潘岳之爲武賁中郎將”。

意也。"①

　　0531**出人頭地**　　宋仁宗嘉祐三年，歐陽知貢舉，疾時文之詭異，欲有以救之。試官梅聖俞得蘇軾《刑賞忠厚之至論》以示公。公驚異，以爲異人，欲以冠多士，疑門人曾子固所爲，乃實第二。復以《春秋對義》居第一。公曰："老夫當避此人，放出一頭地。"②

　　0532**槐花黃，舉子忙**　　書言云：長安士子六月後，落第不出京，借淨坊廟院作文章，曰夏課③。時語曰："槐花黃，舉子忙。"故翁承贊有詩云："雨中粧點望中黃，勾引蟬聲噪夕陽。憶得當年隨計吏，馬蹄終日爲君忙。"④

　　0533**呼雞曰朱朱**　　尸鄉山下有祝雞翁，養雞千餘頭，故呼雞爲"祝祝"，祝祝，即"朱朱、咮咮"也⑤。《伽藍記》曰："沙門寶公曰：把粟與雞呼朱朱。"猶咮咮。程大昌曰："紹興中有詩曰：呼雞作朱朱，呼犬作盧盧。"古人尤與虞有相借者，"咮"又[音]"祝"，故"喔喔"爲雞聲。王建詩："城頭山雞鳴角角。"讀如"喔喔"。退之詩："角角雄雞鳴。"⑥轉注畧云⑦："角，音谷。"劉夢得詩："城中晨雞喔喔鳴。"

　　0534**鼕鼕響**　　鼕鼕，鼓聲也。《秦女休》篇："鼕鼕擊鼓赦書下。"⑧至今各處方言呼之。

　　0535**附近**　　古作"傅近"，仲長統《昌言》："宦豎傅近臥房之内，交錯婦人之間。"

①　見《漢書·黃霸傳》。

②　見《宋史·蘇軾傳》。

③　唐李肇《國史補》、李綽《秦中歲時記》，宋錢易《南部新書》等均有關於"夏課"的記載。

④　唐翁承贊《題槐》詩。

⑤　《藝文類聚》卷九一引晉張華《博物志》、漢劉向《列仙傳·祝雞翁》有載。

⑥　雞，唐韓愈《此日足可惜贈張籍》作"雄"。

⑦　轉注畧，三字當有誤。此條襲明方以智《通雅》卷十"朱朱，猶咮咮也；角角，猶喔喔也"條（《通雅》標點有誤，今正）。上海古籍出版社《方以智全書》第一册《通雅》卷十《釋詁·重言》第417頁冒懷辛注："'轉注略'，方氏誤記，當是《古音餘》。"

⑧　鼕鼕，三國左延年樂府詩《秦女休行》作"朣朧"。

0536**雞寒上樹，鴨寒下水之諺**　此淮南諺語，驗之不盡然。有一嫗曰："雞寒上距，鴨寒下嘴。"上距謂縮一足，下嘴謂藏其喙于翼間。出《禽經注》。"樹"與"水"，或"距"與"嘴"之轉也①。

0537**雞知司旦，鶴知夜半**　《易》曰："巽爲雞。"雞鳴于五更者，日將巽位，感動其氣而鳴也。然司晨之雞，必以童。若壞其天真，則不能準。張文潛《明道雜志》："雞能司晨，見于經傳，恐未必然，或天寒雞懶而未鳴，或夜月出時，鄰雞悉鳴。大抵有情之物，自不能有常而或變也。"張公尚未知此理故耳。鶴，水鳥也。夜半子時水位，感其生氣，則益喜鳴。

0538**翩口**　《左傳·隱十有一年》莊公曰："寡人有弟，不能和協，而使翩其口于四方。"

0539**狐假虎威**　《戰國策》："楚宣王問羣臣曰：'吾聞北方之畏昭奚恤也，果誠何如？'羣臣莫對。江乙對曰：'虎求百獸而食之，得狐。狐曰：子無敢食我矣，天帝使我長百獸。今子食我，是逆天帝命也。子以我爲不信，吾爲子先行，子隨我後，觀百獸之見我而敢不走乎？虎以爲然，故遂與之行。獸見之皆走。虎不知獸畏己而走也，以爲畏狐也。今王之地方五千里，帶甲百萬而專屬之昭奚恤，故北方之畏奚恤也，其實畏王之甲兵也，猶百獸之畏虎也。'"《新序》所載畧同。

0540**舛錯**　舛，即僢字省文也，从夊从牛相背也。《説文》："舛，對臥也。"無"僢"字。《禮記·王制》"雕題交趾"註："浴則同川②，臥則僢。"疏云："首在外而足相向。"③内足相向自身相背也，錯雜也。《禹貢》④："厥賦惟上上錯。"又交錯也。《文王世子》："禮樂交錯于中。"《易·繫辭》"錯綜

---

① 宋陸游《老學庵筆記》卷二："淮南諺曰：'雞寒上樹，鴨寒下水。'驗之皆不然。有一嫗曰：'雞寒上距，鴨寒下嘴耳。'上距，謂縮一足；下嘴，謂藏其喙於翼間。"

② 浴，原誤作"沿"。

③ 《禮記·王制》云："南方曰蠻，雕題、交趾。"鄭玄注："交趾，足相鄉。"孔穎達疏："趾，足也。言蠻臥時，頭鄉外而足在内而相交，故云交趾。"

④ 此二字後面一行原爲空白。

其數”，《祭義》“不錯則隨”，是也。《前漢［書］·五行志》：“劉向治《穀梁春秋》，數其禨福，傳以《洪範》，與仲舒錯。”又牴牾不合也。總屬雜亂舛誤義。

0541風馬牛　俞文豹曰：“牛馬見風則走，牛喜順風，馬喜逆風。南風，牛南而馬北；北風，則牛北而馬南，相去遂遠。正如楚處南海，齊處北海也，故曰不相及。”①

0542無恙　《風俗通》云：“恙，毒虫，善食人心。古者草居露宿，相勞問曰無恙。”又《爾雅》曰：“恙，憂也。”故人有謂無憂曰“無恙”。

0543礧礴音喇鮓　《玉篇》：“礧苴，泥不熟也。”考韻書，無“礧苴”，有“礧礴”。礧，盧下切，讀若喇。礴，除瓦切，讀若鮓。楊誠齋《野薔薇》詩：“紅殘綠暗已多時，路上山花也則稀。礧苴餘春還子細，燕脂濃抹野薔薇。”②湯若士《還魂記》有“春色礧苴”句。

0544帳目　俗謂簿籍曰“帳目”③，韻書：“帳，幬也，帷也。”無有以簿籍爲義者。按，《漢［書］·武帝紀》“明堂朝諸侯，受郡國計”，注：“顏師古曰：‘計，若今諸州之計帳。’”是師古亦用“帳”字，其來古矣。今俗作“賬”。

0545邪揄　一作歔㰟　挪揄　冶由　邪揄，舉手笑也。王霸收兵于市，舉手挪揄④。《廣韻》：“揄，［揄揚，］詭言也。”挪揄，乃笑人之聲與狀耳，別爲“歔㰟”。《説文》：“人相笑爲歔㰟。”李白詩：“譃浪掉海客，喧呼傲陽侯。半道逢吳姬，捲簾出邪揄。”則讀“揄”爲尤。蘇鄂曰：“即今之俗謂冶由也。”今誤刻爲“冶田”。賈誼《新書》“冶由”⑤，女子笑貌，即“邪揄”轉尤之聲。

0546文莫即侔莫　陳驟《褘志》：“《方言》‘侔莫，强也’，相勉以努力曰

―――――――――

① 見宋俞文豹《吹劍三録》。

② 抹，原誤作“珠”。

③ 籍，原作“藉”。下“籍”同。

④ 見《後漢書·王霸傳》。

⑤ 漢賈誼《新書·勸學》：“益口笑，佳態佻志。”作“益口”。《淮南子·修務》：“冶由笑，目流眺”高誘注：“冶由笑，巧笑。”

侔莫。"《晉書》樂肇《論語駮》曰："燕齊謂勉强曰侔莫。"按，"侔莫"今作約畧之詞。文莫[1]，"莫"字當作此解。

0547 流落即留落　孔平仲《襟鈔》曰："《霍去病傳》'諸宿將常留落不耦'，今俗作'流落'。"[2] 或議《史記》無此語。乃見《漢書·衛青傳》"諸將常坐留落不遇"注[3]："遲留零落，不遇合也。"

0548 撥剌即跋剌　杜詩："跳魚撥剌。"張衡"彎威弧之撥剌"，注："力達反。"李白詩："跋剌銀盤欲飛去。"皆言其聲，不分箭與魚也。

0549 孟浪　何子元言："《莊子》'孟浪之言'，古本作'盂浪'，又一説'孟浪'，草也，無恙虫也。"[4]

0550 斬新　杜子美詩："楸樹馨香倚釣磯，斬新花蕊未應飛。不如醉裏風吹盡，可忍醒時雨打稀。"

0551 根柢　《韓非子》："樹木有直根，有蔓根。"直曰根，横曰柢。

0552 魁首　凡爲首者皆曰"魁"。舉首曰"倫魁"，亦曰"大魁"，罪首曰"渠魁"，皆借斗首爲言也。《説文》："魁，羹斗也。"蓋挹羹之器。北斗七星第一至第四爲首，其形方，有似于魁，故名魁。第五至第七爲杓，其形曲，似魁柄，故名杓。總謂之斗，借羹斗爲言也。

0553 一切　顏師古注《漢書》曰："一切者，權時之事，非經常也，猶以刀切物，苟取整齊，不顧長短縱横，故言一切。"

0554 榫卯　《近峯聞畧》説"木工榫卯"字引《伊川語録》云："枘鑿者，榫卯也。榫卯圓則圓，榫卯方則方。"又引《金史》："張中彦制小舟不假膠漆[5]，而首尾相鈎帶，謂之鼓子卯。"按，榫卯，字當作"籫牡"。"籫"字出《考

---

① 《論語·述而》："子曰：'文莫吾猶人也。躬行君子，則吾未之有得。"
② 今見宋孔平仲《珩璜新論》卷三。
③ 《漢書·霍去病傳》："諸宿將常留落不耦。"師古曰："留謂遲留。落謂墜落。故不諧耦而無功也。"不耦，《史記·衛將軍驃騎列傳》作"不遇"。
④ 見明何孟春《餘冬序録》。何孟春，字子元。
⑤ 彥，原誤作"字"。

工記》及《文選注》，而《漢書·五行志》所謂"門牡"者，義取牝牡。蓋枘者，刻木端以入鑿，有牡之象焉；鑿者，空其竅以受枘，有牝之象焉。今俗猶云公母榫。"箟牡"字蓋亦古矣。"榫卯"字後人借撰爾。

0555 能　耐　奈何　耐，怒代切，本作耏。《説文》輕刑之名①，"罪不至髡，從而，頰毛也。重文作'耐'，從寸"②。一説寸，手也，所以鉗其須。《淮南王傳》："及有耐罪以上。"注："應邵曰③：輕罪不至于髡，完其耏鬢，故曰耐。"是今借聲爲"忍耐"字。奈，本果名，借作奈何字。《莊子》："知其無可奈何，而安之若命。"《東方朔傳》："奈何乎陛下？"皆與"耐"字同，忍也。又或以"能"爲"耐"。能，奴登切，《説文》"熊屬"，許氏曰"能獸堅中"④，故借爲"賢能"字。又與"耐"字通，《晁錯傳》："胡貊之人性能寒；楊粵之人性能暑。"⑤《食貨志》："比[盛暑]，隴盡而根深，能風雨旱。"⑥《漢[書]·趙充國傳》："漢馬不能冬。"師古曰："能，讀曰耐。"又或以"耐"爲"能"，《禮運》："聖人耐以天下爲一家。"註："音能。"又《樂記》"故人不耐無樂，樂不耐無形"亦音"能"。四字今訓俱屬假借。

0556 恁地　那向　恁，音任，《説文》："下齎也。從任，心聲。"宋人語録以爲語助詞，猶言"如此"也。《朱子》曰："胡文定《春秋傳》所説盡正，但不知聖人是恁地不是恁地？"⑦今俗作"怎"，即此字。《通雅》云："今人云'那向'者，即宋人'恁地'之意。"

---

① 輕刑之名，原誤作"輕形之石"，從《後漢書·陳寵傳》"耐罪"李賢注"耐者，輕刑之名也"改。《説文》無此語。

② 《説文》耏："罪不至髡也。從而從彡。耐，或從寸，諸法度字從寸。"而："頰毛也。"

③ 邵，《史記·淮南衡山列傳》作"劭"。

④ 《説文》能部："熊屬。足似鹿。從肉，㠯聲。能獸堅中，故稱賢能；而彊壯，稱能傑也。凡能之屬皆從能。"

⑤ 《漢書·晁錯傳》："夫胡貉之地，積陰之處也，木皮三寸，冰厚六尺，食肉而飲酪，其人密理，鳥獸毳毛，其性能寒；楊粵之地少陰多陽，其人疏理，鳥獸希毛，其性能暑。"師古曰："能，讀曰耐。此下能暑亦同。"

⑥ 盛署，從《漢書·食貨志》補。深，原誤作"琛"。雨，《漢書·食貨志》作"與"。

⑦ 見《朱子語類》卷六十七《程子易傳》。

0557 弇莫敢切^①　以物擊水曰“弇”，讀若“坎”。

0558 蜃樓　海市　蜃樓有氣而無聲，海市有聲而無氣，以此爲別。蜃，蛟屬。蛟蜃之氣，取積如黛，或如白露^②，鼓舞吹噓，倏忽萬化，其爲城闕、樓臺、塔廟諸狀，人物、車騎錯出于層峯疊巘之間，尤極壯麗，舟行其中弗見也。自外望之，變幻斯見。每歲正月初三、四、五日，必一見，不見則以爲怪。至時居人每候之，以知災祥。海市，每當晦夜，海光忽生，水面盡赤，有無數燈火往來。螺女鮫人之屬，喧喧笑語，聞賣珠、鬻錦、數錢、量米麥聲，至曉方止，則海市也。《番禺雜記》：“海邊有鬼市，半夜而合，雞鳴而散，人從之多得異物。”殆所謂狼瞫之民也。《水經注》“狼瞫之民，冥夜爲市，以鼻嗅金，即知美惡”是也^③。

0559 諺語　諺語爲古人詩詞中所引者甚多。“月如彎弓，少雨多風；月如仰瓦，不求自下。”羅景綸詩用之^④。“朝霞不出市，暮霞走千里。”范石湖詩用之^⑤。“乾星照濕土，來日依舊雨。”王建詩用之：“照泥星出依然黑，爛熳庭花不肯休。”“日没胭脂紅，無雨也有風。”梅聖俞詩用之：“日脚射空金縷直，西望千山萬山赤。野老先知雨又風，明日望此重雲黑。”^⑥“東鬢晴，西鬢雨”，則《詩》所謂“朝隮于西，崇朝其雨”也。“霜淞打雪淞，貧兒備飯甕”，則東坡所謂“敢怨行役勞，助爾歌飯甕”也。“日暈主雨，月暈主風”，則梅聖俞所謂“月暈每多風，燈花先作喜。明日掛歸帆，春湖能幾里”也。天河中有黑雲，謂之黑猪度河，主雨，蕭冰崖所謂“黑猪度河天不風，蒼龍啣燭不敢

---

① 此注音原非小字。詞目似爲“弇”之異體。《字彙補》人部“弇”音東敢切：“弇，石擊水之音。見宋人俗書。”莫，疑爲“東”之誤字。後“坎”字亦疑誤。

② 露，或作“霧”。

③ 此語出自漢楊孚《異物志》卷二：“狼瞫民，與漢人交關，常夜市。以鼻嗅金，知其好惡。”

④ 羅景綸，即宋羅大經，其《鶴林玉露》丙篇卷三：“余欲增補二句云：‘日占出海時，月驗仰瓦體。’”

⑤ 范成大，號石湖，引文見《占陰晴諺謡》。

⑥ 宋梅堯臣《和張簿甯國山門六題·夕陽巖》：“日脚射空金縷直，下映壁間梭未織。野老先知雨又風，明朝望此重雲黑。”“西望千山萬山赤”乃杜甫《光禄坂行》詩句。

紅”也^①。“秋甲子雨^②，禾頭生耳”，杜工部所謂“禾頭生耳禾穗黑”也。他如“雨灑上元燈，雲掩中秋月”，又“黃梅寒，井底乾”，又“河射角，好夜作”“犁星没，水生骨”，又“春寒四十五，貧兒市上舞”“貧兒且莫誇，且過桐子花”，又“黃梅雨未過，冬青花未開”“冬青花已開，黃梅不再來”，又“舶䑸風雲起，旱魃深歡喜”，又“商陸子熟，杜鵑不哭”，皆爲唐宋詩人引用。若陸機《詩疏》引諺云：“黃栗留，看我麥黃椹黑否。”《詩疏》引“蜻蜓鳴，衣裘成；蟋蟀鳴，懶婦驚”^③；《夏小正》引“天河東西，漿洗寒衣”等語^④，先儒皆以解經，不但詩詞之資而已。詩詢芻蕘，舜察邇言，良有以哉。

0560 **酒令**　《説苑》：“魏文侯與大夫飲，使公乘不仁爲觴政，曰：‘飲不盡，浮之大白。’”此後世酒令之濫觴也。然衞武公作《抑戒》，已有監、史之設矣^⑤。

0561 **倩**　今人稱壻爲“倩”。《老學庵筆記》云：“昭德諸晁謂‘壻’爲‘借倩’之‘倩’。近世方訛爲‘倩盼’之‘倩’。予幼小不能叩所出，至今悔之。”○按，倩，代也。“借倩”即“代倩”之意。馮布少時絶有才幹，贅于孫氏，其外父有煩瑣事，輒曰“畀布代之”。故吳中至今有呼“倩”爲“布代”者^⑥。則稱“壻”爲“倩”，其義或本諸此。

0562 **婚姻**　杜預曰：“妻父曰婚，壻父曰姻。”^⑦《字林》：“婚，婦家；姻，壻

---

① 見宋蕭立之《雲心遺示雨涼古句用舊韻再次奉答》。

② 秋甲子雨，《通俗編》卷一作“秋雨甲子”。

③ 《通俗編》卷三十八云《禮記》疏引“蜻蛉鳴”等。《升菴詩話》“諺語有文理”引作“蜻蜊鳴”等。

④ 《升菴詩話》云《夏小正》注引。

⑤ 《抑戒》，即《詩經·大雅·抑》。《毛詩序》曰：《抑》，衞武公刺厲王，亦以自警也。”《詩·小雅·賓之初筵》：“凡此飲酒，或醉其否。既立之監，或佐之史。”

⑥ 宋朱翌《猗覺寮雜鈔》：“世號贅婿爲布袋，多不曉其義。如入布袋，氣不得出。頃附舟入浙，有一同舟者，號李布袋。篙人間其徒云：‘如何入舍婿謂之布袋？’衆無語。忽一人曰：‘語訛也。謂之補代。人家有女無子，恐世代自此絶，不肯嫁出，招婿以補其世代爾。’此言絶有理。”

⑦ 《左傳·昭公二十五年》：“爲父子、兄弟、姊姑、甥舅、昏媾、姻亞，以象天明。”杜預注：“六親和睦，以事嚴父，若衆星之共辰極也。妻父曰昏，重昏曰媾，婿父曰姻。兩婿相謂曰亞。”

家。”《説文》如之。蓋娶婦以昏時，故曰婚。姻，壻家也，女之所因，故曰姻。

0563 **盤**音旋**渦**　楊升菴云：“蜀江三峽中，水波員折者曰盤渦。杜詩：‘盤渦鷺浴底心性。’張蠙詩：‘盤渦逆入嵌岋地，斷壁臺分繚繞天①。’”

0564 **數目字**　按，一至十字，皆用音畫多者，以防詐譌。其中壹、貳，音義俱同。肆、伍、陸、玖、拾，音同義異。叁字，字書所無。蓋以“參”字微變之。古語：“勿貳以二，勿參以三。”②《漢志》：“參分橫一。”③則“參”亦可作“三”也。“柒”亦無字。按，束皙賦：“朝列九鼎之奉，夕宿棽娥之房。”即古“七”字。《太玄》“七政”亦作“棽政”，不作“柒”字。“捌”字見《急就章》，農器也。

0565 **抵罪**　漢約法三章曰：“殺人者死，傷人及盜抵罪。”應劭曰：“抵，至也，當也。除秦酷政，但至于罪也。”張晏曰：“秦法：一人犯罪，舉家及鄰伍皆坐之。今但當其身坐，父子兄弟罪不相及。”④

0566 **無狀**　“山東諸侯吏卒繇戍過秦中，秦人遇之多無狀。”⑤謂待之多不以禮，其狀無可寄言也。

0567 **觖望**　猶言“怨望”也。《漢書》注：“瓚曰：‘觖音訣，謂相觖而怨望也。’如淳曰：‘觖者，缺也。不滿所望而怨耳。’”⑥

0568 **夸伐**　《饒雙峯講義》：“伐，即‘伐木’之‘伐’。言人自夸其功，即所以自戕其功也，故謂之伐。”

0569 **游俠**　荀悦曰：“立氣勢，作威福，結私交，以立彊于世，謂之游

---

① 臺，張蠙《過黃牛峽》作“高”。
② 宋朱熹《敬齋箴》：“不東以西，不南以北。當事而存，靡他其適。弗貳以二，弗參以三。惟精惟一，萬變是監。”
③ 《漢書·食貨志》：“是時，李悝爲魏文侯作盡地力之教，以爲地方百里，提封九萬頃，除山澤邑居參分去一，爲田六百萬畝，治田勤謹則畝益三升，不勤則損亦如之。”
④ 見《史記·高祖本紀》“與父老約法三章耳：殺人者死，傷人及盜抵罪”集解引應劭、張晏語。
⑤ 見《史記·項羽本紀》。
⑥ 注解見《史記·盧綰列傳》集解引，不見於《漢書·盧綰傳》顏師古注引。

俠。"①《索隱》曰："謂輕死重氣，如荆軻、豫讓之輩。游，從也，行也。俠，挾
也，持也。言能相從游行挾持之事也。"

0570 **警蹕**　顏師古曰："天子出則稱警，示戒肅也；入則稱蹕，止行人，
清道也。"②劉貢父曰："言出入者，互文也，出亦有蹕。"

0571 **輻輳**　輻，輪轑也。凡輻，有三十輻共轑于一轂，以喻四方皆來。

0572 **潮汐**　論潮者大率與月相應。月生則潮初上，月中則潮平，月轉
則潮漸退，月没則潮乾，月與日會，則潮隨月而會；月與日對，則潮隨月而對。
蓋月者水之精，潮者月之氣。精之所至，氣亦至焉。然謂潮應月，可也；謂水
往從月、潮繫于月，則不可。張潮謂："潮者，氣之所爲。"《臨安志》云："潮
汐往來，天地之至信。氣升而地沉，則水盈而爲潮；氣降而地浮，則水縮而爲
汐。"然謂水隨氣而往來，可也；謂水因地而盈縮，則不可。嘗有候二海之潮
者，謂平于東者嘗先，平于南者嘗後，每差三時。又有謂北水南來，則潮長；
南水北來，則潮落。夫潮長何以自北而南哉？蓋河圖一六居北，後天卦位，
坎亦居北。夫北，水之滙也，氣之關也。天地之喘息，一翕一張，而潮之長落
因之。氣之張于地也，則水自北奔南而潮長，張之極，則水益南而潮平，張極
而翕，翕則水北還而潮落，夫惟氣之張翕無停機，故潮之長落應期而不爽，若
夫小大早晚之異。《臨安志》又云："當卯、酉之月，則陰陽之交也，氣以交而
盛，故潮之大也，獨異于餘月。朔望之日，則天地之變也。氣以變而盛，故潮
之大也，獨異于餘日。蓋時有交變，氣有盛衰，其氣機一與月應，故謂海潮應
月，理亦昭然。若夫踏踐之水，則天地餘氣，吸將盡而復出也。春夏晝有踏
踐，晝之永也；秋冬夜有踏踐，夜之永也。永，故餘氣復出也。若夜短則汐水
無踏踐，晝短則潮水無踏踐矣。蓋皆乘氣而往來也。袁昌祚云："有人于北
海往來，每見正北一望，海皆平水無潮。返東北隅，始漸見潮有消長。"蓋正

---

① 東漢荀悦《兩漢紀·武帝紀》引《史記·游俠列傳》。
② 見《漢書·梁孝王傳》"出稱警，入言蹕"顏師古注。

北方位，先天爲坤，後天爲坎，皆天一始氣。潮從生而常平，漸乃通諸四海，若循環然。大率應晝夜子午二氣，爲消長之候，有不盡由于月者，雖月常一月而一周天，潮亦常一日而一周地，然皆以先天之氣，流行于後天之方位。世儒烏所據，而云月配先、潮配後也。

廣人以潮汐爲水節，或曰一潮而一汐，或曰兩潮而兩汐，皆謂之節。其在番禺之都，朝潮未落，暮潮乘之，駕以終風，前後相蹙，海水爲之沸溢，是曰"沓潮"。一歲有之，或再歲有之。此則潮之變，水之不能應其節者也。若以歲之十月，自朔至于十有二日候潮，朔潮盛則明年正月必大水。二日則應二月，日直其月，至于十有二日皆然。此亦潮之常而人罕知之，蓋水之神于節者也①。

0573 冤家　今人男女有情者，必曰冤家。至于因緣，則曰惡因緣，陶學士《郵亭詞》是也②。"冤家"字其來已久，如《關雎》詩："窈窕淑女，君子好仇。"傳曰："怨偶曰仇。"③君子好匹而借怨偶爲義，意可見已。

0574 風俗　《漢志》："凡人涵五常之性，而其剛柔緩急，音聲不同，繫水土之風氣，故謂之風。好惡取舍，動靜無常，隨君上之情欲，故謂之俗。"④

0575 老革子　《蜀志》："彭羕遷江陽太守，不悦，曰：'老革荒悖，可復道耶？'""古以革爲兵，猶言'老兵'也。"⑤

0576 疋端　杜佑《通典》載：開元二十五年，令江南諸州租布帛皆闊尺八寸、長四丈爲疋，布五丈爲端。則"端"與"疋"本自不同。

0577 丁羞　丁，當也，值也。萬物盛于丙，成于丁，其形中正，象心也。今人年二十爲成丁，古者四十歲曰丁，蓋人壽以百歲爲期，一干十年。故丁

---

① 此條襲屈大均《廣東新語》卷四"水語"。

② 宋釋文瑩《玉壺清話》卷四載陶穀《春光好》詞："好因緣，惡因緣，奈何天，只得郵亭一夜眠？別神仙，瑟琶撥盡相思調，知音少，待得鸞膠續斷弦，是何年？"

③ "怨偶曰仇"乃鄭玄箋語，非毛傳。

④ 見《漢書·地理志》。

⑤ 見《三國志·蜀書·彭羕傳》及裴松之注。

在四十,强仕之時。蘇武"丁年奉使"是也①。唐男女始生爲黄,四歲爲小,十六爲中,二十一爲丁,六十爲老。

　　0578 五尺童子　古以二歲半爲一尺,言五尺是十二歲以上。十五歲則稱六尺,若晏嬰身不滿三尺,是以律起尺矣。周尺準今八寸,二尺四五寸豈成形體②? 當是極言其短耳。曹交九尺四寸以長③,準今七尺五寸餘。

　　0579 敗子　今人見人家子弟,性雖聰明,而外似能事,所爲實非,名曰"敗子"。殊不知乃是稗草之"稗",蓋似苗而非苗也。《寶積經》説僧之無行者曰"譬如麥田中生稗子,其形不可分別"是也。

　　0580 笨伯　《晉書》:"豫章太守史籌肥大,時或目爲'笨伯'。"《宋書·王微傳》亦有"粗笨"之語④。

　　0581 白日鬼　《暇日記》:"浙江賊號曰'白日鬼',多在舟船作禍,彼中人見誕謾者,指爲'白日鬼'。"

　　0582 丫頭　言頭上方梳雙髻,未成人之時,即漢所謂偏髻也。劉賓客詩:"花面丫頭十三時,春來綽約向人癡。"⑤爲小樊而作。花面,未開臉也。

　　0583 員外　部官上士乃爲"員外"。常有富民往往稱員外者,非上士之謂也。其即"孔方"之意與? 不知者以爲尊之之辭,雜劇小説因以"老安人"配之,殊可捧腹。

　　0584 行李　今人遠行,結束裝橐謂之"行李"。字本《左傳春秋》,《僖公三十年傳》曰:"行李之往來,共其困乏。"杜預注曰:"行李,使人也。"《襄公八年傳》云:"亦不使一介行李告于寡君。"杜注曰:"行李,行人也。"李濟

---

① 見《文選·李陵〈答蘇武書〉》。
② 豈,原誤作"定",從明陸深《春風堂隨筆》改。
③ 《孟子·告子下》:"曹交問曰:'人皆可以爲堯舜,有諸?'孟子曰:'然。''交聞文王十尺,湯九尺,今交九尺四寸以長,食粟而已,如何則可?'"
④ 《宋書·王微傳》:"小兒時尤騾笨無好,常從博士讀小小章句,竟無可得,口吃不能劇讀,遂絶意於尋求。"
⑤ 唐劉禹錫《寄贈小樊》詩:"花面丫頭十三四,春來綽約向人時。"

敬《資暇録》云：“古‘使’字舊文作‘峌’，‘行李’乃是‘行使’，後人誤寫作‘李’字。”①似也。乃《昭公十三年傳》曰：“行理之命，無月不至。”何以杜注亦曰“行理，行使人通聘問者”？豈“理”字亦訛寫耶？《史記》：“皋陶爲堯大理。”一本作“大李”。又《黄帝》有《理法》一篇，顏師古曰：“李者，法官之號，總兵刑政，故其書曰《理法》。”②又《國語》“行理以節逆之”，用“理”字。《管子》書“大理”，亦作“李”。則“理”與“李”，其義自通。今人有行，必先治裝，如《孟子》之言“[治]任”，鄭當世之言“治行”③，皆治裝之意，今人以行李爲“裝”，有何不可？

　　0585硯北　晁説之作《感事》詩云：“干戈難作墻東客，疾病猶存硯北身。”用避世[墻]東王君公事④，而“硯北身”乃《漢上題襟集》段成式云“筆下詞文，硯北諸生”。蓋言几案面南，人坐硯之北也。

　　0586殺人還錢，欠債還命　《東谷所見》云：“‘殺人償命，欠債還錢，理也。’近世豪家巨族，威力使令，逼人致死，但捐財賄餌血屬，坦然無事。至如人或逋負，督迫取償，必使投溺自經然後已。由此觀之，乃是‘殺人還錢，欠債還命’。”

　　0587買賣　《急就篇》註：“出曰賣，入曰買。”《周禮·天官·小宰》：“聽買賣以質劑。”又《地官》：“司市掌其買賣之事。”

　　0588係風捕影　《前漢[書]·郊祀志》：“如係風捕影，終不可得。”

---

① 唐李匡乂《資暇集》卷上“行李”：“李字除菓名、地名、人姓之外，更無别訓義。《左傳》：‘行李之往來。’杜不研窮意理，遂注云：‘行李，使人也。’遂俾今見遠行，結束次第，謂之行李，而不悟是行使爾。按，舊文‘使’字作‘峌’，傳寫之誤，誤作‘李’焉。（舊文‘使’字，‘山’下‘人’，‘人’下‘子’。）”

② 《漢書·胡建傳》：“《黄帝·李法》曰……”顏師古注：“蘇林曰：‘獄官名也。《天文志》：左角李，右角將。’孟康曰：‘兵書之法也。’師古曰：李者，法官之號也，總主征伐刑戮之事也，故稱其書曰《李法》。蘇説近之。”

③ 原文“任、鄭”連言，不通，今從《孟子·滕文公上》“門人治任將歸”補“治”字。“鄭”字疑有誤，似當作“正”。

④ 《後漢書·逸民列傳·逢萌》：“君公遭亂獨不去，儈牛自隱。時人謂之論曰：‘避世墻東王君公。’”

　　0589 黑黶子　漢高帝"左股有七十二黑子"。師古曰："今中國通呼爲黑黶子，吳楚俗謂之誌。誌者，記也。"

　　0590 外甥像舅　《世説》曰："桓豹奴是王丹陽外甥，形似其舅。"

　　0591 風流　今人稱輕俊者率曰"風流"。《南史》："王儉曰：'江左風流宰相，惟有謝安。'"安矯性鎮物，繫天下蒼生之望，若東山所爲，其亦輕俊矣，宜王儉少之也。

　　0592 小妮子　今人目小女子曰"小妮子"，其語亦古矣。王通叟詩云："十三妮子緑窓中。"[1]

　　0593 跳龍門　龍門，一名河津，去長安九百里。水勢懸絶，黿鼈魚之屬莫能上，上則爲龍矣。《水經注》："鱣，鮪。出鞏穴，三月上巳渡龍門，得渡者成龍。"[2]故唐人士子登第，謂之跳龍門。不得渡者，點傷其額而還，李白詩："點額不成龍。"

　　0594 導引之術　《莊子·刻意篇》"導引之士"注[3]："導氣令其和，引體令其柔。"《華陀傳》曰："古仙人導引之事，熊頸鴟顧，引輓要體，動諸關節，以求難老。"[4]

　　0595 合從連橫<small>從音宗，橫音宏</small>　天下幅員之勢，南北爲從，東西爲橫。關東地從長，六國共居之。關西地橫闊，秦獨居之。蘇秦合六國擯秦，故曰"合從"。張儀破關東，從道使連秦之橫，故曰"連橫"。

　　0596 廉隅　廉，徐云"稜也"。隅，《説文》："陬也。"即一物言之，如堂之邊陲處，一上一下，其稜甚分明，即"廉遠地"之"廉"也。人有分明不苟取者曰"廉"。又取諸此堂之轉角處，一正一旁，其角甚峭厲，即"舉一隅"之

---

[1]　王觀，字通叟。《全宋詞》所録《失調名》斷句一則即此句。

[2]　北魏酈道元《水經注·河水》："《爾雅》曰：鱣，鮪也。出鞏穴，三月則上渡龍門，得渡爲龍矣。否則，點額而還。"

[3]　士，原誤作"事"。

[4]　頸，原誤作"經"；引輓，原誤作"引接"；動諸關節，原誤作"動關諸節"。今均從《三國志·魏書·華佗傳》正。

“隅”也。人外貌端正，“維德之隅”義取諸此。

　　0597 譨譨　含口之一聲也。又曰：語不明也。王逸《九思》曰：“令尹兮
謷謷①，羣司兮譨譨。”

　　0598 四六　駢儷之文，宋人或謂之“四六”。謝伋《四六談麈》、王銍
《四六話》是也。攷《文心雕龍·章句篇》有云：“筆句無常，而字有常數。四
字密而不促，六字格而非緩，或變之以三五，蓋應機之權節也。”則梁時文筆
已多用四字、六字矣。

　　0599 推敲　賈島初爲僧，遊于京師，于驢上得“鳥宿池邊樹，僧敲月下
門”之句。始欲着“推”字，又欲下“敲”字，揀之未定，引手作推敲勢。時韓
愈作京兆尹，車騎方出，島不覺，衝至第三節，左右擁至尹前，島具道其所以。
愈曰：“‘敲’字佳。”遂與並轡歸，爲布衣交。教之爲文，令棄浮屠，舉進士②。

　　0600 倚馬　桓宣武北征，袁虎倚馬前作露布，王東亭極嘆其才③。劉原
父直舍人院，一日而追封王子、公主九人，命原父草制，倚馬却坐，一揮悉就。
歐陽文忠聞而嘆曰：“昔王勃一日而草五王册，未足多也。”④

　　0601 緩頰　徐言引喻爲之緩頰。《高祖紀》：“緩頰往説魏豹。”⑤

　　0602 遠水赶不上近涸　《莊子》莊周家貧，往貸粟于監河侯。侯曰：“我
將得邑金，貸子三百金，可乎？”周忿然曰：“周昨來，有中道而呼者，視車轍中
有鮒魚焉，曰：‘我，東海之波臣也，君豈有升斗之水活我哉？’周曰：‘諾。我且
激西江之水而迎子，可乎？’鮒魚曰：‘君言此，不如早索我[枯魚]之肆。’”⑥

　　0603 城門失火，殃及池魚　東魏杜弼《檄梁文》曰：“楚國亡猿，禍延林

---

① 謷謷，原誤作“謍謍”。

② 見宋阮閲《詩話總龜》卷十一“苦吟門”。

③ 《世説新語·文學》：“桓宣武北征，袁虎時從，被責免官。會須露布文，喚袁倚馬前令作。手不輟筆，
　俄得七紙，殊可觀。東亭在側，極歎其才。”

④ 見《宋史·劉敞傳》、宋歐陽修《集賢院學士劉公墓誌銘》、宋王闢之《澠水燕談録》等。

⑤ 見《漢書·高帝紀》。

⑥ 見《莊子·外物》。

木；城門失火，殃及池魚。”後人每用此事。《清波雜志》云：“不知所出，以意推之，當是城門失火，以池水救之，池竭而魚死也。《廣韻》：‘古有池仲魚者，城門失火，仲魚燒死，故諺云城門失火，殃及池魚。’”據此，則池魚是人姓名。《風俗通》亦有此説。按，《淮南子》云：“楚王亡其猿，而林木爲之殘；宋君亡其珠，池中魚爲之殫。故澤失火而林憂。”則失火與池魚自是兩事，後人誤合爲一耳。

考池魚事，本于《吕氏春秋·必己篇》，曰：“宋桓司馬有寶珠，抵罪出亡。王使人問珠之所在，曰：‘投之池中。’于是竭池而求之，無得，魚死焉。”此言禍福之相及也。此後人用池魚事之祖。

0604 爾俸爾禄數語　今州縣大門内俱有木榜，上書“爾俸爾禄，民膏民脂；下民易虐，上天難欺”數語。此黄庭堅所書《戒石銘》。宋高宗紹興二年，頒之州縣，令刻石。今則刻木以榜于門内。

0605 蘸　《説文》：“以物投水也。”[①]庚子山《鏡賦》：“朱開錦蹏，黛蘸油檀。”

0606 峭拔折勢　魏收有“逋峭難爲”之語[②]，人多不識其義。熙寧間，文潞公以問蘇子容，子容曰：“聞之宋元憲云，事[見]《木經》。蓋梁上小柱名，取其有折勢之義耳。”乃就用此事，作詩爲謝，云：“自知伯起難逋峭，不及淳于善滑稽。”[③]而魏、齊間，以人有儀可喜，則謂之“庸峭”。《集韻》曰：“庸，[庲屋不]平也。奔模反[④]。”今造作勢有曲折者，謂之“庸峭”云云，與前義亦近似[⑤]。今京師指人有風致者，謂之“波峭”。雖轉爲波，豈亦此義耶？

---

① 投，《説文新附》作“没”。

② 《魏書·温子昇傳》：“子昇前爲中書郎，嘗詣蕭衍客館受國書，自以不修容止，謂人曰：‘詩章易作，逋峭難爲。’”

③ 見宋蘇頌《蘇頌詩選》。

④ 模，原誤作“摸”，據《集韻》改。

⑤ 宋宋祁《宋景文公筆記·釋俗》：“今造屋勢有曲折者謂之庸峻，齊魏間以人有儀矩可喜者謂之庸峭，蓋庸峻也。”

0607 **傍人門户** 《東坡志林》："桃符仰艾人而罵曰：'汝何等草芥，輒居我上。'艾人俯而應曰：'汝半截入土，猶爭高下乎？'爭辨不已。門神解之曰：'吾輩不肖，方傍人門户，何暇爭閑氣耶？'"

0608 **二百五** 今人以才料不足者，謂之二百五。其説亦有由。《後山詩話》[①]："昔之黠者，滑稽以玩世。曰彭祖八百歲而死，其婦哭之慟，其鄰里共解之曰：'人生八十不可得，而翁八百矣，尚何尤？'婦謝曰：'汝輩自不諭爾。八百死矣，九百猶在也。'蓋世以癡爲九百，謂其精神不足也。"二百五之説，即九百之意。

0609 **所** 魏子才曰："關西方言，致力于一事爲所，邇言而義遠。"李獻[吉]曰[②]："西土人謂着力幹此事，則呼爲所。"如云"所幹何事"之類。《書》曰："王敬作所。"又曰："所其無逸。"皆是當時方言，今作"處所"解之。

0610 **千里姻緣使線牽** 郭元振少美，宰相張嘉貞欲納爲壻。元振曰："知公有五女，未知孰醜？"張曰："吾女各有姿色，但不知誰是匹偶？使五女各持一線，幔前使子取便牽之。"元振欣然從命，遂牽一紅線，第三女，果有姿色[③]。

0611 **隔門限説話** 隔門限説話，謂之"踦閭"。《公羊傳》"踦閭而語"，謂閉一扇開一扇，一人在内一人在外，曰"踦閭"。又《國語》："閫門而與之言。"男在限外，女在限内，爲閫門。閫，音委。

0612 **殺 忒** 今人語太甚曰"殺"，曰"忒"。白樂天《半開花》詩："西日憑輕照，東風莫殺吹。"自注："殺，去聲，音夏。"《容齋隨筆·序》："殺有好處。"元人傳奇"忒風流、忒殺思"。今語猶然，過大曰"忒大"，過高曰"忒高"。

0613 **七月成八月不就** "七成八不就"，本醫書言之也。醫書以胎成，

---

① 後，原作"后"。

② 李獻吉，即李夢陽，原脱"吉"字。

③ 見五代後周王仁裕《開元天寶遺事》卷上"牽紅絲娶婦"條。

七月屬太陰脾經脉，内屬于肺，土生金，故壽。八月屬手陽明脉，内屬于大腸，生氣交于洩氣，故夭。近有以此論不足爲據者，然其説畢竟有理。

0614 各各　　元徽之《松樹》詩有“株株遥各各，葉葉相重重”之句。《賽神》詩又云：“主人集鄰里，各各持酒鐏。”

0615 潦草　　無根曰潦，苟簡曰草。

0616 赤　　五色之一，南方色也。又空盡無物曰赤，《漢志》“赤地千里”[1]，即俗所謂一片紅地也。《南史》其家“赤貧”，又“赤身、赤頭”，皆無物之謂也。

0617 掣肘　　掣，引也。魯使子賤爲單父令，因請借善書二人。至，單父使書，子賤從旁引其肘，書醜，怒之。書者請去，歸告魯君。君曰：“子賤苦吾擾之，使不得施其善政也。”[2]

0618 揚湯止沸，不如灶底抽薪　　枚乘《諫書》：“欲湯之滄，一人炊之，百人揚之，無益也，不如絶薪止火而已。不絶之于彼而救之于此，譬猶抱薪而救火也。”

0619 目不識丁　　《[新]唐書》：“挽兩石弓，不如識一丁字。”按，《續世説》書此乃“个”字，蓋“丁”與“个”相似，誤傳寫也。符堅享羣臣，賦詩，姜平子詩有“丁”字，直不曲，堅問其故，平子曰：“臣丁至剛不可以曲，且曲下不直之物，未足獻。”遂擢上第[3]。唐張宏靖節度盧龍，參佐韋雍輩詬責將士曰：“天下無事，爾輩挽兩石弓，不如識一‘丁’字。”唧之，後遂殺雍[4]。“丁”字一也，或以擢第，或以殺身。

0620 以袟爲十　　袟，音秩，書衣也。本作“帙”，從巾義，失聲。重文作“袟”，從衣。今或以“袟”代數目之十，不知何取？一説《廣韻》“帙”訓“書

---

① 語出《漢書·夏侯勝傳》。更早的用例當是《韓非子·十過》：“晉國大旱，赤地千里。”
② 見《吕氏春秋·具備》《新序·雜事》。
③ 見《晉書·符堅傳》。
④ 見《新唐書·張弘靖傳》。

袠"。又次序也。或作袠、袟，或又譌"袟"爲"秩"。《[新]唐[書]·蕭至忠傳》"官袟益輕"，杜甫賦"六官咸袟"，本秩序之"秩"，譌作"袟"。從衣者，禾之誤。今以"袠"代十者，蓋次序之義。但十之借"袠"，不知始自何時？《容齋隨筆》云："十年爲一秩。白公詩云：'已開第七秩，飽食仍安眠。'又云：'年開第七秩，屈指幾多人。'是時年六十二元日詩也。"據此，唐人以"秩"爲十矣。然"秩"有次序義可借，"袠"則無義可取，且音與"十"亦別。一說，《禮·王制》"九十日有秩"，故以九十爲九秩。據此，當借"秩"非"袠"，亦止九十可稱"秩"，餘不當通用。秩，音袠，《説文》："積也，從禾，失聲。"今訓"積"之"次第也"。"袠"爲書衣，無次第義。"袠"之代十，大抵從"袟"代"秩"誤來。

　　0621 者箇　《説文》："別事詞也。"毛晃曰："凡稱'此箇'爲'者箇'，'此回'爲'者回'，俗改作'這'。'這'乃魚戰切，迎也。"郭忠恕《佩觿集》云[1]："以迎這之'這'，爲者回之'者'，其順非有如此。"案，"這"爲俗"迓"字。迓，本作"訝"。今合"訝"之言旁、"迓"之辵旁，成體爲"這"，其實古無"這"字也。

　　0622 小的　本是"小底"，《正字通》："凡供役使者稱小底。"《晉公談録》："皇城使劉成規[2]，在太祖朝爲黄門小底，有心力，宫中呼爲'劉七'。"蓋取底下之義。今俗稱"小的"，音義皆非。

　　0623 鉏鋙　齟齬　《廣韻》："鉏鋙，物不相當也。"《楚辭·九辯》："圓鑿而方枘兮[3]，吾固知其鉏鋙而難入。"齟齬，鋸齒也。《正字通》："鐵葉爲齟齬。一左一右，以片解木石也。"

　　0624 鋃鐺　《六書故》："鋃鐺之爲物，連牽而重，故俗以困重不舉爲鋃鐺。"《説文》："鋃鐺，鎖也。"《前漢[書]·五行志》作"琅璫"："以鐵琅璫當其

---

① 恕，原誤作"憨"。

② 成，《宋稗類鈔》《説郛》等作"承"。

③ 枘，原誤作"柄"。

頸也。"①

0625 朱提一流 《前漢［書］·食貨志》:"朱提銀重八兩爲一流,直一千五百八十。它銀一流直千②。"朱提,縣名,出善銀。

0626 虎威 《雜俎》:"虎有骨如乙字,長方一寸,在脇兩旁,尾端亦有之,謂之虎威。佩之臨官氣雄。"

0627 獻芹子 嵇叔夜《與山濤書》:"野人有快炙背而美芹子者,欲獻之至尊,雖有區區之意,亦已疎矣。"

0628 囈語 睡中語謂"囈語"。元次山云:"寐中囈語,非所知也。"③

0629 唐突 "無鹽唐突西子",此晉人語也④。李白《赤壁歌》:"鯨鯢唐突留餘壁。"劉禹錫《鏡》詩:"瓦礫來唐突。"《孔融傳》:"唐突宮掖。"《魏志》曹子建謂韓宣:"豈宜唐突列侯?"⑤

0630 不咸 《左·僖二十四年》:"富辰諫曰:周公弔二叔之不咸,故封建親戚以藩屏周。"注:"不咸,謂兄弟不同心也。"

0631 曷來 今文語辭"曷來、聿來"不知所始。按,《楚辭》:"車既駕兮曷而歸,不得見兮心傷悲。"舊注:"曷,去也。"又按,《吕氏春秋》:"膠鬲見武王于鮪水,曰:'西伯曷去,無欺我也。'武王曰:'不子欺,將伐殷也。'膠鬲曰:'曷至?'武王曰:'將以甲子日至。'"注:"曷,何也。"若然,則"曷"之爲言"盍"也。今文所襲用"曷來"者,亦謂"盍來"也,非發語之辭,亦非"去"也。《文選注》劉向《七言》曰:"曷來歸耕永自疎。"顏延年《秋胡妻》詩曰:"曷來空復辭。"義皆謂"盍來"始通。然詩家作"去"字用者亦多。

① 《漢書·王莽傳下》:"民犯鑄錢,伍人相坐,没入爲官奴婢。其男子檻車,兒女子步,以鐵鎖琅當其頸,傳詣鍾官,以十萬數。"非出自《漢書·五行志》。
② 原文"千"下衍一"流"字,從《漢書·食貨志下》删。
③ 見唐元結《囈論》。
④ 語出《世説新語·輕詆》:"何乃刻畫無鹽,唐突西子也?"
⑤ 《三國志·魏書·裴潛傳》裴松之注引《魏略》曰:植又問曰:'應得唐突列侯否?'"

0632 **規避**　《律》文有曰“規避”^①。《韻會》：“規，避也。”《[新]唐書》：“規影徭賦。”

0633 **左右**　人道尚右，以右爲尊，故尊文曰“右文”，尊武曰“右武”，莫能尚者曰“無出其右”。以左爲僻，凡幽猥曰“僻左”，策畫不適事宜曰“左計”，非正之術曰“左道”，舍天子仕詣侯曰“左官”，去朝廷爲州縣曰“左遷”。

0634 **嗚呼**　《刊謬正俗》曰：“嗚呼，歎辭也^②，或佳其美，或傷其悲。古文作‘於戲’，其義一也。後人于哀誄、祭文用‘嗚呼’，于封拜、册命用‘於戲’，謂‘嗚呼’爲哀傷，‘於戲’爲歎美。《詩》：‘於乎，小子，未知臧否。’是傷也。《書》：‘嗚呼，威克厥愛，允濟。’是歎美也。何所分別乎？”

0635 **睚眦**　舉目相忤貌。范雎“睚眦之怨必報”^③。“眦”亦作“眥”。《孔光傳》：“睚眥莫不誅傷。”^④左雄疏：“髡鉗之戮，生于睚眥。”^⑤

0636 **岸幘　倒屣**　《漢書》注：“幘，卑賤執事不冠者所服。”^⑥後世爲燕巾。《廣韻》：“露額曰岸。”光武岸幘見馬援^⑦。徐氏曰：“躧履，謂足跟不正納履。”^⑧躧，通“屣”。倒屣，既不著跟，又倒曳。蔡邕倒屣迎王粲^⑨。

0637 **雞尸牛從**　《史記》：“蘇秦説韓宣惠王曰：‘寧爲雞口，毋爲牛後。’”《戰國策》作“雞尸、牛從”。《戰國策》：“蘇代語趙惠王曰：‘鷸曰：今日不雨，明日不雨，即有死蚌。蚌曰：今日不出，明日不出，即有死鷸。’”陸

① 《唐律疏義·詐僞》：“諸詐爲官文書及增減者，杖一百，準所規避，徒罪以上各加本罪二等，未施行各減一等。”

② 歎，原誤作“歡”，從唐顏師古《匡謬正俗》卷二“嗚呼”條改。

③ 見《史記·范雎傳》。

④ 見《漢書·孔光傳》。

⑤ 見《後漢書·左雄列傳》引左雄所上疏。

⑥ 《漢書·東方朔傳》：“主簪履起，之東箱自引董君，董君緑幘傅韝，隨主前，伏殿下。”顏師古注：“緑幘，賤人之服也。”《談徵》引文實出漢蔡邕《獨斷》：“幘者，古之卑賤執事不冠者之所服也。”

⑦ 馬，原誤作“鳥”。

⑧ 《説文》足部：“躧，舞履也。所綺切。”徐鍇曰：“躧履，謂足跟不正納履也。”

⑨ 《三國志·魏書·王粲傳》：“（蔡邕）聞粲在門，倒屣迎之。”

農師讀作"雨"。秦稱牛後者,將激其怒而從也,《史記》爲是。鷸,知天將雨鳥也[1],雨即解去,《戰國策》爲是。

0638 千字文　《千字文》元有二本,《梁書·周興嗣傳》曰:"高祖以三橋舊宅爲光宅寺,勑興嗣與倕製碑,及成,俱奏,高祖用興嗣所製者。自是,《銅表銘》《栅塘碣》《北伐檄》《次韻王羲之書千字》,竝使興嗣爲之。"《蕭子範傳》曰:子範"除大司馬南平王户曹屬,從事中郎","使製千字文,其辭甚美,命記室徐遆注釋之"。《舊唐書·經籍志》:"《千字文》一卷,蕭子範撰;又一卷,周興嗣撰。"是興嗣所次者一《千字文》,而子範所製者又一《千字文》也。《陳書·沈衆傳》:"是時梁武帝製《千字詩》,衆爲之注解。"是又不獨興嗣、子範二人矣。乃《隋書·經籍志》云:"《千字文》一卷,梁給事郎周興嗣撰。《千字文》一卷,梁國子祭酒蕭子雲注。"與《梁書》本傳謂子範作之而徐遆爲之注者,異矣。《宋史·李至傳》言:"《千字文》乃梁武帝得鍾繇書破碑千餘字,命周興嗣次韻而成。"《山堂考索》同。與本傳以爲王羲之者,又異矣。《隋書》《舊唐書·志》又有《演千字文》五卷,不著何人作。

0639 都圖　宋時《登科録》必書某縣某都某圖某里人。《蕭山縣志》曰:"改鄉爲都,改里爲圖,自元始。"《嘉定縣志》曰:"圖即里也。不曰里而曰圖者,以每里册籍首列一圖,故名曰圖,是矣。"今俗省作啚。謝少連作《歙志》乃曰:"啚音鄙,《左傳》'都鄙有章',即其立名之始。"其説鑿矣。

0640 鴛鴦瓦　唐人《鴛鴦》詩:"映霧盡迷珠殿瓦。"[2]魏文帝夢殿上雙瓦落地,化爲鴛鴦,以問周宣,對曰:"後宫當有暴死者。"已而果然[3]。則鴛鴦瓦不惟不吉,特文帝所夢則然耳,安得謂瓦爲鴛鴦乎?至詠鴛鴦用瓦,尤爲不通。

0641 帶礪　漢功臣誓:"黄河若帶,泰山若礪。"[4]謂河竭若束帶,山泐若

---

[1]　《説文》鳥部:"鷸,知天將雨鳥也。"

[2]　映,原誤作"耿";"珠",原作"朱"。均從唐崔珏《和友人鴛鴦之什》二首之一改。

[3]　見《三國志·魏書·周宣傳》。

[4]　《史記·高祖功臣侯者年表》:"封爵之誓曰:'使河如帶,泰山若礪,國以永寧,爰及苗裔。'"

礪石，猶“岸爲谷，谷爲陵”之意①，俗云“海枯石爛”也。

0642 胥濤　《臨安志》：“吳王既賜子胥死，盛以鴟夷之革②，浮之江中，子胥因流揚波，依潮來往，或有見其乘素車白馬在潮頭者。”盧元輔謂：“憤悱致怨，配濤作神。”③范希文：“伍胥神不滅。”④《玄真子》云⑤：“濤之靈曰江胥。”皆以濤子胥爲之也。《論衡》雖辨其妄，以子路、彭越“不能發怒于鼎鑊之中”⑥，似亦不必以此爲證。吳越之中，惟江濤最洶，擁如山岳，奮如雷霆。《山海經》以爲海鰌出入，浮屠書以爲神龍變化，猶《臨安志》以爲子胥揚波也。素車白馬，猶李白所謂“連山噴雪”耳⑦。或當時爲是説，以懼吳王，後遂謬傳之也。

0643 芥納須彌　《五燈會元》：“李渤問智常禪師：‘芥子如之何而納須彌也？’禪師曰：‘人言學士讀書萬卷，信乎？’曰：‘然。’曰：‘是心如椰子大，萬卷獨安所置之？’渤大悟。”

0644 急流湧退　錢若水爲舉子時，見陳希夷于華山。希夷曰：“明日當再來。”若水如期往見，有一老僧與希夷擁地爐坐，僧熟視若水，久之不語，以火箸畫灰作“做不得”三字，徐曰：“急流中湧退人也。”若水辭去，希夷不復留。後若水登科，爲樞密副使，年纔四十致政。老僧，麻衣道者也⑧。

0645 令甲　顏師古曰：“甲，令之篇次。”“令有先後，故有令甲、令乙、

---

① 《詩經·小雅·十月之交》：“燁燁震電，不寧不令。百川沸騰，山冢崒崩。高岸爲谷，深谷爲陵。哀今之人，胡憯莫懲？”

② 革，原誤作“筆”，其他記載作“器”或“革”，故改。

③ 唐盧元輔《胥山祠銘（並序）》：“憤悱鼓怒，配濤作神，其神迄今，一日再至。”

④ 宋范仲淹《和運使舍人觀潮》二首之二：“伍胥神不泯，憑于發威名。”

⑤ 玄，原誤作“女”。《玄真子》，唐張志和撰。

⑥ 東漢王充《論衡·書虛》：“夫衛菹子路而漢烹彭越，子胥勇猛不過子路、彭越，然二士不能發怒於鼎鑊之中，以烹湯菹汁濽濊旁人。子胥亦自先入鑊，乃入江。在鑊中之時，其神安居？豈怯於鑊湯，勇於江水哉？何其怒氣前後不相副也？”

⑦ 唐李白《橫江詞六首》之四：“浙江八月何如此？濤似連山噴雪來。”

⑧ 見宋邵伯溫《邵氏聞見錄》卷七。

令丙。"①甲者,第一令也。

　　0646哎咀　陶隱居《名醫別録》:"凡湯、酒、膏藥云'哎咀'者,謂秤
畢擣之如大豆。又吹去細末。藥有易碎難碎,多末少末,今皆細切如哎咀
也。"注:"哎咀,古制也,古無鐵刀,以口咬細,令如麻豆,煎之,今人以刀銼
細耳。"②

　　0647校讎　劉向《別録》:"一人讀書,校其上下,得謬誤,爲校;一人持
本,一人讀書,若怨家相對,爲讎。"

　　0648冒藉　假稱也。猶人之有覆冒也。

　　0649晏駕　韋昭曰:"凡初崩爲晏駕者,臣子之心猶謂宮車當駕而
晚出。"③

　　0650作舍道旁,三年不成　謂彼是此非,故久而無成也。東漢章帝曰:
"諺言'作舍道邊三年不成'。"④則此諺由來已久,其實即《詩·小旻》篇"如
彼築室于道謀,是用不潰于成"也。故文公《集傳》曰:"古語云:'作舍道邊,
三年不成。'蓋出于此。"⑤

　　0651撲殺　謂投擲而擊殺之,如格殺也。東漢鄧太后不還政,潁川杜
根上言⑥。太后怒,盛以縑囊撲殺之。褚遂良諫高宗立武氏,武氏在簾中大言
曰:"何不撲殺此獠⑦!"

---

① 《漢書·韓彭英盧吳傳·贊》:"唯吳芮之起,不失正道,故能傳號五世,以無嗣絶。慶流支庶,有以矣
　　夫,著於甲令而稱忠也。"顏師古注:"甲者,令篇之次也。"《漢書·宣帝紀》:"令甲,死者不可生,刑
　　者不可息。"顏師古注:"文穎曰:'蕭何承秦法所作律令,律經是也。天子詔所增損,不在律上者爲
　　令。令甲者,前帝第一令也。'如淳曰:'令有先後,故有令甲、令乙、令丙。'師古曰:如説是也。甲、
　　乙者,若今之第一、第二篇耳。"
② 明李時珍《本草綱目》卷一序例上載陶弘景《名醫別録》,並引金代醫學家李杲注。
③ 此爲《史記·范雎蔡澤列傳》"宮車一日晏駕"韋昭注。
④ 見《後漢書·曹褒傳》。
⑤ 見朱熹《詩集傳》卷十二。
⑥ 根,原誤作"招",從《後漢書·杜根傳》改。
⑦ 獠,原誤作"繚",從《新唐書·褚遂良傳》改。

0652 **向隅**　《韓詩外傳》:"衆或滿堂而飲酒,有人向隅悲泣,則一堂皆爲之不樂。"①

0653 **武斷鄉曲**　《平準書》注:《索隱》曰:"鄉曲豪富無官位,而以威勢主斷曲直,故曰武斷。"

0654 **羅織**　網羅無辜織成反狀也。唐中宗景龍元年,安樂公主謀使冉祖雍等誣奏相王及太平公主與太子重俊通謀。上使蕭至忠鞫之,至忠泣曰:"陛下不能容一弟一妹,而使人羅織害之乎?"②

0655 **桑梓**　《漫叟詩話》云③:"維桑與梓,必恭敬止,謂桑梓人賴其用,故養而成之,莫肯淩踐,則恭敬之道。父子相與,豈特如人之親桑梓?今乃言父母之邦者必稱桑梓,非也。"顧寧人辨之更悉④。

---

① 出《説苑·貴德》,非《韓詩外傳》。
② 見《舊唐書·蕭至忠傳》。
③ 漫叟,原誤作"温叟"。
④ 見清顧炎武《日知録》卷三十二"桑梓"條。

談徵目録

事　部

---

① 柏,正文作"栢"。

② 原作"白粥膏",從正文詞目補。

③ 原無"及衣裳",從正文詞目補。

---

① 從“裝潢”至“殿試不黜落”，目録原闕，從正文詞目補。

談　徵

外方山人輯

事　部[①]

0656 **春牛　芒神**　《春牛經》：“造春牛、芒神，用冬至日後辰日，于歲德方取水土成造，用桑柘木爲胎骨。牛身高四尺，象四時。頭至尾椿長八尺，象八節。牛頭色視年干。甲乙年青色，丙丁年紅色，戊己年黃色，庚辛年白色，壬癸年黑色之類，後云干色做此。牛身色視年支。亥子年黑色，寅卯年青色，巳午年紅色，申酉年白色，辰戌丑未年黃色之類，後云支色者做此。牛腹色視年納音。金年白色，木年青色，水年黑色，火年紅色，土年黃色，後云納音者做此。牛角、耳、尾色視立春日干，牛脛色視立春日支，牛蹄色視立春日納音。牛尾長一尺二寸，象十二月。左右繳視年陰陽。陽年左繳，陰年右繳。牛口開合視年陰陽。陽年口開，陰年口闔。牛籠頭拘繩視立春日支干。寅申巳亥日用蔴繩，子午卯酉日用苧繩，辰戌丑未日用絲繩。拘子俱用桑柘木，甲乙日白色，丙丁日黑色，戊己日青色，庚辛日紅色，壬癸日黃色。牛踏板視年陰陽。陽年用縣門左扇，陰年用縣門右扇。芒神身高三尺六寸五分，象三百六十五日。芒神老少視年支。寅申巳亥年面如老人像，子午卯酉年面如少壯[像]，辰戌丑未年面如童子像。芒神衣帶色視立春日支。剋支者爲衣色，支生者爲帶色，亥子日黃衣青腰帶，寅卯日白衣紅腰帶，巳午日黑衣黃腰帶，申酉日紅衣黑腰帶，辰戌丑未日青衣白腰帶。芒神髻視立春納音。金日平梳兩髻在耳前；木日平梳兩髻[在耳後]；水日平梳兩髻，右髻在耳後，左髻在耳前；火日平梳兩髻，右髻在耳前，左髻

[①]　事部，原闕，據目錄補。

在耳後；土日平梳兩鬢在頂直上。芒神罨耳視立春時。子丑時全戴,寅時全戴揭起左邊,亥時全戴揭起右邊,卯巳未酉時用右手提,辰午申戌時用左手提。芒神行纏鞋袴視立春日納音。金日行纏鞋袴俱全,左行纏懸于腰；木日行纏鞋袴俱全,右行纏懸于腰；水日行纏鞋袴俱全；火日行纏鞋袴俱無；土日著袴無行纏鞋子①。芒神鞭杖用柳枝,長二尺四寸,象二十四氣,鞭結視立春日支。寅申巳亥日用蔴結,子午卯酉[日]用苧結,辰戌丑未日用絲結,俱用五色醮染。芒神忙閒立牛前後,視立春日距正旦前後遠近。立春日距正旦前後五日內芒神忙與牛並立,立春距正旦前五日外芒神早忙立于牛前邊,立春距正旦後五日外芒神晚閒立于牛後邊。芒神立牛左、右視年陰陽。陽年立于牛左,陰年立于牛右。"②

　　按唐李涪《刊誤》云:"《月令》:'出土牛,示農之早晚。'謂于國城之南立土牛,其言立春在十二月望,策牛人近前,示其農早也；立春在十二月晦、正月朔,策牛人當中,示其農中也；立春在正月望,策牛人居後,示其農晚也。今天下州郡,立春日制一土牛,飾以文綵,即以綵杖鞭之,既而碎之,各持其土以祈豐稔,不亦乖乎?"

　　0657 月忌　唐朝新格,以正、五、九月爲忌月,今人相沿以爲不宜上任。考《[新]唐書》武德二年正月甲子詔:"自今正月、五月、九月不得行刑,禁屠殺。"崇釋典也。故正、五、九月不食葷,百官不支羊錢,無羊之月即無祿之月也,因此不上官。《菽園雜記》謂:"新官上任,應祭告神祇,必須宰殺,故忌之。"顧寧人云:"正、五、九月不上任,自是五行家言,不緣屠宰,亦不始于唐時。"③《南齊書·張融傳》:"拇祠部、倉部二曹倉曹,以正月俗人所忌,太倉爲可開否,融議不宜拘束小忌。"《北齊書·宋景業傳》:"顯祖將受魏禪。或曰:'陰陽書,五月不可入官,犯之,終於其位。'景業曰:'王爲天子,無復下期,豈得不終于其位乎?'顯祖大悦。"又考《左傳》:"鄭厲公復公父定叔之位,使

---

① 土,原作"十一"。

② 見《協定紀辨方書》卷十二引《春牛經》。

③ 見清顧炎武《日知錄》卷三十"正五九月"條。

以十月入，曰：‘良月也，就盈數焉。’”而顏師古注《漢書》“李廣數奇”，以爲“命隻不耦”①，是則以雙月爲良，隻月爲忌，喜偶憎奇，古人已有之矣。

0658 日忌　世人以每月初五、十四、二十三日爲日忌，不出行，不營爲，陰陽家以此三日爲五鬼下哭，爲飛廉小火。故今有“初五、十四、二十三，太上老君不出菴”之諺。

按《協紀辨方》云：“日忌之義、中宮五黃之説，皆爲得之，而廉貞生土之説不足信。中宮者，以此三日，即河圖之中宮五數也。五數爲君象，初五爲五，自初五至十四，自十四至二十三，又距九日，是爲九五之數，故世不敢用也。五黃之説，亦中宮之土也。其法，每月初一日，起一白水，二黑土，三碧木，四緑水，五黃土，初十、十九又起一白水，至十四、二十三又值五黃土，謂之五黃值日。今宮殿、衙署有穿堂坐向正子午，家居則不敢用。又以太歲爲堆黃煞，皆避尊也。以卑犯尊則凶，日忌之義亦猶夫是。”

0659 屠蘇酒　屠蘇，草庵名。《魏略》云：“李勝爲河南太守，郡廳事前屠蘇壞。”《歲華紀麗》云：“昔有人居屠蘇庵，每除夕遺閭里藥一劑，令井中浸之。至元日，取水置酒，合家飲之，不病瘟。”今人因名屠蘇酒。東漢李膺、杜密等以黨人繫獄，值元日，飲屠蘇酒，從幼者起。或問董勛曰：“正旦飲酒先從小者，何也？”勛曰：“少者得歲，故先；老者失歲，故後。”②唐劉夢得、白樂天元日飲酒賦詩③：“歲酒先拈辭不得，被君推作少年人。”④宋東坡詩：“但把窮愁博長健，不妨最後飲屠蘇。”

0660 爆竹　《荆楚歲時記》曰：“用辟山魈惡鬼也。”《神異經》：“山魈在西方深山中，似人，長尺餘，犯之則病寒熱，名曰山臊。人以竹著火中，熚烞

---

① 《漢書·李廣傳》：“大將軍陰受上指，以爲李廣數奇。”顏師古注：“孟康曰：‘奇，隻不耦也。’如淳曰：‘數爲匈奴所敗，爲奇不耦。’師古曰：言廣命隻不耦合也。孟説是矣。”

② 與董勛的問答見宋洪邁《容齋續筆》卷二“歲旦飲酒”條，前面尚有“時政新書”四字。

③ 見宋洪邁《容齋續筆》卷二“歲旦飲酒”條。

④ 白居易《白氏長慶集》卷二十《歲假内命酒贈周判官蕭協律》。

有聲而山臊驚。"范石湖《樂府》云："截竹五尺煨以薪,當階擊地雷霆吼。"可想其狀。

按,《月令廣義》："除夕爆竹,所以震發陽氣,除消邪癘。"今人遂以爲戲而傾費爭雄,殊失本義。

0661 椒栢酒　《四民月令》曰："椒是玉衡星精,服之令人身輕能走。柏是仙藥。"

0662 五辛盤　周處《風土記》曰："月正元日五薰練形。"注云："五辛所以發五藏氣。"莊子云："春月飲酒茹葱,以通五藏也。"

0663 門神　《荆楚歲時記》："繪二神貼户左右,左神荼、右鬱壘,俗謂之門神。"《風俗通》："東海度朔山有大桃樹,蟠屈三千里,其卑枝向東北曰鬼門,蓋鬼出入也。有二神,一曰神荼,一曰鬱壘,主閱領衆鬼之出入者[1]。執以飼虎[2],于是黄帝法而象之,因立桃板于門户上,畫二神以禦凶鬼。"此則桃板之所由制也。至俗用秦叔寶、尉遲公,本唐小説。

0664 聻　今人門户上多寫"聻"字,人死爲鬼,鬼死爲聻。人怕鬼,鬼怕聻。李石以聻爲滄耳虎,音漬[3]。

0665 打灰堆　俗于除夜將曉,婢僕持杖擊糞壤,致詞,祈利市,謂之打灰堆。《録異傳》："商人歐明遇彭澤湖神青洪君,君邀歸,問所須。旁有人私語曰:'君但求如願,不必餘物。'明依其語,湖君許之。及出,乃呼'如願',是一少婢也。至家,有所欲,如願輒得之,卒成富人。後不復愛如願,于元旦雞鳴時呼之,不即起,欲捶之,如願走糞上,乃故歲掃除所聚者,由此逃去。明謂在積壤中,以杖捶糞使出,知不可得,因曰:'使我富,不復捶汝也。'"[4]今

---

① 閱,原作"關",其餘文獻作"閲",據改。

② 飼,或作"飤"。

③ 宋李石《續博物志》卷八:"俗好於門畫虎頭,書'聻'字,謂陰司刀鬼名。讀漢舊史,儺逐疫鬼,又立桃人、葦索、滄耳虎等。'聻'字蓋滄耳也。"《太平御覽》卷二四二:《續漢志》曰:先臘一日,大儺,逐疫鬼,冗從僕射將之,逐惡鬼於禁中。"

④ 見《太平御覽》卷四七二、五〇〇引《録異傳》,宋高承《事物紀原·歲時風俗·捶糞》。

人于元旦不動帚、不動糞堆者，此意也。

0666 正月十五日作白粥膏　《續齊諧記》：“吳縣張成，夜起，見一婦人于宅上南角舉手招成。成即就之。婦人曰：‘此地是君家蠶室，我即是此地之神。明年正月半，宜作白粥泛膏于上祭我也，必當令君蠶桑百倍。’言絶，失之。成如言作膏粥，自此後，大得蠶。”今正月半作白粥膏，自此始也①。

0667 上元燈　《春明退朝録》：“上元燃燈，或云沿漢祠太一自昏至晝故事。梁簡文帝有《列燈賦》，陳後主有《光壁殿遥咏山燈》詩，唐明皇先天中東都設燈，文宗開成中建燈迎三宮太后，是則唐以前，歲不常設。太宗時三元不禁夜，上元御乾元門，中元、下元御東華門，後罷中、下元二節，而初元游觀之盛冠于前代。”

0668 寒食　昔者燧人氏作，觀乾象，察辰心而出火，作鑽燧，別五木以改火。豈惟惠民？以順天也。心者，天之大火，而辰、戌者，火之二墓。是以季春心昏見于辰而出火，季秋心昏見于戌而納之。卯爲心之明堂，至是而火大壯。仲春禁火，戒其盛也。《周官》每歲仲春命司烜氏“以木鐸修火禁于國中”②，禁火則寒食，鑽燧乃出火也。季春出火，季秋内火，民咸從之。今之所謂去冬至一百五日爲寒食者，熟食斷烟，謂之龍忌③。蓋龍星木位，春木，行心大火，火盛故禁。周制則然，而周舉之書、魏武之令，以及太原舊俗皆以爲介子推三月三日燔死，而後世爲之禁火，何其妄也！況清明、寒食初靡定日，而《琴操》所記子推之死乃五月五日。《周舉傳》：“每冬中輒一月寒食。”④是又以子推之死不在三月也。

0669 修禊　沈約《宋書》曰：“魏以後但用三日，不復用巳也。”《荆楚歲時記》曰：“三月三日，士人並出水渚，爲流杯曲水之飲。”注云：“《續齊諧

---

① 見《太平御覽》卷八五九、《太平廣記》卷二九三“張誠之”條等引《續齊諧記》。
② 《周禮·秋官·司烜氏》：“以木鐸修火禁於國中。”
③ 南朝梁宗懔《荆楚歲時記》：“去冬節一百五日，即有疾風甚雨，謂之寒食。禁火三日，造餳大麥粥。”
④ 見《後漢書·周舉傳》。

記》：尚書郎束晳對晉武帝曰：'昔周公卜成洛邑，因流水以汎酒。故逸詩云：羽觴隨波流。'"①

0670 **端午**　《正字通》"本作端五"，引周處《風土記》："仲夏端午，烹鶩角黍。"唐元和詔有"端五"。陳后山《蠅虎詩》②："明日淮南作端五。"《荊楚歲時記》亦云："京師五月初一至初五俱作端一、端二、端三、端四、端五，是以端爲起端。"只今初五云爾，殊無意義，何如照重九例作重五？端午者，淮南斗五月建午。《説文》："午，牾也。五月陽極，陰氣忤逆陽，冒地而出也。"五月午時，正陰陽衝會之時，所以謂之端午。至唐張説《[上]大衍歷序》云"開元十六年八月端午獻之"及宋璟表云"月惟中秋，日在端午"，以八月五日爲端午，義實無取。或是適值午日，亦未可定。

0671 **五綵絲繫臂**　《裴元新語》曰："五月五日集五綵絲謂之辟兵符。"應劭《風俗通》曰："五月五日以五綵絲繫臂，辟兵及鬼，令人不病温。"

0672 **角黍**　即今之所謂糉也。《風土記》曰"以菰葉裹粘米，以象陰陽相包裹未分散"之義，至謂"屈原五月五日自投汨羅江而死，楚人哀之，每至此日，以竹筒貯米，投水祭之"者，《續齊諧》云然也。

0673 **競渡**　《荊楚歲時記》曰："俗謂是屈原死汨羅日，人傷其死，命將舟楫拯之，故有飛鳧、水車之名。"又《越地傳》云："起于越王句踐。"③今楚越之間，習爲鬭勝之戲，舟取輕利，名曰龍船。至其時，男婦擁集，而角藝爭能，有三勝、五勝之説，爭勝不已，竟釀成巨禍，是亦失競渡之遺意也。

0674 **春聯**　春聯之設，自明孝陵始也。帝都金陵，于除夕前忽傳旨，公卿士庶家門上須加春聯一副，帝親微行出觀，以爲笑樂。但見一家獨無，詢

---

① 見《初學記》卷四。

② 后，原文如此。陳師道，號後山居士。

③ 南朝梁宗懍《荊楚歲時記》："按五月五日競渡，俗爲屈原投汨羅日，傷其死所，故並命舟檝以拯之。舸舟取其輕利，謂之飛鳧，一自以爲水車，一自以爲水馬。州將及土人悉臨水而觀之。蓋越人以舟爲車，以楫爲馬也。邯鄲淳《曹娥碑》云：'五月五日，時迎伍君，逆濤而上，爲水所淹。'斯又東吳之俗，事在子胥，不關屈平也。《越地傳》云起於越王勾踐，不可詳矣。"

知爲醃豕苗者，尚未倩人耳。帝爲大書曰："雙手劈開生死路，一刀割斷是非根。"投筆徑出，校尉等一擁而去。嗣帝復出。不見懸掛，問其故，云："知是御書，高懸中堂，燃簫祝聖，爲獻歲之瑞。"帝大悅，賞銀五十兩，俾遷業焉。

0675 **乞巧**　《荆楚歲時記》云："七夕婦人結彩縷，穿七孔針，或以金銀鍮石爲針，宋孝武《七夕》詩曰："迎風披綵縷，向月貫玄針。"陳瓜果于庭中以乞巧，有蟢子網于瓜上則以爲符應。"《風土記》："七月七日，其夜灑掃于庭，露施几筵，設酒脯時果，散香粉于河鼓、織女，言此二星神當會。守夜者咸懷私願，或云見天漢中有奕奕正白氣，有光耀五色，以此爲徵應。見者便拜而乞願，乞富、乞壽、乞子，惟得乞一，不得兼求，三年頗有受其祚者。"

按，朱竹垞《七夕》詞有云"若使天孫有餘巧，只應先乞自癡牛"語[①]，最解頤。癡牛，牽牛也。

0676 **七月七日曝經書及衣裳**　《竹林七賢論》："阮咸，字仲容。七月七日，諸阮庭中爛然，莫非錦綈。咸時總角，乃豎長竿，標大犢鼻褌于庭中，曰：'未能免俗，聊復爾爾。'"《世說》："郝隆見鄰人皆曝衣，乃仰臥曝于庭，曰：'我曬腹中書。'"

0677 **烏鵲塡河**　《爾雅翼》："七月七日，鵲無故皆髡。相傳以爲是日河鼓即牽牛與織女會于漢東，役鵲爲梁，故毛皆脫去。"吳均《續齊諧記》云："桂陽成武丁，有仙道，忽謂其弟曰：'七月七日，織女當渡河，吾向已被召。'弟問：'織女何事？'曰：'暫詣牽牛。'"按此不過武丁一人之謬悠耳。世人至今云"織女嫁牽牛，有烏鵲塡河而渡織女"，何誣天之甚也。

0678 **盂蘭盆會**　今七月十五日，僧尼道俗悉營盆供諸寺，謂之盂蘭會。按《盂蘭盆經》云："目連見其亡母生餓鬼中，即缽盛飯，往餉其母。食未入

---

① 清朱彝尊《七夕》詞六首之三："中庭兒女上駝鈎，夏果秋瓜列案頭。若使天孫有餘巧，只應先乞自癡牛。"

口，化成火炭，遂不得食。目連大叫，馳還白佛。佛言：'汝母罪重，非汝一人所可奈何，當須十方衆僧威神之力。至七月十五日，當爲七代父母厄難中者①，具百味五果，以著盆中，供養十方大德佛。救衆僧皆爲施主祝願七代父母行禪定意，然後受食。'時目連之母得脱一切餓思之苦。目連白佛：'未來世，佛弟子行孝順者，亦宜奉盂蘭盆供養。'佛言：'大善！'"②故後人因此廣爲華飾，乃至刻木、割竹、飴蠟、剪綵模花葉之形，極工妙之巧。

0679**翫月**　《異聞録》："唐明皇與申天師、道士洪都客中秋夜遊月中，見一大宮府，榜曰"廣寒清虛之府"，天師引明皇躍身烟霧中，下視王城嵯峨，若萬頃琉璃田，見素娥十餘人皆皓衣霓裳，乘白鸞，舞桂樹下，樂音清麗。明皇歸，製《霓裳羽衣曲》。"

0680**九月登高**　《續齊諧記》："汝南桓景隨費長房學，長房謂曰：'九月九日，汝家當有災厄，急宜去，令家人各作綵囊，盛茱萸以繫臂，登高，飲菊花酒，此禍可消。'景如言。夕還，見雞犬牛羊一時暴死。

0681**臘八粥**　《夢華録》："臘月初八日，諸寺作浴佛會，并送七寶五味粥與門徒，謂之臘八粥。都人亦以果子雜料煮粥而食。"

0682**二十四日祭竈**　《後漢書·陰興傳》："宣帝時，陰子方至孝，有仁恩，臘日晨炊而竈神見。子方再拜受慶，家有黄羊，因以祀之。自是家暴富。"故世以臘日祀竈。

0683**除日**　《吕覽》注："歲除日，擊鼓驅疫厲鬼，謂之逐除。即周'大儺'之遺意也。"③

0684**大儺**　《續漢書》曰："大儺，選中黄門子弟十歲以上，十二歲以下，百二十人爲侲子。皆赤幘皁製，執大鞀，儺于禁中而逐疫。"《後漢[書]·禮儀

---

① 　當，原誤作"嘗"，從《藝文類聚》《山堂肆考》等正。
② 　此乃轉引，非西晉竺法護譯《盂蘭盆經》所譯原文。
③ 　《吕氏春秋·季冬》："命有司大儺，旁磔，出土牛，以送寒氣。"高誘注："大儺，逐盡陰氣，爲陽導也。今人臘歲前一日擊鼓驅疫，謂之逐除，是也。"

志》:"先儺一日①,謂之逐疫。中黄門倡,侲子和曰:'甲作食殃,胇胃食虎,雄伯食魅,騰簡食不祥,攬諸食咎,伯奇食夢,彊梁、祖明共食磔死寄生,委隨食觀,錯斷食巨,窮奇、騰根共食蠱。凡使十二神追惡凶,掠女軀,拉女幹,節解女肉,抽女肺腸。女不急去,後者爲粮!'"侲音真,又音宸。薛綜云:"侲之爲善也,謂善男幼子也。"②

0685魁誤爲奎　魁,羹斗也。斗首四星,如羹斗形,故有"魁首、掄魁"之説。《漢志》:"斗魁戴筐六星,曰文昌宫,在魁前。"故今謂魁主文章。世俗塑魁星,仿字形"魁"從鬼,故鬼其形,斗在旁,故建斗,竿于左足。後《尤西堂雜俎》"魁星"贊曰:"胡取乎筆論文章? 胡取乎斗盛餱糧? 何取乎金通關梁? 然何以魁而不元也? 豈筆之不精、斗之不石、金之不黄? 噫嘻! 今之魁星,蓋有之矣。若古之魁星,但見天漢之光芒。"數語雖涉嘲笑,切中世俗圖形之陋。今有以"魁樓"爲"奎樓"者,是以魁之神而樓于奎也。奎,本西方宿名,十六星,形若束繭,《月令》"日在奎"是也。《漢志》云:"主武庫,主兵象。"③又云:"奎曰封豨,爲溝瀆。"④與魁各別。惟《孝經援神契》云:"奎主文章。"注:"奎星屈曲相鈎,似文章之畫。"遂有"奎文、奎章"之語。其實文章在魁斗前,非奎也。若以屈曲爲文,則星宿之曲者多矣,獨奎也哉? 按近代黄鼎《管窺輯要》"奎宿説"云:"奎非文章之府,東壁二星乃文章之府,誤以爲奎壁二宿爾。奎與壁度近。宋'五星聚奎'⑤,實在奎壁間,故據以爲文明之兆,並非'奎主文章',由《援神契》誤耳。"今世人建樓于壁池前者,亦以奎宿在壁前也。

0686鴈塔題名　《説文》:"塔,西域浮屠也。"或七級,或九級,至十三級

---

① 《後漢書》作"先臘一日,大儺"。

② 《後漢書·禮儀志》薛綜注:"侲之言善,善童幼子也。"

③ 《後漢書·天文志中》:"奎主武庫兵。"

④ 豨,原作"稀",據《漢書·天文志》改。

⑤ 《宋史·姦臣傳》:"宋初,五星聚奎。占者以爲人才衆多之兆。然終宋之世,賢哲不乏,姦邪亦多。"

而止。其五級者，俗謂錐子。唐太宗貞觀三年，長安城南建大慈恩寺，造甎浮屠，藏釋玄奘所取西域佛經^①，名鴈塔。梵本謂之鴈塔者，昔人有伽藍，依小乘，食三淨食。三淨食者，鴈、犢、鹿也。一日見鴈飛，輒曰："衆僧闕供，摩訶薩埵。"宜知摩訶薩埵，梵言好施也。一鴈應聲而墮。衆曰："此鴈垂戒，宜旌彼德。"因建塔瘞鴈，鴈塔之名因此^②。唐韋肇及第，偶題名"慈恩寺鴈塔"，後遂爲故事^③。

　　0687 邸報　《宋史·劉奉世傳》："先是，進奏院每五日具定本報上樞密院，然後傳之四方。而邸吏輒先期報下，或矯爲家書，以入郵置。奉世乞革定本，去實封，但以通函騰報，從之。"《李溱傳》："儂智高寇嶺南，詔奏邸毋輒報。溱言：'一方有警，使諸道聞之，共得爲備，今欲人不知，此意何也？'"《曹輔傳》："政和後，帝多微行。始民間猶未知，及蔡京謝表有'輕車小輦，七賜臨幸'，自是邸報聞四方。""邸報"字見于史書，蓋始于此時。然唐《孫樵集》中有《讀開元雜報》一篇^④，則唐時已有之矣。

　　0688 露布　《封氏見聞[記]》："用兵獲勝，則上其功狀于朝，謂之露布。"^⑤博學宏詞科曾以爲一題，雖自魏晉以來有之，然多不知所出，唯劉勰《文心雕龍》云："露布者，蓋露板不封，布諸觀聽者也。"唐莊宗爲晉王時，擒賊劉守光，命掌書記王緘草露布，不知故事，書之于布，遣人曳之，爲議者所笑。然亦有所從來，魏高祖南伐，長史韓顯宗與齊成將力戰，斬其裨將^⑥。

---

① 玄，原作"元"。奘，原作"裝"。

② 唐玄奘述，辯機撰文《大唐西域記》卷九："因陀羅勢羅窶訶山東峰伽藍前有窣堵波，謂曰（許贈反）娑（唐言雁）。昔此伽藍，習翫小乘。小乘漸教也，故開三淨之食。而此伽藍遵而不墜。其後三淨，求不時獲。有比丘經行，忽見群雁飛翔，戲言曰：'今日衆僧中食不充，摩訶薩埵宜知是時。'言聲未絕，一雁退飛，當其僧前，投身自殞。比丘見已，具白衆僧，聞者悲感，咸相謂曰：'如來設法，導誘隨機，我等守愚，遵行漸教。大乘者，正理也，宜改先執，務從聖旨。此雁垂誠，誠爲明導，宜旌厚德，傳記終古。'於是建窣堵波，式昭遺烈，以彼死雁，瘞其下焉。"

③ 全條襲《康熙字典》"塔"條。

④ 《讀開元雜報》，載唐孫樵《孫可之集》卷十。

⑤ 見唐封演《封氏聞見記》卷四"露布"條。

⑥ 裨，原誤作"稗"。

高祖曰："卿何爲不作露布?"對曰："頃聞將軍王蕭獲賊二三人,驢馬數匹,皆爲露布,私每哂之。近雖得摧醜虜,擒斬不多,脱復高曳長縑,虚張功捷,尤而效之,其罪彌甚,臣所以斂毫捲帛,解上而已。"以是而言,則用絹高懸久矣①。

0689　憑引之類　即古"過所"之説也。《刑統·衛禁律》云:"不應渡關而給過所,若冒名請過所而度者。"又云:"以過所與人。"又《關津疏議》:"關謂判過所之處,津直渡人,不判過所。"《釋名》曰:"過所,至關津以示之。或曰'傳',傳,轉也,轉移所在,識以爲信。"《漢[書]·文帝[紀]》十二年,"除關無所用傳"。張晏曰:"傳,信也,若今過所也。""兩行繒帛,分持其一,出入關,合乃得過,謂之傳也。"②《魏志》倉慈爲敦煌太守,西域"欲詣洛者,爲封過所"。《廷尉決事》曰:'廣平趙禮詣洛治病,門人齎過所詣洛陽,責禮冒名渡津,受一歲半刑。'"但"過所"二字,讀者多不曉耳③。

0690　謁見　謁字有二義。《説文》:"謁,白也。"《袁盎傳》"上謁",注:"若今通名也。"《曲禮》:"問士之子,長曰'能典謁矣',幼曰'未能典謁也'。"註:"謁,請也。典謁者,主賓客告請之事。又訪也,請見也。"《後漢[書]·卓茂傳》:"茂詣河陽謁見光武。"又,《釋名》:"謁,詣也,詣告也。書其姓名于上以告所詣至也。"《正字通》:"刺名也。晉人謂之門牋,唐人謂之投刺,今人謂之拜帖。"《史記》:"酈生踵軍門上謁,案劍叱使者,使者懼而失謁。跪拾謁,還走入報。"《漢[書]·徐穉傳》:"弔喪畢酒畢,留謁而去。"《汲黯傳》:"中二千石拜謁。"《禮記》:"請謁則起。"皆從此説。

0691　録囚　録,良豫切音慮,寬省也。《漢[書]·百官志》"録[囚]徒"④,"録"與"慮"同,《史》作"慮"。囚,謂獄囚,必反復思慮之,有冤抑即與寬省,

---

①　全條襲宋洪邁《容齋四筆》卷十"露布"條。

②　此句乃顏師古注引如淳曰。

③　全條襲宋洪邁《容齋四筆》卷十"過所"條。

④　囚,從《漢書》及明周祈《名義考》卷七"審録"條補。

正《書》所謂"服念要囚"也①。今讀作"紀録"之"録",而曰"審某處録",誣矣。

0692 裝潢　《魏古録》②:"凡書畫裝潢之佳,自范曄始。"楊升菴曰:"《唐六典》有'裝潢匠',注:音'光'上聲,謂裝成而以蠟潢紙也。今製牋猶有潢漿之説,作平聲讀,非。"③唐秘書省裝潢匠六人,恐是今之表背匠。

0693 加級　《漢書·衞青傳》:"三千一十七級。"師古曰:"本以斬敵一首拜爵一級,故謂一首爲一級,因復名生獲一人爲一級也。"

0694 歃血　《索隱》曰:盟之用牲,貴賤不同,天子用牛馬,諸侯犬猳音家,大夫用雞毛,"遂取雞犬馬血來",蓋總盟之用牲也④。《增韻》:"主盟者以血塗口旁曰歃。"顏師古曰:"預盟者各歃血,餘者瘞之。"《漢文紀》作"喢血",《王陵傳》作"唼血"⑤。

0695 殿試不黜落　武后天授元年二月,策貢士于洛城殿前,貢士殿試自此始。宋朝舊制:殿試皆有黜落,臨時取旨,或三人取一,或二人取一,或三人取二。故有累經省試取中,屢擯棄于殿試者。張元遂以積忿降元昊,爲中國大患⑥,於是羣臣建議歸咎于殿試黜落。嘉佑二年三月辛巳,詔進士與殿試者,皆不黜落,迄今不改。

0696 曲江宴會　今人但知宋進士故事,不知始乃是下第舉人之會。李肇《國史補》云:"曲江大會,比爲下第舉人,邇來漸侈靡,俱爲上列所占,向

---

① 《書·康誥》:"要囚服念五六日,至于旬時,丕蔽要囚。"孔傳:"要囚,謂察其要辭以斷獄。既得其辭,服膺思念五六日,至于十日,至于三月,乃大斷之,言必反覆思念,重刑之至也。"

② 魏古録,明方以智《通雅》卷三十二作"眉公曰"三字,眉公即明人陳繼儒,著有《妮古録》。清陳元龍《格致鏡源》卷三十九即引作《妮古録》。

③ 載《升菴集》卷六十四、《丹鉛餘録》卷十四。

④ 《史記·平原君虞卿列傳》:"毛遂謂楚王之左右曰:'取雞狗馬之血來。'毛遂奉銅槃而跪進之楚王,曰:'王當歃血而定從。'"索隱:"盟之所用牲貴賤不同,天子用牛及馬,諸侯用犬及猳,大夫已下用雞。今此總言盟之用血,故云'取雞狗馬之血來'耳。"

⑤ 此條襲明周祈《名義考》卷八"歃血"條。所引顏師古注出處不詳。

⑥ 《宋史·陳希亮傳》:"或言華陰人張元走夏州,爲元昊謀臣。"《宋史紀事本末》卷六:"初,華州有二生張、吳者,俱困塲屋,薄遊不得志,聞元昊有意窺中國,遂叛往,以策干之,元昊大悦,日尊寵用事,凡夏人立國規模、入寇方略,多二人教之。"

之下第者，不復與矣。所以遇大會則先牒教坊請奏，上御紫雲樓垂簾觀焉，時或擬作樂，則爲之移日。”

0697 登高　登高不必重陽，古人人日亦登高。晉李充人日登剡山，有詩。桓溫參軍張望亦有《人日登高》詩。唐中宗景龍三年正月，御清暉閣登高遇雪，因賜金綵人勝，令學士賦詩，宗楚客有“九重中禁啟，七日早春還。太液天爲水，蓬萊雪作山”之句。又石虎《鄴中記》：“正月十五有登高之戲。”①《隋書》：“文帝嘗于正月十五日與近臣登高，時元胄不在，上令馳召之。胄見，上謂曰：‘公與外人登高，未若就朕也。’賜宴極歡。”②

按，今俗于上元日約相好數人爲燈街花市之遊，或具酒脯，尋勝遊玩，謂之遊百病，亦登高之遺意乎？

0698 生日　《顏氏家訓》言：“江南風俗，二親若在，每至生日，嘗有酒食之事。無教之徒，雖已孤露，其日皆爲供頓，酣暢聲樂，不知有所感傷。”程氏云：“人無父母，生日當倍悲傷，更安忍置食張樂以爲樂？若具慶者可矣。”③此同顏訓之意，固不論在上也者，然如梁元帝當載誕之辰，輒齋素講經。“唐太宗謂長孫無忌曰：‘是朕生日，世俗皆謂歡樂，在朕翻爲悲傷。今君臨天下，富有四海，而欲承顏膝下，永不可得，此子路有負米之恨也。《詩》云：哀哀父母，生我劬勞。奈何以劬勞之日更爲宴樂乎？’泣數行下，羣臣皆流涕。”④則生日則固不可以爲樂也，而慶賀成俗已久矣。魏晉閒人以父亡爲孤露。

0699 放雀鴿祝壽　宋王安石爲相，每遇生日，朝士獻詩頌，僧道獻功德疏。皂吏士卒皆籠雀鴿，就宅放之，謂之放生。光祿鄉鞏申佞而好進，老爲

---

①　此事不見于《鄴中記》。十五，原誤作“十六”，從明徐應秋《玉芝堂談薈》卷二十一“春日競渡”條、清顧張思《土風錄》卷一“登高”條所引改。

②　見《隋書·元胄傳》。

③　見《二程遺書》卷六。

④　《貞觀政要》卷七：“貞觀十七年十二月癸丑，太宗謂侍臣曰……因而泣下久之。”

省判，趨附不已，然不閑詩頌，又不能誦經，于是大籠雀鴿，詣客次，摺笏開籠，每放一个鴿雀，則叩齒祝之曰："願相公一百二十歲。"

　　按，以詩祝壽，文人韻事。若誦經放生，乃祈禱之事，施于君父，或出于情不自禁。若尊客、大官之前，直獻媚也，烏可使聞于君子？

　　0700男子三十而娶，女子二十而嫁　《淮南子》"禮三十而娶"句，許[叔]重注："陰陽未分時，俱生于子，男從子數，左行三十年立于巳；女從子數，右行二十年亦立于巳。故聖人因是制禮，使男子三十而娶，女子二十而嫁。應太衍之數，以育萬物也。男子自巳數，左行十得寅，故十月而生于寅，故男子小運起于寅。女子自巳數，右行十得申，亦十月而生于申，故女子小運起于申。"《太平廣記》引王徑《天門子》云①："陽生立于寅，純木之精；陰生立于申，純金之精。"楊升菴亦以此解《淮南》之説。

　　0701試兒　《顏氏家訓》曰："江南風俗，兒生一期，爲制新衣，盥浴裝錦，男則用弓矢紙筆，女則刀尺鍼縷，並加飲食之物及珍寶玩器，置之兒前，觀其發意，以驗貪廉智愚，名之爲試兒。親表聚集，因成宴會。自此以後，二親若在。"接"嘗有飯食之"等句②。

　　0702指摹　手摹　《周禮·司市》云："以質劑結信而止訟。"鄭康成注云："長曰質，短曰劑。若今下手書。"賈公彥曰："下手書，若今畫指卷。"黃山谷云："豈今細民棄妻手摹者乎？不然，則今婢券不能書者畫指節，及今江南田宅契亦用手摹也。"③

　　0703話拳　酒令、話拳，即古之所謂作手勢、所謂招手令也。《五代史》："史宏肇與蘇逢吉飲酒，行令作手勢。"④按，唐人酒令曰"亞其虎膺"，謂手掌

<hr>

① 　王徑，《太平廣記》卷五"天門子"條作"王剛"。

② 　《顏氏家訓》："二親若在，每至此日，嘗有酒食之事耳。"

③ 　見宋黃庭堅《山谷別集》卷六"雜論"。

④ 　《舊五代史·史弘肇傳》："未幾，三司使王章於其第張酒樂，時弘肇與宰相、樞密使及内客省使閻晉卿等俱會。酒酣，爲手勢令，弘肇不熟其事，而閻晉卿坐次弘肇，屢教之。蘇逢吉戲弘肇曰：'近坐有姓閻人，何憂罰爵！'弘肇妻閻氏，本酒妓也，弘肇謂逢吉譏之，大怒，以醜語詬逢吉。"

也。“曲其私根”，爲指節也。“以蹲鴟間虎膺之下”，蹲鴟，大指也。“以鈎戟差玉柱之旁”，鈎戟，頭指；玉柱，中指也。“潛虯闊玉柱三分”，潛虯，無名也。“奇兵闊潛虯一寸”，奇兵，小指也。“死其三洛”，韠其腕也。“生其五峯”，呼五指也。謂之“招手令”[①]，其亦手勢之謂、話拳之説與？

0704 測枚　枚，个也。《書·大禹謨》“枚卜功臣”註：“一，一卜之也。”《前漢[書]·食貨志》：“二枚爲一朋。”《五行志》：“拔宮中樹，七圍以上十六枚。”

0705 嫁殤　《周禮·地官》：“禁嫁殤者。”注：“謂生時非夫婦，死而葬相從，謂嫁死人也。”[②]此俗古已有之，而有禁焉。故曹操幼子蒼舒死，求邴原死女合葬，史以爲譏[③]。今民間猶有行者，究屬非禮。

0706 牽羊成禮　《南史》：“孔淳之與王敬宏爲方外之遊，又申以婚姻，敬宏以女適淳之子，遂以烏羊繫所乘車轅，提壺爲禮，至則盡歡共飲，迄暮而歸。或怪其如此，答曰：‘固亦農夫田父之禮也。’”

0707 置草迎新婦　今娶婦之家，置草于門，以緋方尺冪于上，人多未知其故。昔漢京房之女適翼奉子，奉擇日迎之，房以其日三煞在門，三煞者，青羊、青牛、烏雞之神，新婦犯之，損尊長及無子。奉俟新婦至門，以穀豆與草攘之。今仍襲焉。

0708 轉氈　今人娶婦，輿轎迎至大門則轉氈以入，弗令履地。讀白太傅《春深娶婦家》詩云：“青衣轉氈褥，錦繡一條斜。”則此俗唐時已然矣。

0709 騎鞍　世俗：新婦下轎，騎鞍而入。殊爲可笑，然相沿已久。《歸

---

① 參明楊慎《丹鉛餘録》卷九“酒令手勢”條、明彭大翼《山堂肆考》卷一九二“招手”條及《全唐詩》卷八七九等。

② 《周禮·地官·媒氏》：“禁遷葬者與嫁殤者。”鄭玄注引鄭司農云：“嫁殤者，謂嫁死人也。”賈公彥疏：“嫁殤者，生年十九已下而死，死乃嫁之。”孫詒讓正義：“此謂生時本無昏議，男女兩殤，因嫁而合葬之。”

③ 《資治通鑑·漢獻帝建安十三年》：“操幼子倉舒卒，操傷惜之甚。司空掾邴原女早亡，操欲求與倉舒合葬，原辭曰：‘嫁殤，非禮也。’”

田録》：“劉岳《書儀》，婚禮有‘女坐壻鞍’之説。”①

　　0710 出贅　《賈誼傳》：“家貧才壯則出贅。”②應劭曰：“出作贅壻也。”師古曰：“謂之贅壻者，謂其不當出妻家，亦猶人身之有肬贅也。一曰，贅，質也，家貧無有聘財，以身爲質也。”所以淮南賣子與人作奴婢名爲贅子。

　　0711 結婚以茶爲禮　《茶疏》：“茶不移本，植必子生。古人結婚，必以茶爲禮，取其不移植子之意也。今人猶名其禮曰下茶。”《七修類藁》：“種茶下子，不可移植，移植則不復生也，故女子受聘，謂之喫茶。”

　　0712 婦人用假髮　“后接御見王之時，則服褖衣及次追。”師古注云：“次者，次第髮長短爲之，所謂髲髢。”賈疏云：“所謂《少牢》‘主婦髲髢’即此次也。髢、髢同音。”“地彼”注云：“古者或剔賤者、刑者之髮而爲之。”魯哀公十七年，衛莊公自城上見己氏之妻髮美，使髡之，以爲呂姜髢。以此言之，是取他人髮爲髢也。有不用他人髮爲髢自成紒者。《詩》曰：“鬒髮如雲，不屑髢也。”不以髢爲潔，是不用他髮爲髢，用合己髮絜爲紒者也③。

　　0713 穿耳　晉唐間人所畫士女，多不帶耳環，以爲古無穿耳。然《莊子》有云：“天子之侍御不叉揃，不穿耳。”自古亦有之矣。

　　0714 纏足　張邦基《墨莊漫録》云：“婦人之纏足，起于近世，前世書傳，皆無所自。”《南史》齊東昏侯爲潘貴妃“鑿金爲蓮花以帖地，令妃行其上，曰：‘此步步生金蓮。’”④然亦不言其弓小也，如古樂府、《玉臺新詠》，皆六朝詞人纖艷之言，類多體狀美人容色之姝麗，及言裝飾之華、眉目唇口要肢手指之類，無一言稱纏足者。如唐之杜牧之、李白、李商隱之輩，作詩多言閨幃之事，亦無及之。韓偓《香奩集》有《詠屧《説文》：[屧，]履中薦也。從尸，枼聲。

① 《新五代史·劉岳傳》：“婚禮親迎，有女坐壻鞍、合髻之説，尤爲不經。公卿之家頗遵用之，至其久也，又益訛謬可笑。”

② 《漢書·賈誼傳》：“故秦人家富子壯則出分，家貧子壯則出贅。”

③ 此條襲宋聶崇義《三禮圖集注》卷二“褖衣”條。

④ 《南史·齊紀下·廢帝東昏侯》：“又鑿金爲蓮華以帖地，令潘妃行其上，曰：‘此步步生蓮華也。’”

或曰屨中茝也子》詩云①："六寸膚圓光緻緻。"唐尺短，以今較之，亦自小也，而不言其弓。惟《道山新聞》云："李後主宮嬪宵娘，纖麗美舞②。後主作金蓮，高六尺，飾以寶物，細帶纓絡蓮中，作品色瑞蓮。令宵娘以帛繞足，令纖小屈上作新月狀。素襪舞雲中，回旋有凌雲之態。唐鎬詩云：'蓮中花更好，雲裏月常新。'因宵娘作也。由是人皆效之，以纖弓爲妙。"以此知扎脚自五代以來方爲之。如熙寧、元豐以前人爲者猶少，近年則人人相效，以不爲者爲恥也。

　　按史云："趙女屬屧取媚，遍諸侯之後宮。"③《説文》："屧，履中薦也。"《莊子音義》："屬，以藉鞋下也。"④意即今弓鞋高底之類，所以取媚，所以謂邯鄲善步也。又吳館娃宮有響屧廊，相傳"吳王建廊而虛其下，令西施與宮人步屧繞之則響"，後人有"舉步國已傾"之語。若非纏足，其步已難取媚，是戰國已有之矣。楊升菴云："六朝樂府《雙行纏》，其辭曰：'新羅綉行纏，足趺如春妍。他人不言好，獨我知可憐。'"又崔豹《古今注》："晉世履有鳳頭重臺分梢之制。"又唐杜牧之詩云："鈿尺裁量減四分，碧琉璃滑裹春雲。五陵年少欺他醉，笑把花前出畫裙。"段成式詩云："醉袂幾侵魚子纈，影影長夾鳳皇釵。知君欲作閒情賦，應願將身脱錦鞋。"《花間集》詩云："漫移弓底綉羅鞋。"又李義山詩："浣花牋紙桃花色，好好題詩詠玉鈎。"是六朝、唐人非無及之者，其飾不始于五代也，更可見矣。而《事物要元》等書以《秘辛》有"漢天子納梁商女，其足首尾長八寸，底平指斂"之語⑤，遂以爲"漢不

---

①　《説文》尸部："屧，履中薦也。从尸，枼聲。"唐玄應《一切經音義》卷十四："屧，《説文》：'履之薦也。'"

②　美，或作"善"。

③　《漢書·地理志》："女子彈弦跕躧，游媚富貴，徧諸侯之後宮。"顏師古注："如淳曰：'跕音蹀足之蹀，躧音屣。'臣瓚曰：'躡跟爲跕，拄指爲躧。'師古曰：跕音它頰反，躧字與屣同，屣謂小履之無跟者也。跕謂輕躡之也。"

④　《經典釋文》卷二十八《莊子音義下》："蹻，紀略反。李云：麻曰屩，木曰屐。屐與屐同，屬與蹻同。一云鞋類也。一音居玉反，以藉鞋下也。"

⑤　事物要元，疑有脱誤，或爲數書合稱。

弓”的證。豈知後“迫袜約縑，收束微如禁中”數語，正見漢宮纏足之驗乎！《事物考原》又謂起于妲己，更可笑。

0715 煖房　今人入宅與遷居者，鄰里釀金治具，過主人飲，謂之煖屋，亦曰煖房。王建《宮詞》：“太僕前日煖房來。”則煖屋之禮其來久矣。

0716 繞髻粧　今粵中女子，日夕買花，穿之，繞髻爲飾。其俗由來已久。考陸賈《南中行紀》云：“南中百花，惟素馨香特酷烈，彼中女子，以綵絲穿花繞髻爲飾。”梁章隱《詠素馨花》詩云：“細花穿弱縷，盤向緑雲鬟。”用陸語也。

0717 上頭　女子笄曰上頭。花蕊夫人《宮詞》：“年初十五最風流，新賜雲鬟使上頭。”

0718 塑大士作婦人像　《筆叢》云：“菩薩相端嚴靚麗，文殊、普賢皆然，不特觀世音也。考《宣和畫譜》，唐宋名手寫觀音像極多，俱不衣婦人服，可知婦人之像自近代始。蓋因大士有化身之説也。”①

0719 夜間不露小兒衣　《酉陽雜俎》：“夜行遊女，一名天帝少女即乳母鳥，衣毛爲飛鳥，脱毛爲女，能收人魂魄，夜飛晝隱，如鬼神。凡人飼小兒，不可露小兒衣，亦不可露晒。毛落衣中，當爲鳥祟，或以血點其衣爲誌。”《誠齋雜記》：“陽縣地多女鳥，新陽男子于水次得之，遂與共居，生二女，悉衣羽而去。豫章間養兒，不露其衣，言是鳥落塵于兒衣中，則令兒病。故亦謂之飛夜遊女。”

0720 設弧　設帨　今人生子懸弓于門，生女設手帕于門，即《禮·內則》“設弧、設帨”之義也。《內則》曰：“子生，男子設弧即弓也于門左，女子設帨即手巾汗巾也于門右。”以弧矢射天地四方，期其有遠大之志也。女子執巾櫛者耳，故設帨于門右。

0721 牙牌　《諸事音考》：“宋宣和二年，有臣上疏：設牙牌三十二扇，

---

①　見明胡應麟《少室山房筆叢》卷二十四。

共記二百二十七點,以按星辰布列之位。譬'天牌'二扇二十四點,象天之二十四氣;'地牌'二扇四點,象地東南西北;'人牌'二扇十六點,象人之仁義禮智,發而爲惻隱羞惡、辭讓是非;'和牌'二扇八點,象太和元氣,流行于八節之間;其他牌皆合倫理、庶物、器用。表上,貯于御庫,疑繁未行。至宋高宗時始詔如式頒行天下。"

　　0722 葉子　《楊升菴外集》:"葉子,如今之紙牌酒令。鄭氏《書目》有南唐李後妃周氏編《金葉子格》。"《咸定錄》:"唐李郃爲賀州刺史,與妓人葉茂連江行,因撰《骰子選》,謂之葉子。咸通以來,天下尚之。"《農田餘話》:"今之葉子戲消夜圖,相傳始于宋,太祖令宮人習之以消夜。"潘之恒《葉子譜》云:"錢製圓而孔方,取象于天,反數于空,故尊空没文。空者,所以貯也。當其無,有貯之用。屬波斯獻焉。次稱齾客,齾者,獸食之餘,'井上有李'是也,里人目爲枝花,枝花者,花未成果。自一至十咸呼爲果,本枝花而得名,而文錢爲最初之義,其數十一葉而極于九索,以貫錢百文爲索,極于一而尊于九,九者數之盈,十索則名貫矣。故去十爲萬始焉,葉凡九萬者索之,累十而得名者,極一而尊九,不居其十,以十者有所總也。葉數亦如索,十舉成數一,不必紀而二首焉,以偶對百,百而千,千而萬,示極而不孤處,尊而不汰。數之成也,葉得十一。野史贊曰:履其成,勿忘其空,空以基之,成以息之,是四十張之所由作也。"

　　按,"葉子"二字是"二十世李"也。唐太宗問一行世數,禪師造葉子格進之。當世士大夫宴集皆爲之。其後有柴氏、趙氏,其格不一,蜀人以紅鶴格爲貴,又有以花虫爲宗者。今又做牙牌爲之者,又變一格矣。

　　0723 骰子　骰子,《聲譜》云"博陸",采名也。李濟翁《資暇錄》作"投子"者,"投擲于盤筵之義也"。程大昌《演繁露》云"投擲"也,"桓玄曰[①]:'劉毅捋蒲,一擲百萬。'皆以投擲爲名。古者烏曹氏作博,斷五木爲子,故

―――――――――

① 玄,原作"元"。

爲五木，有梟、盧、雉、犢、塞，爲勝負之采。博頭有刻梟形者爲最勝，盧次之，雉、犢又次之。後世或用玉、用石、用象骨，故《列子》之謂投瓊，《律》文之謂出玖。瓊與玖皆玉名也。"唐李翱撰《五木經》，元革注云："雉爲二，梟爲六，盧爲四。"潘氏《紀聞》："骰子飾四以朱者，玄宗與貴妃采戰[1]，將北，惟重四可轉爲勝，上擲而連呼叱之，骰子宛轉良久而成重四。上大悦，命將軍高力士賜四緋，即所謂四紅也。"

0724 席上藏鬮爲令　《東皋雜録》云："藏鬮之戲，由來久矣。孔常甫言：唐詩有云'城頭椎鼓傳花枝，席上搏拳握松子'即俗所謂把拳也，亦藏鈎之遺事也。"

0725 大橋大堤用鐵柱鐵獸　梁代浮山堰頻有缺壞，乃以鐵數萬斤墳積其下，堰乃成。寶應中，東海令李知遠修海州南溝水堰，將成輒壞，如此者數四。後依梁代築堰之法，用鐵塞其穴，而輒聞其下殷如雷聲。至是，其聲移于上流數里。蓋金鐵味辛，辛能害目，蛟龍護其目，避之而去，故堰可成。今凡修大橋、大堤，上有鑄鐵柱或鐵獸者，或本于此。

0726 梟首　一種梟鴟，又名土梟。少好，長醜，大則食其母，日至捕磔之，以頭挂木上[2]。因謂挂首爲梟。

0727 狼糞　《埤雅》："古之烽火用狼糞，取其烟直而聚，雖風吹之不斜。"

0728 奏章用白紙　古彈文，白紙爲重，黃紙爲輕，故云"臣輒用白簡以聞"。今御史白簡即其事。今之奏章，俱用白紙，不獨御史也，但各官本俱用印，御史不用印，故曰白簡。

0729 引光奴　宋翰林學士陶公穀《清異録》云："夜有急，苦于作燈之緩，有劈松杉條，染硫黃，置之待用，一與火遇，得燄穗然，呼爲'引光奴'。"

---

① 玄，原作"元"。

② 《説文》木部："梟，不孝鳥也。日至，捕梟磔之。从鳥頭在木上。"

杭人曰“發燭”，取史載“周建德六年，齊后妃貧者以發燭爲業”之語也①。中
州少松杉，以麻楷代之，染硫黃，名曰焠燈，即發燭也。然引光奴之名爲雅。
焠，音倅，《說文》：“堅刀刃也。”《史記·天官書》：“火與水合爲焠。”《王褒
傳》：“清水焠其鋒。”註：“師古曰：焠，謂燒而内水中以堅之也。”

0730樹藝五谷②　　后稷教民樹藝之法曰五時，“見生而樹生，見死而穫
死”③，又曰“五谷生于五木”。氾勝之曰：“黍生于榆，大豆生于槐，小豆生于李，
麻生于楊，大麥生于杏，小麥生于桃，稻生于柳。五木自天生，五谷待人生，
故曰見生而樹生；靡草死而麥秋至，草木黄落禾乃登，故曰見死而穫死也。”

0731發擂　　近制：啟明定昏鼓三通，謂之發擂。《水經注》：“置大鼓于
其上，晨昏伐以千椎，以爲城裏諸門啟閉之候。”作“伐”字。岑參《凱歌》
“鳴笳擂鼓擁回軍”，又作“擂”字。而《古樂府》云“官家出遊雷大鼓”④，則
“擂”亦俗字也，但“雷”轉作去聲用。

0732吹三通　打三通　　《衛公兵法》云：“鼓三十槌爲一通，鼓止，角動，
吹十二聲爲一疊。故唐詩有‘疊鼓鳴笳’之句。”

0733擲卦以錢　　以錢代蓍，自鬼谷子始，或曰起于京房。唐詩：“岸餘
織女支機石⑤，井有君平擲卦錢。”又以君平善卜也。

0734象棊　　世傳爲周武帝製。按，《後周書》天和四年，“帝製《象經》
成，殿上集百寮講說。”《隋[書]·經籍志》：“《象經》一卷，周武帝撰。”有王褒
注、王裕注、何妥注，又有《象經發題義》，又據小說“周武帝《象經》有日月星
辰之象意者，以兵機孤虚衝破寓于局間”，決非今之象棋、車馬之類。若如今

---

① 《隋書·五行志上》：“后窮困，至以賣燭爲業。”《資治通鑑·陳宣帝太建九年》：“齊后妃貧者，至以賣
　燭爲業。”

② 谷，原文如此。下同。目錄作“穀”，是。

③ 《吕氏春秋·任地》：“五時，見生而樹生，見死而穫死。”高誘注：“五時，五行生殺之時也。見生，謂春
　夏種稼而生也。見死，謂秋冬穫刈收死者也。”

④ 古樂府《鉅鹿公主歌》：“官家出遊雷大鼓，細乘犢車開後户。”

⑤ 餘，原誤作“與”；機，原誤作“磯”，從明楊慎《升菴集》卷六十六“擲卦以錢”條改。

之象,芸夫牧豎俄頃可辨,豈煩文人之注、百寮之講哉!

按,《事物紀原》云:“雍門周謂孟嘗君云:‘足下燕則鬭象棋。’”①疑戰國時已有之矣。

0735 圍棋 《博物志》:“堯造圍棊,以教子丹朱。或云舜以子商均愚,故作圍棋以教之,其法非智不能也。”皮日休《原奕》云:“不害則敗,不詐則亡,不爭則失,不僞則亂,是奕之必然也。雖奕秋再出,必用吾意焉。夫堯舜之仁義禮智,豈以害詐之心、爭僞之智教其子哉?始作必自戰國縱橫者流矣,豈曰堯舜哉?”

0736 下程 世謂下馬飯也。夫登途曰上路,則停驂當曰下程,必有歸餽以食,故有謂歸餽曰下程也②。

0737 賽神 今俗報祭曰賽神,《長箋》曰:“借相誇勝曰賽。通作塞。”《前漢[書]·郊祀志》:“冬塞祈禱。”又《廣陵厲王》:“殺牛塞禱。”《無極山碑》:“白羊塞神。”師古曰:“塞,謂報其所祈也。”③

0738 購線 《説文》:“購,以財有所求也。”《前漢[書]·高帝紀》:“乃多以金購豨將。”師古注:“購,設賞募也。”

0739 房上諸物 唐制:“王公以下,不得施重栱、藻井。”“非常參之官,不得用抽心舍、懸魚、瓦獸、乳梁。”④重栱者,即今之疊供也;藻井者,乃天花板,井口内畫以水藻者也;抽心舍者,乃穿廊也;懸魚者,博風板合尖下所垂之物也;瓦獸者,即瓦上獸頭及轉角飛仙、海馬之類;乳梁者,即壓槽方上之短梁也。

0740 五廳三泊暑 《戒菴漫筆》:“今人大廳之前重置屋者,俗名五廳三

---

① 漢劉向《説苑》卷十一:“雍門子周以琴見乎孟嘗君……居則廣夏邃房,下羅帷,來清風,倡優侏儒處前,迭進而謿諛;燕則鬭象棋而舞鄭女,激楚之切風,綵色以淫目,流聲以娱耳。”

② 明周祈《名義考》卷十一“案酒下飯”條:“又謂歸餽曰下程。夫行者登途曰上路,則停驂當曰下程,必有歸餽以食,俗所謂下馬飯者也。”

③ 《漢書·郊祀志》:“冬塞禱祠。”顏師古注:“塞謂報其所祈也。”

④ 見《唐會要》卷三十一“雜録”。

泊暑,謂可障蔽炎熱也。"《夷堅志》作"撲水、撲風板",又作"屋翼、剝風板"。

0741**墩堡**　堡障,小城也①。《唐[書]·哥舒翰傳》:"拔連城堡。"堡,轉音普②,今人謂之墩堡。平地有堆曰墩。李白詩:"冶城訪遺跡,猶有謝公墩。"

0742**香水池堂**　高辛氏始造爲湢。《禮記》:"外內不共湢浴。"注:"浴室謂之湢。"《七修類藁》:"吳俗,甃大石爲池,穿幕以磚,後爲巨釜,令與池通,轆轤引水,穴壁而貯焉。一人專執爨,池水相吞,遂成沸湯,名曰混堂,榜其門則曰'香水'。"任昉《述異記》:"香水在并州,其水香潔,浴之去病。"故名之。

0743**茶館利市**　歐陽《集古錄》:"俚俗賣茶,肆中多置一甆偶人,云是陸鴻漸,至飲茶客稀,則以茶沃甆偶人,祝其利市。"③

0744**祖餞**　昔黃帝之子名纍祖,好遠遊,死于道,後人祀爲行神。故行者必有祖道,道祭畢,處者送之,飲于其側,而後行。今謂餞行曰祖道,非也。

0745**補眼　補脣**　《太平御覽》:"唐崔暇失一目,以珠代之,施肩吾嘲之曰:'二十九人及第,五十七眼看花。'"④《[唐]摭言》:"方干爲人缺脣,遇醫補脣,年已老矣,人號曰補脣先生。"⑤今京人補眼、補脣非無本也。

0746**烏鬚**　不知始于何人,而《漢書》有"王莽烏鬚"之事⑥。莽多詐,或即創之于彼乎?此固非本色,人所爲,然亦爲白鬚者開一法門也。

0747**潤筆**　草麻潤筆,自隋唐有之。隋文帝時,鄭譯自隆州刺史復爵沛國公,位上柱國位,李林甫作誥,高熲戲譯曰:"筆乾。"譯曰:"出爲方伯,杖

---

① 城,原誤作"成"。

② 《康熙字典》土部"堡":"堡障,小城也。《唐書·哥舒翰傳》拔連城堡。堡轉音普。"

③ 見宋歐陽修《集古錄》卷八。

④ 宋王讜《唐語林》卷六:"元和十五年,太常少卿李建知舉,放進士二十九人。時崔暇舍人與施肩吾同榜,肩吾寒進,爲暇瞽一目,曲江宴賦詩,肩吾云:去古成叚,著蟲爲蝦,二十九人及第,五十七眼看花。"

⑤ 五代王定保《唐摭言》卷四:"方干姿態山野,且更兔缺,然性好凌侮人。""補脣先生"不見此書。宋馬永易《實賓錄》卷七"補脣先生"條:"五代方干爲人缺脣,嘗應舉,有司議以干雖有才而缺脣,奏不第。後歸鑑湖十餘年,遇醫者補之,年已老矣,遂不復出,時號補脣先生。"

⑥ 《漢書·王莽傳》:"莽聞之,愈恐,欲外視自安,乃染其須髮,進所徵天下淑女杜陵史氏女爲皇后。"

策言歸,不得一錢,何以潤筆?"①

　　0748 鳩杖　《儀禮志》:"仲秋,縣道按户比,民年七十者,授之以玉杖,餔之糜粥。八十者,禮有加賜。"注:"玉杖,長九尺,杖端以鳩飾。鳩,不噎之鳥,欲老人不噎也,以粥者,欲其滑不噎于喉也。"②

　　0749 資格　先是,選司注官,惟視其人之能否,或不次超擢,或老于下位,有出身二十餘年不得禄者。又州縣亦無等級,或自大入小,或初近後遠,皆無定制。唐開元十八年四月,以侍中裴光庭兼吏部尚書,始奏用資格,各以罷官若干選而集,官高者選少,卑者選多,無問能否,選滿則注,限年躡級,毋得踰越,非負譴者,皆有陞無降;其庸愚沉滯者皆喜,謂之"聖書",而材俊之士無不怨嘆。宋璟爭之,不能得。二十一年,光庭薨,博士孫琬議:"光庭用循資格,失勸獎之道,請謚曰'克'。"按元魏肅宗神龜二年,官員既少,應選者多,尚書李韶銓注不行,大致嗟怨。崔亮代之,奏爲格制,不問士之賢否,專以停解日月爲斷,沉滯者皆稱其能。是魏之選舉失人自亮始,則資格之說,固光庭奏之,實仍崔亮之故智也。

　　0750 起復　原指喪服未終者而言,故曰"奪情起復",始于魯公伯禽,以徐戎爲難,有爲而爲之。晉襄公有墨衰之舉。明朝自羅文毅公一疏始著令間有勉留,然亦鮮矣。若服制已闋,不宜仍用"起復"二字。

　　0751 州縣六房　州縣六曹:吏、户、禮、兵、刑、工。宋徽宗設。

　　0752 殿上飛魚　《墨客揮犀》:"漢以宮殿多災,術者言天上有魚尾星,宜爲其象冠于室以禳之。今自唐以來,寺觀舊殿宇,尚有飛魚形尾指上者,不知何時易爲[鴟]吻狀,亦不類魚尾。"《演義》"鴟尾"作"蚩尾",是海獸,水之精者,能卻火災③。

---

①　見《隋書·鄭譯傳》。

②　見《後漢書·禮儀志》。其中"玉杖"作"王杖"。

③　唐蘇鶚《蘇氏演義》卷上:"蚩者,海獸也。漢武帝作柏梁殿,有上疏者云:'蚩尾,水之精,能辟火災,可置之堂殿。'今人多作鴟字,見其吻如鴟鳶,遂呼之爲鴟吻。"

0753 **翁仲**　《水經注》：“魏明帝鑄銅人二列司馬門外，謂之翁仲。”《山堂肆考》云：“翁仲姓阮，身長一丈二尺。秦始皇并天下，使翁仲將兵守臨洮，聲振匈奴，秦人以爲瑞。翁仲死，遂鑄銅像，置咸陽司馬門外。”

0754 **搗衣杵**　楊升菴曰：“直春曰搗。古人搗衣，兩女子對立執一杵，如春米然。今易爲臥杵，對坐搗之，取其便也。嘗見六朝畫搗衣圖，其制如此。”①

0755 **罨盂**　《史系》：“天監五年，丹陽山南得瓦物，高五尺，圓四尺，上銳下平，蓋如合焉。中得劍一、瓷具數十，時人莫識。沈約云：‘此東夷罨盂也，葬則用之以代棺。’”

按，此以瓦爲棺也。今有不肖之徒，爲占風水，計其父母已葬，復行掘出，或水淘，或火化，裝入小礶内，謂之金礶。東移西遷，甚至有掘人之墓壙而盜葬之者。噫！即使得好風水，而父母之骨骸顛倒錯亂，斷不能庇蔭子孫于將來。況掘人之墓，被人告發，非按擬定罪，即傾家敗産。及時之禍，已有不可測者，而人終莫之悟，良可嘅矣！

0756 **花押**　古人初未有押字者，但草書其名以爲私記，故曰押。《集古録》有五代時帝王將相等“署字”一卷。所謂署字者，皆草書其名，今俗謂之畫押，不知始于何代。岳珂《古冢盆杵記》言：“得晉永寧元年甓，有匠者姓名，下有文如押字。”則晉已有之，然不可考。《南齊書》：“太祖在領軍府，令紀僧真學上手迹下名，答報書疏皆付僧真，上觀之，笑曰：‘我亦不復能別也。’”《魏書》：“崔玄伯尤善行押之書，特盡精巧而不見遺跡。”《北齊書》：“庫狄干不知書，署名爲‘干’字，逆上畫之，時人謂之‘穿錐’。又有武將王周，署先爲‘吉’而後成其外。”《陳書》：“蕭引善隸書，高宗嘗披奏事，指引署名曰：‘此字筆勢翩翩，如鳥之欲飛。’”《[新]唐書》：“董昌僭位，下制詔皆自署名。或曰：‘帝王無押詔。’昌曰：‘不親署，何由知我爲天子？’”今人亦

————————————

① 見明楊慎《丹鉛餘録》卷二十“搗衣”條。

謂之“花字”。《北齊[書]·後主紀》：“開府千餘，儀同無數，領軍一時二十，連判文書，各作花字，不具姓名，莫知誰也。”黃伯思謂：“魏晉以來法書，梁御府所藏皆是，朱异、唐懷克、沈熾文、姚懷珍等題名于首尾紙縫間，故或謂之押縫，亦謂之押尾。後人花押蓋沿于此。”①《癸辛雜識》：“古人押字，謂之花押印，是用名字稍花之，如韋郇公書陟字，時人號爲五朵雲體也。”

　　0757像設　古之於喪也甚重。於祔也，有主以依神；於祭也，有尸以象神，而無所謂像也。《左傳》言：“嘗於太公之廟，麻嬰爲尸。”《孟子》亦曰：“弟爲尸。”而春秋以後不聞有尸之事，宋玉《招魂》始有“像設君室”之文。尸禮廢而像事興，蓋在戰國之時矣。漢文翁成都石室設孔子坐像，其坐斂蹠向後，屈膝當前，七十二弟子侍于兩旁。朱子白鹿洞書院又只作禮殿，依開元禮，臨祭設席不立像②。

　　0758御容　《册府元龜》：“唐玄宗因城門郎獨孤晏奏，于別殿安置太宗、高宗、睿宗御容，每日侵早，具服朝謁。”此今日奉先殿之所自立也。

　　0759磚墓誌　《周平園集》：“昔陶土堅緻，與鐵石等，予得光武時梓橦扈君墓磚，先敘所歷之官，又有章帝時范君、謝君磚銘，以四字爲句。”任昉在梁，撰《文章緣起》，乃謂“墓誌始晉殷仲文”。洪文敏跋云：“世傳漢墓碑皆大隸，疑昉時尚未露見。”其説良是，惜乎洪公不見漢磚也。王獻之保母墓以刻磚爲志③。宋開封張堯夫墓銘用金谷古磚，以丹爲隸書，納于壙中。或曰：“以其葬之速也，不能刻石。”豈其然哉？

　　0760演戲　即古所謂俳優也、俳戲也、優倡也。夏桀既棄禮義，求倡優以爲奇異之戲。楚有優悔，晉有優施，皆能發謔言以迴人意，蓋俳優之始也。

───────────

①　見宋黃伯思《東觀餘論》卷上《記與劉無言論書》。

②　宋朱熹《晦菴集》卷四十六《答曾致虛》：“白鹿當時與錢子言商量，只作禮殿，不爲象設，只依《開元禮》，臨祭設席，最爲得禮之正。”

③　宋趙彥衛《雲麓漫鈔》卷五：“嘉泰二年六月，紹興府山陰農人闢地得古磚于黃閔岡，字十行，云：琅邪王獻之保母，姓李名意如，廣漢人也。”明楊愼《丹鉛餘錄》卷十六：“晉王獻之保母帖，自書上甀，晉工刻之，宋潛溪評以爲勝蘭亭，蓋刻工之妍也。”

0761 **鬼臉鬼頭**　《物原》：“季咸造假面子。”《西京賦》曰：“總會仙倡，戲豹舞熊。白虎鼓瑟，蒼龍吹笙。”注曰：“皆爲假頭也。”假作其形，即今鬼臉兒。《隋唐嘉話》：“高齊蘭陵王長恭貌類美婦人，乃著假面以對敵，今之人面是也。”《北史》：“隋柳彧上奏曰：‘京師爰及外州，每以正月望夜，充階塞陌，鳴鼓聒天，燎炬照地，人帶獸面，男爲女服，竭貲破産，競此一時。’請並禁斷，上可其奏。”《老學菴筆記》：“政和中大儺，下桂府進面具，比進到，稱‘一副’，訝其少，及見，乃是八百枚爲一副，老少妍陋[1]，無一相似者，乃大驚。至今桂府作此者，皆致富。”

0762 **踢毬**　即蹴踘也。劉向《別録》曰：“寒食蹴踘，黄帝所造，以練武士，本兵勢也。”或云起于戰國。案，踘與毬同，古人蹋踘以爲戲也。《演繁露》：“楊子曰：‘棬革爲鞠，亦各有法。’革，皮也，棬革爲鞠，即後世皮球之斜作片瓣而合之，今之氣毬也。”《詞林海錯》載韋莊詩：‘内官初賜清明火，上相閑分白打錢。’”白打，蹴踘戲也。《事物紺珠》：“氣毬，兩人對踢爲白打，三人角踢爲官塲，毬會曰員社。”

0763 **踢毽子**　《事物原始》：“今時小兒以鉛錫爲錢，裝以雞羽，呼爲毽子。三四成羣走踢，有裏外廉、拖搶、聳膝、突肚、佛頂珠、剪刀拐之名色，亦蹴踘之遺事也。”

0764 **鞦韆**　《古今藝術圖》云[2]：“鞦韆，北方之戲，以習輕趫者。”

0765 **繩戲**　即俗所謂走軟索者。張衡《西京賦》：“走索上而相逢。”注：“索上長繩繫兩頭于梁，舉其中央，兩人各從一頭上，交相度，所謂儛絙者也。”《晉[書]·樂志》：“後漢天子受朝賀，舍利從西來，戲于殿前，以兩大[絲]繩[繫]兩柱頭[3]，相去數丈，兩倡女對舞，行于繩上，相逢切肩而不傾。”《通典》：“梁有高絙伎，蓋今之繩戲也。”

---

① 妍，原誤作“研”，從《老學菴筆記》改。

② 今，原誤作“人”。

③ 絲、繫，從《晉書·樂志》補。

按，《西京賦》注：“衝狹者，卷簟席，以矛插其中，伎兒以身投，從中過。燕濯者，以盤水置前，坐其後，踊身張手跳，前以足偶節踰水，復卻坐，如燕之浴也。”《淮南子》：“鼓舞者非柔縱，木熙者非渺勁，淹漬漸靡使之然也[1]。”注：“鼓舞，即今盤鼓者。”《事物紺珠》云：“盤鼓者，或石臼，或大缸，各于手掌足底跳弄之。”木熙，即今之上刀山也。此諸戲，凡繩戲者皆能之。

0766翻空梯　《鹽鐵論》言：漢代百戲有“唐梯追人、奇虫胡妲”[2]。唐梯，謂人倒擲，以梯置足掌上，一人上梯，從梯蹬中轉身蜿蜒，即今戲家之所謂翻空梯。

0767上刀山　《淮南子》：“木熙者，舉梧檟，據勾枉，援豐條[3]，舞扶疎，龍從鳥集，搏援攫肆，蔑蠓踊躍。觀者莫不爲之損心酸足，彼乃始徐行微笑，披衣修擢。”注：“木熙，今之上高竿也。”[4]按《國語》胥臣對晉文公曰：“侏儒扶盧。”韋氏謂：“扶，緣也。盧，矛戟之柲，緣之以爲戲。”則上高竿之戲由來久矣。《西域傳》：“作巴俞都盧之戲。”巴、俞，二州名。都盧，體輕善緣高[5]，有跟挂腹旋之名[6]。《演繁露》：“唐人以緣橦爲都盧緣。”是也。

0768高趫　《列子》：“宋有蘭子，以技干宋元君，召見，以雙枝長倍其身屬脛，並馳弄七劍，走而躍之。後復有以鷰戲干元君者。”《楊升菴外集》：“趫，音敲，緣木行戲，即《列子》所謂‘雙枝屬脛’之戲也。”

0769抛堶　宋世寒食有抛堶之戲，兒童飛瓦石之戲也。梅都官《禁煙》

---

[1]　漬，原作“清”，據《淮南子》改。

[2]　梯，《鹽鐵論》卷七作“銻”。

[3]　枉、援，原作“在、授”，據《淮南子》改。

[4]　此注不見於高誘注。

[5]　《漢書·西域傳》：“作《巴俞》都盧、海中《碭極》、漫衍魚龍、角抵之戲以觀視之。”李奇曰：“都盧，體輕善緣者也。”

[6]　晉傅玄《正都賦》：“既變而景屬，忽跟挂而倒絶。若將墜而復續，虯縈龍蟠，委隨紆曲，抄竿首而腹旋，承嚴節之繁促。”

詩："窈窕跳歌相把袂，輕浮睹勝各飛堉土禾切。"即今俗所謂撇老堉也。其戲，兒童以瓦片裁成圓子，如錢大，或如杯口大；或三四人、五六人不等，各先出一子，垛于適中之地，名謂老堉。一人作堉主，令衆人各藏一子于暗處，藏畢，堉主用手中子轉向老堉抛之，抛中者勝，如不中，許衆人出所藏子跟擊之，擊中者勝，不中輸。今多不用瓦石，竟以銅錢抛之。賭也，非戲也。

0770 放紙鳶　《事物原始》："紙鳶，古傳韓信所作。"《誠齋雜記》①："韓信約陳豨從中起，乃作紙鳶放之，以量未央宮遠近，欲穿地入宮中。"按，《六帖》云："五代漢李業與隱帝爲紙鳶，於宮門外放之。"②今俗謂之風箏，謬矣。

0771 木偶戲　古傀儡戲也。《列子》曰："周穆王時，巧人名偃師，所造倡者能歌舞，王與盛姬觀之，舞罷，則瞬目以招王之左右，王怒，欲殺巧人，偃師懼，立剖殺倡者，皆革木膠漆之所爲③。"此是傀儡之始。又《樂府雜録》："傀儡子起于漢祖平城之圍，其城一面即冒頓妻閼氏兵，强于三面。陳平訪知閼氏妬忌，造木偶婦人，運機關舞埤間。閼氏望見，謂是生人，慮下城，冒頓必納，遂退軍。"後翻爲戲，其引歌者曰郭郎，髡髮，善戲笑，凡戲塲必在俳兒之首④。今戲班有木偶人，俗名曰郎神，即此。《顏氏家訓》："或問：俗名傀儡子爲郭禿，有故實乎？答曰：《風俗通》云：'諸郭皆諱禿。'當是先世有姓郭而病禿者，滑稽調戲⑤。故後人爲其像，呼爲郭禿爾。"

0772 影戲　《搜神記》："故老相承，言影戲之原，出于漢武帝李夫人之亡，齊人少翁言能致其魂，上念夫人無已，乃使致之，少翁夜爲方帷，張燈燭。帝坐他帳，自帷中望見之，仿佛夫人像也。"故今有影戲。

---

① 雜，原誤作"集"。
② 此語不見於《白孔六帖》。明郎瑛《七修類稿·辯證四》："紙鳶，本五代漢隱帝與李業所造，爲宮中之戲者。"
③ 漆，原誤作"膝"。
④ 俳，原作"排"，據《樂府雜録》改。
⑤ 稽，原作"嵇"，從《顏氏家訓·書證》改。

0773 擊壤　《藝經》：“擊壤，古戲也。”《釋名》：“野老之戲也。”《樂書》云：“此制與堯時異。”吳盛彥《擊壤賦》有云：“因風托勢，罪一殺兩。”此又後來童少爲之，非老人戲也。《風土記》：“擊壤，以木爲之，前廣後鋭，長尺三寸，形如履。臘節，僮少以爲戲，分部以擿搏也①。將戲，先側一壤于地，遥于三四步外，以手中壤擿之，中者爲上。”

0774 拔河　唐中宗景龍三年春正月幸玄武門②，觀宫女拔河。拔河，戲名也。《景文龍館記》曰③：“清明節以大麻絚兩頭繫十餘小繩④，執之爭挽，以力弱者爲輸。”即今拉軍之戲也。

0775 保辜　《律》文有曰保辜，其義未詳。《説文》：“媭，保任也。”保辜之“辜”當作“媭”，謂毆者生死未決，令毆之者保任之，俟其平復與否，然後坐罪也⑤。

0776 以矢貫耳　即古之所謂聑也音哲。《司馬法》：“小罪聑之，中罪肘之，大罪剄之。”

0777 鬼薪　白粲　城旦　舂　《漢律》：“男子有罪，使取薪給宗廟，曰鬼薪。旦起行治城曰城旦。婦人不與外徭，使擇米正白，曰白粲。但舂作米，曰舂。鬼薪、白粲，三歲刑也。城旦，四歲刑也。”

0778 封埒　崔豹《古今注》：“畫界者封土爲臺，以表識疆境也。”馬縞曰：“爲堰埒以畫界分程也，十里雙堠，五里隻堠。”王子年云：“禹治水穿鑿處，皆有坻封記，使玄熊升其上⑥。此封埒之始⑦。”按《北堂書鈔》引《山

---

① 擿搏，原作“摘搏”，從明周祈《名義考》卷四“康衢擊壤”條改。

② 玄，原作“元”。

③ 今作《景龍文館記》。

④ 十，原作“千”，據《景龍文館記》改。

⑤ 《大清律例》卷二十七“保辜限期”下自注：“保，養也。辜，罪也。保辜，謂毆傷人未至死，當官立限以保之。保人之傷，正所以保己之罪也。”其律文云：“凡保辜者，責令犯人醫治，辜限内皆須因傷死者，以鬥毆殺人論。其在辜限外，及雖在辜限，傷已平復，官司文案明白，別因他故死者，各從本毆傷法。”

⑥ 玄，原作“元”。熊，《拾遺記》作“鼃”。

⑦ 始，原作“治”，據《拾遺記》改。

海經》:“黃帝遊幸天下,有記里鼓,道路有記里堆。”則堆起黃帝,非始于禹矣。

0779延鷺堠　畫烏亭　元魏改官制,以候望官爲白鷺,取其延望之意,其時亭堠多刻鷺像也。《漢明帝起居注》:“明帝巡狩過亭障,有烏鳴,亭長引弓射中之,奏曰:‘烏烏啞啞,引弓射洞左腋,陛下壽萬年,臣爲二千石。’帝悦之,令天下亭障皆畫烏焉。”

0780祠堂　《家禮》:“君子將營宮室,先立祠堂于正寢之東。”魏了翁《經外雜録》:“龔勝戒子孫:勿隨俗動吾塚、種栢、作祠堂。”①按此,漢時墓有祠堂。

0781生祠　《漢書·萬石君傳》:“石慶爲齊相,齊人爲立石相祠。”《于定國傳》:“父公爲縣獄吏,郡中爲之立生祠,號曰于公祠。”《漢紀》:“欒布爲燕相,有治迹,民爲之立生祠。”此後世生祠之始。

0782位版　岳珂《愧郯録》:“宋朝郊祀天地、祖宗,正配位皆有金版書神位,以金飾木爲之。如匣之制,稍高博,且表以金字。按徽宗政和八年蔡攸言②:‘臣昨受睿旨,討論位版之制,退考太史局所掌見用位版,皆無所考據。謹按《周官》有“鬼神示之居”,則知凡事未嘗無位;“旅上帝,供金版”,則知凡位未嘗無版。唯長短、廣狹、厚薄之數不見于書。恭考禮文,傅以經誼,伏請:昊天上帝位版長三尺,取參天之數;厚九寸,取乾元用九之數;廣一尺二寸,取天之備數;書徽號以蒼色,取蒼璧之義。皇地祇位版長二尺,取兩地之義;厚六寸,取坤元用六之義;廣一尺,取地之成數;書號以黃色,取黃琮之義。仍取《周官》之制,皆以金爲飾。’”

0783石羊石虎　秦漢以來,帝王陵前有石麒麟、石辟邪、石馬之屬,人臣墓前有石羊、石虎、石人、石柱之屬,皆所以表飾墳壟如生前之像儀衛耳。

---

① 《漢書·龔勝傳》:“勝因敕以棺斂喪事:‘衣周於身,棺周於衣,勿隨俗動吾冢、種栢、作祠堂。’”顏師古注:“若葬多設器備,則恐被掘,故云動吾冢也。亦不得種栢及作祠堂,皆不隨俗。”

② 八,岳珂《愧郯録》作“六”。

《風俗通》云："《周禮·方相氏》：'葬日入壙，驅罔象。'[1]罔象好食亡者肝腦，人家不能常令方相侍于側，而罔象畏虎與柏[2]，故墓前立虎與柏。或説秦穆公時，陳倉人掘地得物若羊，將獻之，道逢二童子，謂曰：'此名爲蝹，常在地中食死人腦。若殺之，以柏東南枝捶其首。'由是墓側皆樹柏。"按《禮經》："古之葬者，不封不樹，後代封墓，而又樹之。天子墳高三雉，諸侯半之。大夫八尺，士四尺。天子樹松，諸侯樹柏，大夫樹楊，士樹榆。"《説文》又云："天子樹松，諸侯柏，大夫榆，士楊。"殷周以來，墓樹有尊卑之制，不必專以罔象之故也。

按，松多陰幽，墓樹用之者，亦取其陰闇之義，故《東方朔傳》："柏，鬼廷也。"[3]師古曰："鬼神尚幽闇，以松柏之樹爲廷府也。"楊葉響有淒涼音，故墓亦多樹之，皆取其墓之所宜，原不專以罔象之故。然松柏味香而烈，樹于墓，亦取其能避虫蟻也，故中州人多用爲棺。

0784 紙錢　今代送葬爲鑿紙錢，舁以引柩。案，古者享祀鬼神有圭璧幣帛，事畢則埋之。後代既寶錢貨，遂以錢送死。《漢書》稱"盜發孝文園瘞錢"是也。率易從簡，更用紙錢。紙乃後漢蔡倫所造，其紙錢魏晉以來始有其事。今自王公逮于士庶，通行之矣。凡鬼神之物，其象似，亦猶塗車芻靈之類。古埋帛，今錢紙則皆燒之，所以示不知神之所爲也。《法苑珠林》云："楮錢出于殷長史王璵，用以祠祭。"[4]

0785 鐵馬　元帝時，臨池觀竹，既枯，后思其響，夜不能寢。帝爲作薄玉

---

[1]　《周禮·夏官·方相氏》："方相氏掌蒙熊皮，黄金四目，玄衣朱裳，執戈揚盾，帥百隸而時難，以索室毆疫。大喪，先匶，及墓，入壙，以戈擊四隅，毆方良。"

[2]　象，原誤作"兩"。

[3]　《漢書·東方朔傳》："朔曰：'令者，命也。壼者，所以盛也。齟者，齒不正也。老者，人所敬也。柏者，鬼之廷也。'"

[4]　《法苑珠林》無相關記載。《新唐書·王璵傳》："璵上言，請築壇東郊祀青帝，天子入其言，擢太常博士、侍御史，爲祠祭使。璵專以祠解中帝意，有所禳祓，大抵類巫覡。漢以來葬喪皆有瘞錢，後世里俗稍以紙寓錢爲鬼事，至是璵乃用之。"

龍數十枚，以縷綿懸于簷外，夜中因風相擊，聽之與風竹無異。今之鐵馬，是其遺制。但今民間效之，不能用玉，或以玻璃片，或細磁片，取其聲耳①。

　　0786 義塚　起自宋代，韓琦鎮并州，以官錢市田數頃給民安葬，蔡京設漏澤園，皆所謂義塚也。而"義塚"之名，見于宋景定二年，吳縣尉黃震《乞免再起化人亭之狀》云②。

　　0787 搢笏　徐廣《車服儀制》曰："漢魏以來，皆執手板，即笏也，有事則插于紳間，故曰縉紳。"晉王坦之倒執手板。唐段秀實以笏擊朱泚。唐故事：搢笏于帶而乘馬。張九齡體羸，使人持之，因置笏囊。崔琳每歲時宴于家，以一榻置笏，猶重積其上③。是知人執笏、搢笏，不獨對君也。

　　0788 書函　吳張溫使蜀，請先主曰："謹奉所賫函書。"④書之有函，亦自漢始。

　　0789 十四物取義　贔屭，形似龜，性好負重，故用載碑。螭吻，形似獸，性好望，故立屋角上。徒牢，形似龍而小，性好吼，有神力，故懸于鐘上。憲章，形似獸，有威，性好囚，故立于獄門上；一云狴犴，野獸名，似狗而小，似狐而大，善守，故令獄門畫其形。饕餮，性好水，故立于橋所。蚣蝮，形似獸，鬼頭，性好腥，故用于刀柄上。蟋蛩，形似龍，性好風雨，故立于殿脊上。螭虎，形似龍，性好文彩，故立于碑首。金猊，形似獅，性好火烟，故立于爐蓋上。椒圖，形似螺螄，好閉口，故立于門上；今呼鼓丁，非也。蚍蜉，

---

① 清顧張思《土風錄》卷五"鐵馬"條："簷前懸鐵馬始於隋煬帝。《南部煙花記》云：'臨池觀竹，既枯，隋后每思其響，夜不能寐。煬帝爲作薄玉龍數十枚，以縷線懸于簷外，夜中因風相擊，與竹無異。民間效之，不敢用龍，以竹駿代。今俗則以燒料謂之鐵馬，以如馬披甲作戰鬥形，且有聲也。'楊升菴《外集》云：'古人殿閣簷棱間有風琴、風箏，因風動成音，自諧宮商。'元微之詩：'鳥啄風箏碎珠玉。'高駢有《夜聽風箏》詩。僧齊已及王半山皆有《詠風琴》詩。此乃簷下鐵馬也。今人名紙鳶曰風箏，非也。真西山云：'風箏簷鈴，俗呼風馬兒。'"
② 宋黃震《黃氏日鈔》卷七十有《申判府程丞相乞免再起化人亭狀》。
③ 《舊唐書·崔義玄傳》："開元中，神慶子琳等皆至大官，羣從數十人，趨奏省闥。每歲時家宴，組珮輝映，以一榻置笏，重疊於其上。"
④ 《三國志·吳書·張溫傳》："頻蒙勞來，恩詔輒加，以榮自懼，悚怛若驚。謹奉所齎函書一封。"

形似龍而小，好立險，故立于護枵上。鰲魚，形似龍，好吞火，故立于屋脊上①。《倦遊録》：“漢以宮殿多火災，術士言天上有魚尾星，爲其象以禳之。”《類要》曰：“東海有魚似鴟，即蚩，噴浪降雨，唐以來設其象于屋脊上。”《蘇氏演義》：“蚩，海獸也。”今殿庭曰蚴，衙舍曰獸頭，大抵皆蚩也。殿庭爲龍形，衙舍爲獸形，或魚形，以別于殿庭，皆以意爲之，非其本則然也。獸吻，形似獅，好食陰邪，故立于門鐶上。金吾，形似美人首，魚尾，有兩翼，性通靈，不睡，故用巡警。見《菽園雜記》：“得之倪村民家《雜録》中。”②必博雅者有所採也。其曰螭虎，亦不免訛耳，恐訛亦不止此云。

0790騎　《詩》云：“古公亶父，來朝走馬。”古者馬以駕車，不可言走。曰走者，單騎之稱。古公之國鄰于戎翟，其習尚有相同者。程大昌《雍録》曰：“古皆乘車，今曰走馬，恐此時或已變乘爲騎也③。蓋避翟之遽，不暇駕車。然則騎射之法不始于趙武靈王也。

按，《正義》曰：“古者服牛乘馬，馬以駕車，不單騎也。至六國之時始有單騎。蘇秦所云車十乘、騎萬匹是也。《曲禮》云前有車騎者，《禮記》漢世書耳。經典無‘騎’字也。”④然《左傳·昭公二十五年》：“左師展將以公乘馬而歸。”則已騎馬矣。

0791長明燈　江寧縣寺有晉時長明燈，色變青不熱。隋平陳時，猶未滅⑤。《異聞録》：“楊穆嘗于昭應寺讀書，每見紅裳女子，一曰誦詩曰：‘金風不勝秋，月斜石樓冷。誰是相顧人，褰幃弔孤影。’楊問其姓名，曰：‘遠祖名無忌，姓宋，十四代祖因顯揚釋教，封長明公。開元中，唐明皇與貴妃建此

---

① 原文衍一“脊”字，今刪。
② 明陸容《菽園雜記》卷二：“古諸器物異名：鳳贔，其形似甌……故用巡警。出《山海經》《博物志》。右嘗過倪村民家，見其《雜録》中有此，因録之以備參考。”
③ 已，原作“以”，據《雍録》改。
④ 見《左傳·昭公二十五年》“左師展將以公乘馬而歸，公徒執之”孔穎達正義。
⑤ 唐劉餗《隋唐嘉話》卷下：“江寧縣寺有晉長明燈，歲久，火色變青而不熱。隋文帝平陳，已訝其古，至今猶存。”

寺,立經幢,封妾爲西明夫人,因賜珊瑚寶帳居之。自此虫生^①,蛾郎不復强暴矣。'後駼之,乃經幢中燈也。"

0792 會哨　哨,當作骹。《説文》:"骹,吹簫也。七肖切,與哨同音。"《廣韻》:"竹簫,洛陽亭長所吹。"今雲南、廣東等處,屯戍之所、防盜之處名曰哨,合用此字,蓋吹骹以警守也。今俗云打哨子是也。

0793 飣坐　取飣食之義也。今俗宴會,黏果列席前,曰看席。飣坐,古稱飣坐,謂飣而不食者。《玉海》:"唐少府監御饌,用九盤裝素,名九飣食。"按,《崔遠傳》^②:"人目爲釘坐黎。"^③今以文詞因襲素積爲餖飣。

0794 尸解　張晏曰:"人老而解去,故骨則變化也。"^④《集仙録》曰:"有死而形如生人者,有死而足不青、皮不皺、目光不落者,有死而更生者,有未斂而失其尸者,有髮脱而形飛者,皆尸解也。"

0795 别號　《戰國策》:"秦惠王時有寒泉子。"注云:"秦處士之號。"《史記索隱》云:"甘茂居渭南陰鄉之樗里,故號樗里子。"又范蠡去越,自稱鴟夷子。此固後人别號之所昉乎。

0796 大道旁官樹　《周禮·野廬氏》:"比國郊及野之道路,宿息、井、樹。"《國語》:"單襄公述周制以告王曰:'列樹以表道,立鄙食以守路。'"《釋名》曰:"古者列樹以表道,道有夾溝以通水潦。"古人于官路之旁必皆種樹以記里,至以蔭行旅。是以南土之棠,召[伯]所茇^⑤;道周之杜,君子來

① 虫,原文如此,疑有誤。宋朱勝非《紺珠集》卷一"長明公"條、宋曾慥《類説》卷十九"經幢中燈"條、元陶宗儀《説郛》卷一一七"長明公"條等均作"異"。

② 崔,原誤作"李"。

③ 《舊唐書·崔遠傳》:"遠文才清麗,風神峻整,人皆慕其爲人,當時目爲'釘座梨',言席上之珍也。"

④ 《漢書·郊祀志》"形解銷化"顏師古注:"服虔曰:'尸解也。'張晏曰:'人老而解去,故骨如變化也。今山中有龍骨,世人謂之龍解骨化去。'……師古曰:服、張二説是也。"

⑤ "伯"字從清顧炎武《日知録》卷十二"官樹"條補。《詩·召南·甘棠·序》:"《甘棠》,美召伯也。召伯之教,明於南國。"孔穎達正義:"謂武王之時,召公爲西伯,行政於南土,決訟于小棠之下,其教著明於南國,愛結於民心,故作是詩以美之。"詩云:"蔽芾甘棠,勿翦勿伐,召伯所茇。"

遊①；固以宣美風謠，流恩後嗣。子路治蒲，樹木甚茂②；子産相鄭，桃李垂街③。下至隋唐之代，而官槐、官柳亦多見之詩篇，則官樹之設亦足見人存政舉之效矣。

0797　朱衣點頭　《侯鯖録》：“歐陽修知貢舉日，每遇考試卷，坐後常覺一朱衣人時復點頭，然後其文入格。不爾則無復與選。始疑侍吏，及回顧之，一無所見。因語其事于同列，爲之三嘆。嘗有句云：‘唯願朱衣一點頭。’”又有“清夜夢中糊眼處，朱衣暗裏點頭時”云云。

0798　青苗錢　唐代宗廣德二年七月庚子，税天下地畝青苗錢以給百官俸。田一畝，税錢十五文。所謂青苗錢者，以國用急，不及待秋，方苗青而徵之，故號④。主其任者爲青苗使。此與王安石所行青苗錢之法不同。彼則當青黃未接之時貸錢于貧民，而取其息，本謂之常平錢，民間名爲青苗錢耳。遂爲後代豫借之始。

0799　苜蓿盤　薛令之爲右庶子，開元中，東宮官僚清淡，令之題詩自悼，云：“朝日上團團，照見先生盤。盤中何所有，苜蓿長闌干。飯澀匙難綰，羹稀筯易寬⑤。無以謀朝夕，何由保歲寒。”今人用作教職故事，非也。

0800　八字　古者但論年月日，不及時。《離騷》屈子自敘其生，不及時，但曰“攝提貞于孟陬兮，維庚寅吾以降”。攝提，歲也；孟陬，月也；庚寅，日也。吕才禄《命書》亦止言歲月日，不及時。李虛中以人生年月日所直干支，推人禍福生死，百不失一，初不用時也。自宋而後，乃并其時參合之，謂

---

① 《詩·唐風·有杕之杜》：“有杕之杜，生于道左。彼君子兮，噬肯適我？中心好之，曷飲食之？有杕之杜，生于道周。彼君子兮，噬肯來游？中心好之，曷飲食之？”

② 《韓詩外傳》卷六：“子路治蒲三年……邑墉屋甚尊，樹木甚茂。”

③ 《吕氏春秋·下賢》：“故相鄭十八年，刑三人，殺二人。桃李之垂於行者，莫之援也；錐刀之遺於道者，莫之舉也。”

④ 《新唐書·食貨志一》：“至大曆元年，詔流民還者，給復二年，田園盡，則授以逃田。天下苗一畝税錢十五，市輕貨給百官手力課。以國用急，不及秋，方苗青即征之，號‘青苗錢’。又有‘地頭錢’，每畝二十，通名爲‘青苗錢’。”

⑤ 筯，原誤作“筋”，從《全唐詩》卷二一五載薛令之《自悼》詩改。

之八字。

0801四不祥日　通書以每月初四、初七、十六、十九、二十八凡五日，謂之“四不祥”，忌上官赴任、臨政親民，世俗信之惟謹。今按其起例，蓋以隔三爲破，對七爲衝，乃月朔地支衝破之日，猶建除家之平破日也。假如月朔是子日，子破卯而衝午，此五日者非卯日則午日也；月朔是丑日，丑破辰而衝未，此五日者非辰日則未日也，自寅至亥皆倣此。蓋古者以月朔爲吉月，故術士遂以衝破之日爲不祥，然日統于月，月建當令氣王，故以衝破爲凶。若月朔亦月中之一日耳，餘日干支，無與月朔衝破之理，則不祥之名，亦附會支離之甚者也，故《協紀辨方》删去不用。

0802兀日不上官　宋王明清《談録》載：“丁顧言宦蜀，至官有期，駐舟江澨，游憩山寺，遇老僧問何爲而至，丁具以告。又問期在何時，丁又以告。僧曰：‘是爲兀日，不可視事，勿避之，君必以事去。’丁笑而不應。既至，官月餘，以事免歸。”[1]是兀日之説，宋已有之矣。顧詳其取義，不過小六壬之留連赤口日耳。陽年正月初一日起小吉，陰年正月初一日起留連，按日順數，毫無深義，然則宋時老僧亦偶中耳，人之以事去官者，豈盡由視事之遇兀日耶？以兀日視事者，又豈盡去官耶？

0803犯土神　裴玄《新語》：“俗間有土公之神，土不可動[2]。玄有五歲女孫，卒得病，詣市卜，云犯土。玄即依方治之，病即愈。然後知天下有土神矣。”

0804壽星圖　邵康節題：“嘉祐八年冬十一月，京師有道人遊卜于市，莫知所從來，貌體古怪，不與常類，飲酒無筭，未嘗覺醉。都人士異之，相與諠傳，好事者潛圖其狀。後近侍達帝，引見，賜酒一石，飲及七斗。次日，司

---

[1]　見《王氏談録》“上官忌兀日”條。該書《四庫全書》列“子部雜家類”，《四庫提要》謂：“《王氏談録》一卷，不著撰人名氏。《説郛》載之，題曰王洙撰。《書録解題》則以爲翰林學士、南京王洙之子録其父所言……洙子惟欽臣一人，則此書即欽臣所録也。”則其作者爲王欽臣。

[2]　《通俗編》引此語“土”前有“云”字。

天台奏壽星臨帝座,忽失道之所在,仁宗嘉嘆久之。”①世之所寫壽星圖,不過俯龜狎鶴、松栢參錯、粉飾鮮麗而已。仁宗時,天下熙熙,無物不春,宜乎壽星遊戲人間,躬見于帝也。章聖二年,有人長三尺許,身首幾相半云。

0805 **紅衣小兒**　《星占》云:“熒惑降爲小兒,歌謠嬉戲。”《宋書》:“永安二年,有稚子羣戲,一小兒忽來,曰:‘我非人,熒惑星也。’言訖上飛,仰而觀之,若曳匹練,有頃而没。”

0806 **鼠咬書**　《宋史》:“杜鎬初應舉,將試前夕,見大鼠銜卷于前,視之,乃《孝經正義》。明日,果于《正義》中出題三道。”②故今人以鼠咬書爲吉兆也。

0807 **生羊禁婦人拍手**　《郡國[志]》:“吳房堂溪有白羊淵,漢武元封二年有白羊出此淵,畜牧者禱祀之。初出一羊,婦人大驚拍手,羊自此絶。”今俗生羊禁婦人拍手,是效古也。

0808 **雞十八日成鶵**　《九家易》:“風應節而變,變不失時。雞,時至而鳴,與風相應也。二九十八,主風精,爲雞。故雞十八日抱而成鶵。二九順陽歷,故雞知時而鳴也。”

0809 **三尸神**　修真家言:身中有三尸神,常以庚申日將本人罪過奏聞上帝,減其禄命。上尸名彭倨,次名彭質,下名彭矯③。每遇庚申日,徹夜不臥,守之至曉,則三尸不得上奏。余想此神本空洞洞地,安得有三尸在内?蓋“彭”字之義,字書一訓作近,而倨傲之性、質見之性、矯戾之性,人人有之。所謂三尸奏帝者,不過謂人之性情,一近于倨傲,一近于質見,一近于矯戾,則罪過日多,而上帝視之,如見其肺肝。然其所謂守庚申者,正欲人斷除此三種性情,方可入道也。其必限以庚申日者,蓋“庚”取更新之義,“申”取

---

① 　明陳耀文《天中記》卷二述此故事後,題其出處爲“康節題”。此署“邵康節”即北宋理學家邵雍。

② 　此事載宋劉延世《孫公談圃》卷下,《宋史》不載。

③ 　《漢武帝内傳》:“三尸狡亂,玄白失時。”唐段成式《酉陽雜俎·玉格》:“三尸一日三朝:上尸青姑,伐人眼;中尸白姑,伐人五臟;下尸血姑,伐人胃命。”

申明之義,欲乘此時以自申明其勇于更改耳。豈真有三尸哉?

0810糊名　彌封　謄録　設科之意,以取才也,故有先知其賢而進之者,先知其不肖而退之者,至唐貞元、太和猶然,如陸贄訪梁蕭而舉崔羣,崔郾試進士;吳武陵出杜牧所賦《阿房宫辭》,請以第一人處之,是知其賢而進之也。王師旦因張昌齡之文華而少實,雖有盛名而絀之;羅隱有詩名,尤長于詠史,然多譏諷,以故不中第,是知其不肖而退之也,並無糊名、彌封之条。至宋景德中,陳彭年與戚綸參定考試條式,始有糊名、彌封之条。初,陳彭年舉進士,輕俊,喜謗主司,宋白知貢舉,惡其爲人,黜落之,彭年憾焉。後居近侍爲貢舉,條制多所關防,蓋爲白設也[1]。然糊名、彌封雖至嚴密,尚有認識字畫之弊。其後,袁州人李夷賓請別加謄録,因著爲令。

0811相船之法　頭高于身者,謂之望路,如是者凶。雙板者凶,謂六板、八板;隻板者吉,謂五板、七板,俱以船底板數之也。出《談苑》。《北户録》:“船神呼爲孟公、孟姥,其來尚矣。梁簡文《船神記》云:‘船神名馮耳。’《五行書》:‘下船三拜,三呼其名,除百忌。又呼爲冥公、冥姥。’[2]劉思真云:‘元冥爲水官,死爲水神。’冥、孟聲相似。”

0812越訴　今代縣門之前多有牓曰:“誣告加三等,越訴笞五十。”此先朝之舊制,亦古者懸法象魏之遺意也。今人謂不經縣官而上訴司府謂之越訴,非也。《太祖實録》:“洪武二十七年四月壬午,命有司擇民間高年老人公正可任事者,理其鄉之詞訟。若户婚、田宅、鬭毆者,則會里胥決之。事涉重者,始白于官。若不由里老處分而徑訴縣官,此之謂越訴也。”[3]

0813娶妻不娶同姓　姓之爲言生也。《左傳·昭四年》:“問其姓,對曰:余子長矣。”《詩》曰:“振振公姓。”天地之化,專則不生,兩則生,故叔詹言:“男女

---

① 唐劉餗《隋唐嘉話》卷下:“武后以吏部選人多不實,乃令試日自糊其名,暗考以定等第。判之糊名,自此始也。”

② 冥公、冥母,唐段公路《北户録》卷二“卜雞骨”條作“孟公、孟母”。

③ 此,原誤作“即”,從清顧炎武《日知録》卷八改。

同姓,其生不蕃。"《晉語》曰:"同姓不昏,懼不殖也。"是知禮不娶同姓者,非但妨嫌,亦以戒獨也。《易》曰:"男女暌而其志通也。"是以"王御不參一族"①,其所以合陰陽之化而助嗣續之功者,微矣。

　　按,姓之所從來,本于五帝,五帝之得姓,本于五行,則有相配相生之理。故《傳》言:"有嬀之後,將育于姜。"又曰:"姬、姞耦,其生必蕃。"而後世五音族姓之說自此始矣。

　　0814門包　《後漢書·梁冀傳》:"冀、壽共乘輦車,游觀第内。鳴鐘吹管,或連繼日夜。客到門,不得通,皆請謝門者,門者累千金。"②今日所謂門包,殆昉于此。

　　0815假山　宋太宗第五子元傑作假山臺,僚屬往觀,姚坦曰:"但見血山,安得假山。"言皆民膏血也。

　　0816**五通神**　舊傳明祖既定天下,大封功臣,夢兵卒千萬,羅拜殿前,曰:"我輩從陛下四方征討,雖没于行陣,夫豈無功? 請加恩邺。"高皇曰:"汝固多人,無從稽考姓氏③,但五人爲伍,處處血食足矣。"因命江南家立尺五小廟祀之,俗稱"五聖祠"。是後,日漸蕃衍,甚至樹頭花前,雞塒豕圈,小有茇妖,輒曰:"五聖爲禍。"惟吳上方山尤極淫侈,娶婦貸錢,妖詭百出。吳人驚信若狂,簫鼓畫船報賽者相屬于道,巫覡牲牢,闐委雜陳。計一日之費,不下數百金,歲無虛日也。吾睢州湯文正公巡撫江南,深痛惡俗,康熙乙丑奏于朝而毀之,奉有諭旨,并檄各省,有如江南土木之俑,或畀炎火,或投濁流,五聖祠遂斬無孑遺④。

　　0817**滄桑**　南海之神,唐天寶間封爲廣利王,其廟遥對虎門。韓昌黎碑

---

①　《國語·周語上》:"王御,不參一族。"韋昭注:"御,婦官也。參,三也。一族,父子也。故取異姓以備三,不參一族也。"

②　《後漢書·梁冀傳》:"冀、壽共乘輦車,張羽蓋,飾以金銀,游觀第内,多從倡伎,鳴鍾吹管,酣謳竟路,或連繼日夜,以騁娱恣。客到門,不得通,皆請謝門者,門者累千金。"

③　稽,原作"嵇"。

④　本條及下條襲清鈕琇《觚賸》。

文首序神秩之貴，次序海濤之惡。今廟前止成小涌，唯順潮水以通官舫，南望水田萬頃，溝塍相錯，與韓碑絕不符矣。可知山川之形雖亘古常存，而滄桑之幻亦何時不見哉！

0818 娶妻必以昏　《禮經注疏》：“娶妻之禮，以昏爲期，因名焉。必以昏者，取陽往陰來之義也。”①

0819 昏禮不用樂　按，《禮·曾子問》：“孔子曰：‘嫁女之家，三夜不息燭，思相離也。取婦之家，三日不舉樂，思嗣親也。’”《郊特牲》亦云：“昏禮不樂，幽陰之義也。”昔裴嘉昏會用樂，猶有一薛方士非之②。君子不用可也。

0820 犯土　《容齊隨筆》：“今世俗營建宅舍，或小遭疾厄，皆云犯土。故道家有謝土司章醮之文。按《後漢書》：‘安帝時皇太子驚病不安，避幸乳母野王聖舍。太子厨監邴吉以爲聖舍新繕修，犯土禁，不可久御。’然則古有其説矣。”③

0821 碑　《尚書故實》：“碑皆有圓空。蓋碑者，悲也。本虛墓間物，每一墓有四焉。初葬穿繩于空以下棺，乃古懸窆之禮。《禮》曰：‘公室視豐碑，三家視桓楹。’人因就紀其德，由是遂有碑表。後有樹德政碑，亦設圓空，不知根本，甚失。有悟之者，遂改焉。”《賢奕編》：“碑者，施于墓則下棺，施于廟則繫牲，古人因刻文其上。今揭大石，鏤文，題曰碑銘，非古制。”

0822 關榷　《説文》：“關，以木横持門户也。”《周禮·地官·司關》：“掌國貨之節，以聯門市。”註：“界上之門也。”榷，《説文》：“水上横木，所以渡者也。”徐曰：“即今之所謂水彴橋也。”《前漢[書]·武帝紀》：“初榷酒酤。”韋曜曰：“以木渡水曰榷。”師古曰：“步渡橋，禁民酤釀，獨官開置，如道路設木爲

---

① 見《禮記·昏義》孔穎達正義。

② 宋陳暘《樂書》卷三“禮記訓義”：“昔裴嘉有婚會，薛方士預焉。酒中而樂作，方士非之而出。王通聞之曰：‘薛方士知禮矣。’”

③ 本卷有“犯土神”條，可參。

榷，獨取利也。"①顔牋榷酤是征税之法。

0823 羅漢　吳越王夢十八巨人，而範其像，故羅漢之始正十八尊②。至南宋時，僧道容增塑至五百尊，覆之以田字殿，殊容異態，無一雷同。

0824 雷峯塔　五代時所建。塔下舊有雷峯寺，廢久矣。嘉靖時，東倭入寇，疑塔中有伏，縱火焚塔，故其簷級皆去，赤立童然，反成異致。俗傳湖中有青魚、白蛇之妖，建塔相鎮，大士囑之曰："塔倒湖乾，方許出世。"事屬無稽。洪昉思云③："小説家載有《白娘子永鎮雷峯塔》事，豈其然乎？"

0825 傳臚　《文獻通考》曰："士殿試，拆榜唱名曰臚傳。集英殿唱第日，宰臣進三名卷子，讀于御桉前。用牙篦點讀畢，拆視姓名，則曰某人，閤門則承之以傳于階下，衛士凡六七人，皆傍聲傳其名而呼之，謂之臚傳。閤門，鴻臚卿。"④

0826 欠債　債，通財也。徐本《説文》列新附文内，蓋後人所加。古止從責，《周禮·小宰》"稱責"注："責，謂貸錢而生子。""晉悼公始命百官，施舍已責。"注："已，止也，負者不責償也。"又，《國策》"孟嘗君收責于薛"，《史記》作"收債"。

0827 酒旗　《韓非子》云："宋[人]沽酒，懸幟甚高。"酒市有旗，始見于此，或謂之帘⑤。《酒譜》。

---

① 《漢書·武帝紀》："初榷酒酤。"顔師古注："如淳曰：'榷音較。'應劭曰：'縣官自酤榷賣酒，小民不復得酤也。'韋昭曰：'以木渡水曰榷。謂禁民酤釀，獨官開置，如道路設木爲榷，獨取利也。'師古曰：榷者，步渡橋，《爾雅》謂之石杠，今之略彴是也。禁閉其事，總利入官，而下無由得，有若渡水之榷，因立名焉。韋説如音是也。"

② 明田汝成《西湖遊覽志》卷三："淨慈禪寺，周顯德元年錢王俶建，號慧日永明院，迎衢州道潛禪師居之。潛嘗欲從王求金鑄十八阿羅漢，未白也，王忽夜夢十八巨人隨行，翌日，道潛以請，王異而許之，始作羅漢堂。"

③ 洪昇，字昉思，清代戲曲家。

④ 元劉一清《錢塘遺事》卷十"擇日唱第"條有詳細記載。

⑤ 人，原缺。帘，原誤作"布"。均從宋寶苹《酒譜》"酒旗"條改。

0828**壓歲錢** 除夕有此事,未知所始。陳其年《歲寒詞》小序有云:"且充壓歲之錢,姑貯辭年之酒。"

0829**雙回門** 新婦歸寧,與婿同往,謂之雙回門。《春秋·宣公五年》:"九月,齊高固來逆叔姬。冬,高固及子叔姬來。"《左氏傳》:"冬來反馬也。"杜注:"禮,送女,留其馬。三月廟見,遣使反馬。高固遂與叔姬俱寧。"此即雙回門之始[①]。

0830**摸盲盲** 小兒以巾掩目,暗中摸索,謂之摸盲盲。始于唐明皇、楊妃之戲,號捉迷藏。見《致虚閣雜俎》。元微之《雜憶》詩:"憶得雙文朧月下,小樓前後捉迷藏。"范公偁有《題扇上小兒迷藏》詩。

0831**世婚** 國重世臣,家重世婚。今民多以姑舅之子若女,與兩姨之子若女,不可爲婚。按《律》:尊長卑幼相與爲婚者有禁,若謂母之姊妹與己之身是謂姑舅兩姨,不可以卑幼上配尊屬者。若己爲姑舅兩姨子,彼爲姑舅兩姨女,無尊卑之嫌。爲子擇婦,爲女擇婿,古人不以爲非。成周之時,王朝所與婚者不過齊、宋、陳、杞四國而已,故當時稱異姓大國曰"伯舅",小國曰"叔舅",其世爲婚姻可知。至于列國齊、宋、魯、秦、晉,亦各自爲甥舅之國。後世如晉之王、謝,唐之崔、盧、潘、楊之睦,朱、陳之好,皆世爲婚媾,其顯然可證。如温嶠之《玉鏡臺》,以舅之子娶姑之女。吕榮公夫人張氏乃待制張昷之女,待制夫人即吕榮公母申國夫人之姊也。此其意,朱大學士善文恪公曾疏言之[②]。

0832**社禜**音詠。酺,音蒲 古者,民間外祭祀有社、有禜、有酺,皆自天子下達。天子有大社,諸侯有國社,大夫有采邑者得立社。"子路使子羔爲費

① 此條與下條襲清顧張思《土風録》卷二"雙回門、摸盲盲"條。

② 《明史·朱善傳》:"上疏論婚姻律曰:'民間姑舅及兩姨子女,法不得爲婚。讐家詆訟,或已聘見絶,或既婚復離,甚至兒女成行,有司逼奪。按舊律,尊長卑幼相與爲婚者有禁。蓋謂母之姊妹,與己之身,是爲姑舅兩姨,不可以卑幼上匹尊屬……温嶠以舅子娶姑女,吕滎公夫人張氏即其母申國夫人姊女。古人如此甚多,願下羣臣議,弛其禁。'帝許之。"

宰”，以爲“有民人，有社稷”①，是也。無采邑者，與民萃處，共立一社。《祭法》：“大夫以下成羣立社曰置社。”《月令》：“擇元日，命民社。”蓋大夫、士、庶萃處而立社，所謂民社也。周制：“二千五百家爲州。”②立社，社、州長“以歲時祭祀州社”③，是也。春秋諸侯不盡遵此制，其社之户數多寡不等，故有千社，一千家爲一社也④，是爲“千室之邑”；有“書社五百”⑤，所書一社之户口有五百家也。管仲“騈邑三百”，亦謂“三百家爲一社”也，皆謂之里社。里，居也，謂民居之社也。鄭康成《祭法》註云：“民族居，百家以上共立一社，今時里社是也。”然百家以上即立一社乃秦漢之制，周惟有二千五百家之社耳。而杜元凱注《左傳》，以二十五家爲一社，豈非誤解里居之里爲二十五家之里與？“太祝掌六祈，以同鬼神祇，四曰禜。”⑥《左傳》：“子産言：‘山川之神，水旱癘疫之災，於是乎禜之；日月星辰之神，雪霜風雨之不時，于是乎禜之。’”然天子祭天，諸侯祭土，則日月星辰非天子不得禜，諸侯祀分野之星，已爲春秋之僭禮，況民間乎？周制：“五百家爲黨，黨正月秋祭禜。”⑦鄭注：“謂雩禜水旱之神，亦爲壇位，如祭社稷。”⑧蓋境内山川能鎮安、灌溉此方之土，故因水旱不時而禜之也。《書大傳》：“帝令大禹步于上帝。”洪祀、六沴，實醊祭之始。《周[禮]·小祝》：“掌小祭祀，候、禳、禱、祠，則醊祭在内矣。在民間者，百家爲族，族師春秋祭醊。”鄭注：“醊者，人物災害之神，如世所云蠭螟之醊、人鬼之醊。蓋亦爲壇位如雩禜。”是也。《肆師》：“國有大故，則令國人祭。歲時之祭祀，亦如之。”鄭注：“大故，水、

---

①　《論語·先進》：“子路使子羔爲費宰。子曰：‘賊夫人之子。’子路曰：‘有民人焉，有社稷焉，何必讀書，然後爲學？’子曰：‘是故惡夫佞者。’”

②　《周禮·地官·州長》：“州長，各掌其州之教治政令之法。”鄭玄注：“鄭司農云：二千五百家爲州。”

③　《周禮·地官·州長》：“若以歲時祭祀州社，則屬其民而讀法，亦如之。”

④　《左傳·昭公二十五年》：“自莒疆以西，請致千社。”杜預注：“二十五家爲社；千社，二萬五千家。”

⑤　《左傳·哀公十五年》：“媚杏以南書社五百。”杜預注：“二十五家爲一社，籍書而致之。”

⑥　見《周禮·春官》。

⑦　《周禮·地官·黨正》：“黨正，各掌其黨之政令教治。”鄭玄注：“鄭司農云：五百家爲黨。”

⑧　《周禮·地官·黨正》：“春秋祭禜亦如之。”鄭玄注：“禜謂雩禜水旱之神，蓋亦爲壇位，如祭社稷云。”

旱、凶、荒。所令祭者，社及禜酺。"賈疏："命國人祭六鄉，則州祭社，黨祭
禜，族祭酺；六遂，則縣祭社，鄙祭禜，酇祭酺也。"至歲時，祭祀在民間惟
春、秋二祭而已。

0833 蜡祭　蜡祭，則《郊持牲》之文備矣。其言天子大蜡八：一先嗇、二
司嗇、三農、四郵、五表畷、六坊、七水庸、八禽獸即貓虎也。種曰稼，斂曰嗇，
天生五穀，雜于庶草。先嗇，知粒食利于養生，因收穫之，又從而種植之，而
農事以起是爲田祖。司嗇，守其法，以教民稼穡者，是先神農而知穡事者
也。農，是勸農之官，是爲田畯。郵始造郵舍，俾田畯居之，以督耕者。表
畷，始疆理田而植樹木以爲標，列阡陌以爲道者。防，始築堤防以障水者。
水庸，始造溝以注水者。禽獸，即貓虎，貓能食田鼠，虎能食田豕，故迎其神
而祭之八神之位。先嗇爲主，正中司嗇及農爲配，司嗇居生，次郵，次坊，
農居右，次表畷，次水庸，禽獸附祭于下，貓左而虎右。先儒之言八神者，
不知郵與表畷爲二，而誤合之，以爲造郵舍于田畔，相連綴之，即不足八神
之數。鄭康成、蔡中郎則以祝辭有"昆蟲無作，草本歸其澤"之語，因以昆
蟲爲一。夫昆蟲不當祭，若祭除昆蟲者，亦當祭除草木者，而不止于八矣。
況《詩》云："去其螟螣，及其蟊賊，無害我田穉。田祖有神，秉畀炎火。"則
除昆蟲亦先嗇、司嗇事耳。王子雍分貓虎爲二。夫貓虎即禽獸，似亦不宜
分也。建亥之月，農事既畢，乃行蜡祭，于夏爲十月，于商爲十一月，于周
爲十二月。《郊特牲》云："蜡也者，索也。歲十二月，合聚萬物而索饗之。"
是也[①]。

0834 月明和尚度柳翠　跳鮑老，兒童戲也。徐天時有《玉通禪》劇，此
亦戲耳。而孤舟山下有柳翠墓在焉，神道路旁有月明菴在焉，郡城中有柳翠
井，遺跡昭然，非徒戲言無據也。考紹興間，有清了、玉通者，皆高僧也。太
守柳宣教莅任，玉通不赴庭參，柳惡之，使紅蓮計破其戒。玉通羞見清了，即

---

① 詳見清秦蕙田《五禮通考》卷五十六。

留偈,回首托生于柳,誓必敗其門風。宣教没,翠流落爲妓二十餘年,與清了遇于大佛寺内。清了又號明月,爲之戴面具,爲宰官身、比邱身、婦人,現身説法,示彼前因,翠即時大悟,所謂月明和尚度柳翠也。燈月之戲,跳舞宣淫,大爲不雅。

0835風水説 近世惑于風水之説,多信堪輿家言,不知陰陽襍書僞訛尤多,昔唐太宗命博士吕才刊定是書,其序《禄命篇》曰:"世有同年同禄而貴賤殊,共命共胎而夭壽異者。長平坑降卒,非俱犯三刑①;南陽多近臣,豈俱當六合?"其序《葬篇》曰:"葬者,藏也,欲令不得見也。近代或選年月,或相墓田。按《禮》,天子、諸侯、大夫葬,皆有月數,是古人不擇年月也。《春秋》:'丁巳葬定公,雨,不克葬,至戊午襄事。'②是不擇日也。鄭葬簡公,司墓之室當路③,毀之則朝而窆,不毀則日中而窆,子産不毀,是不擇時也。古之葬者,皆于國都之北,兆域有常處,是不擇地也。經曰:'立身行道,揚名于世,以顯父母。'④而乃以爲富貴皆葬所致,子孫蕃衍皆葬所招。夫臧孫有後魯,不聞葬得吉;若教絶嗣,不聞葬得凶。是葬有吉凶之説,不可信也。"⑤而世之聞地理者蓋聞天理?若以形論,不過無風衝水激之患,便是佳地。

0836濠畔朱樓 粤東廣州城濠水,自東西水關而入,逶迤城南,逕歸德門外。背城昔有平康十里,南臨濠水,朱樓畫榭,連屬不斷,皆優伶小唱所居,女旦美者,鱗次而家,其地名西角樓。隔岸有市肆,天下商賈聚焉。屋後多有飛橋跨水,可達曲中,讌客者皆以此爲奢麗地,曰濠畔街,香珠犀象如山,花鳥如海。番巨輻輳⑥,日費數千萬金。飲食之盛,歌舞之多,過于秦淮

---

① 非,原作"飛",據《新唐書·吕才傳》改。

② 克葬、至,原誤作"克華、王"。

③ 室、當,原誤作"定、羿"。

④ 《孝經·開宗明義章》:"立身行道,揚名于後世,以顯父母,孝之終也。"

⑤ 《舊唐書·吕才傳》:"臧孫有後於魯,不關葬得吉日;若敖絶祀於荆,不由遷厝失所。此則安葬吉凶不可信用,其義四也。"本條以上内容見史書傳主所序《葬書》。

⑥ 巨,即"夷"。

數倍[①]。

0837 蘭亭修禊　永和九年，王羲之與謝安、謝萬、孫綽、孫統、王彬之、凝之、肅之、徽之、徐豐之、袁嶠之十有一人，四言、五言詩各一首。王豐之、元之、蘊之、渙之、郄曇、華茂、庾友、虞説、魏滂、謝繹、庾蘊、孫嗣、曹茂之、華平、桓偉十有五人，或四言，或五言，各一首。王獻之、謝瑰、卞迪、卓髦、羊模、孔熾、劉密、虞谷、勞夷、后綿、華耆、謝藤、王儇、吕系、吕本、曹禮十有六人，詩各不成，罰酒三觥。

按史載，獻之嘗與兄徽之、操之俱詣謝安，二兄多言，獻之寒温而已。既出，客問優劣，安曰：“少者佳，吉人之辭寡。”今王氏父子兄弟畢集，而獻之之詩獨不成，豈亦“吉人之辭寡”耶？

0838 子張配享　十哲，本無顓孫氏，而文廟何以入于十哲之列？考聖門弟子七十二人，首先十哲，次曾參，次顓孫師。宋王伯厚《小學紺珠》注“七十二弟子”云：“顔子配享，升曾子爲十哲。曾子配享，升子張爲十哲。”[②]子張之入十哲，亦以次而升也。或別有考義，他無所見，以俟博者。

0839 關聖帝世系　帝，解州常平下馮村寶池里五甲人，有祖塋在常平中條山陰，其世系史多不載。康熙十七年戊午，常平士子昌，肄業墖廟，即帝之祖居也。有濬井者，得巨磚，頗斷裂，昌合讀之，即帝考奉祀厥考之主，中紀生死甲子併兩世字諱大略，因循山求墓道合券，奔告郡守王朱旦，朱旦撰碑記誌之：“聖祖，諱審，字問之，號石磐公，生漢和帝永元二年庚寅，居解梁常平村，以《易傳》《春秋》世其家。聖父諱毅，字道遠。漢和帝永壽二年丁酉，聖祖没，道遠公葬聖祖于中條山中。漢桓帝延熹三年庚子六月二十四日，生帝于常平村，有烏龍繞室。帝生而英奇雄駿，既受《春秋》《易》，旁通淹貫，以古今事爲身任。長，娶胡氏，于漢靈帝光和五年戊午五月十三日生

---

① 此襲清屈大均《廣東新語》卷十七“濠畔朱樓”條。

② 見宋王應麟《小學紺珠》卷五“十哲”條。

子平。"今俗以五月十三日爲帝生日，或爲磨刀日，俱傳之訛也。

0840 **貪狼**　元宗既至南都，殿前得殘獸一足，無有知其故者，遣使問陳陶，陶曰："是夜乃貪狼星值日，故耳。"元宗歎曰："真鴻儒也。"今署前照壁畫此獸，亦所以戒其貪也。《十國春秋》。

0841 **計偕**　《漢書·武帝紀》："徵吏民有明當世之務、習先聖之術者，縣次給食，令與計偕。"師古曰："計者，上計簿使也。郡國每歲遣詣京師上之。偕者，俱也。令所徵之人與上計者俱來，而縣次給之食。"① 按《周禮》疏云："漢之朝集使，謂之上計吏，謂上一年計會文書及功狀也。"

0842 **桃李䐉面**　北齊盧士深妻，崔林義之女，有才學。春日以桃李䐉兒面，咒曰："取紅花，取白雪，與兒洗面作光悦；取白雪，取紅花，與兒洗面作光華；取雪白，取花紅，與兒洗面作華容。"②

0843 **杏花園探春宴**　《秦中歲時記》："進士杏花園初會，謂之探春宴③。以少俊二人爲探花使，徧游名園，若他人先折得名花，則二使皆有罰。"

0844 **飛英會**　《曲洧舊聞》："范蜀公居許下，作長嘯堂，前有荼䕷架，每春季花時，宴客其下，有花墜酒中者飲一大白，微風過，則滿座無遺，當時以爲飛英會。"

0845 **正月獻鳩**　《列子》："邯鄲之民以正月之旦獻鳩，簡子大悦，厚賞之。客問其故，簡子曰：'正旦放生，示有恩也。'客曰：'民知君欲放之，故競而捕之，死者衆矣。君而欲生之，不若禁民勿捕。[捕]而放之，恩過不相補矣。'"

0846 **燒火盆**　吳俗，除夕各家燒松盆，取家計鬆泛之義。石湖范至能歸

---

① 《漢書·武帝紀》："徵吏民有明當時之務、習先聖之術者，縣次續食，令與計偕。"顏師古注："計者，上計簿使也，郡國每歲遣詣京師上之。偕者，俱也。令所徵之人與上計者俱來，而縣次給之食。後世訛誤，因承此語，遂總謂上計爲計偕。闒駬不詳，妄爲解説，云秦漢謂諸侯朝使曰計偕。偕，次也。晉代有計偕簿。又改偕爲階，失之彌遠，致誤後學。"

② 《太平御覽》卷二十云出虞世南《史略》。

③ 謂，原誤作"爲"，從《歲時廣記》《類説》《錦繡萬花谷》等改。探春宴，諸書均作"探花宴"。

田,採田家歲暮十事作樂府,其六曰《燒火盆行》,“爆竹之夕,人家各于門首燃薪滿盆,無貧富皆爾,謂之相煖熱。”①

0847 儺逐疫　《禮緯》:“高陽氏有子三,生而亡去,二居江水之中爲瘧,一居人宮室區隅之中,善驚小兒,于是十二月命祀官行驅儺事,逐疫鬼。”《周禮》:“有大儺,歲終,命方相氏率百隸索室、驅疫以逐之。”其事始于周也。

按《呂覽》注:“大儺,逐盡陰氣,爲陽導也。歲前一日,擊鼓驅疫,謂之逐除。”②

0848 浣花宴會　《老學庵》③:成都之俗,每歲四月十九日,士女泛舟浣花溪之百花潭,府尹亦至潭上置酒高會,設水戲渡,盡樂而返。相傳唐冀國夫人故事也:冀國任氏,漢上小家女,任媼嘗禱于神祠,夢神授以大珠,覺而有娠。明年四月十九日而生。年稍長,奉釋氏教甚謹,有僧過其家,瘡疥遍體,衣服垢蔽,見者心惡,女獨敬事之。一日,僧持衣從以求浣,女欣然濯之,溪邊每一漂衣,蓮花應手而出,後爲唐寧節度繼室,訪漂衣故處,徘徊終日,遂以爲常。四月十九日,成都謂之浣花遨頭,宴于杜子美草堂。蜀人云:“垂白之老,未嘗見浣花日雨也④。”

0849 七國棋局　宋提舉司馬光以下二十四人有《局棋圖》,與今象戲異。今爲兩敵戲,宋戲倣周末七國,用木子百二十,周黃,居中子,惟一子不動。列國俱亡,得犯。秦白,居西;韓丹,楚赤,居南;魏綠,齊青,居東;燕

---

① 見宋范成大《臘月村田樂府十首并序》,所引爲其序文。

② 《呂氏春秋·季冬紀》:“命有司大儺,旁磔,出土牛,以送寒氣。”高誘注:“今人臘歲前一日,擊鼓驅疫,謂之逐除,是也。”

③ 本條所載故事不見于《老學庵筆記》,當是從明陳耀文《天中記》卷五“游浣花”條末所記出處而誤。該故事的較早記載見宋扈仲榮等編《成都文類》卷四十六所載任正一《游浣花記》。宋陸游《老學庵筆記》卷八:“四月十九日,成都謂之浣花遨頭,宴於杜子美草堂滄浪亭,傾城皆出,錦繡夾道,自開歲宴遊,至是而止,故最盛於他時。予客蜀數年,屢赴此席,未嘗不晴。蜀人云:雖戴白之老,未嘗見浣花日雨也。”

④ 浣,原誤作“溪”,從《老學庵筆記》改。

黑,趙紫,居北。列國子各十有七。七國各一將直、斜行無遠近[1],一偏直行無遠近,一裨斜行無遠近,雖名象戲,無今局之象與車,車即將與偏、裨所乘,象不用于中國故也,一行人直、斜行無遠近,不能役敵,敵亦不能役,一炮直行無遠近,前隔一子乃擊物,前無所隔及隔兩子則不擊,一弓直、斜行四路,一弩直、斜行五路,二刀斜行一路,四劍直行一路,四騎曲行四路,謂直一斜三。凡欲戲者,各鬮所得之國則相之,在坐七人,則各相一國;六人,則秦與一國連衡;五人,則楚與一國合從;四人,則秦與二國連衡,或但令在坐之人各鬮一國而空其餘國,其所與之國惟相所擇,遂並相之。誓勿代人,勿代人謀,犯則罰。秦、楚、韓、齊、魏、趙、燕以次移棋,已離故處毋得復還。若擊一子,則撤一子,擊多者勝,擒將者勝,彼未勝而此亡過十者負[2]。此局戲大概也。

　　0850天竺取經　《筆叢》:"唐貞觀七年,法師玄奘遊天竺求法[3],達于王舍城。奘生洛州偃師陳氏,隋季出家具戒,博貫經籍。每慨前代譯經多所訛略,志游西土訪求異本,以參訂焉。以三年冬抗表辭帝,制不許,即私遁,自原州玉關抵高昌。高昌王麴文泰奉奘行資,護送達于罽賓,從僧伽論師決《俱舍》因明、《大毗婆沙》等論。至大林國,從婆羅門學《中論》及異道典籍,時婆羅門七百餘歲。至僕底國,從伏光法師學《對法》《宗顯》《理門》等論。至那伽羅國,從月胄論師學《衆事分毗婆沙》。至祿勒那國,從闍那屈多三藏學經部《毗婆沙》及《薩婆多部辨真》等論。至麴閣國,從毗邪犀那三藏學《二毗婆沙》。王有勝兵十萬,雄冠西域,奘與胡商八十許人渡瓻伽河。彼俗以人祀天,奘與諸商被執。以奘風度,將戮以祭,俄大風作,塵沙漲天,晝日晦暝,彼衆震懼,以奘爲聖人,遂釋之。至中天竺,遇大乘居士,爲奘開《瑜伽師地》,即入王舍城。彼預聞奘至,具禮郊迎之,日供上饌,饌有龍骨、香乳、蘇蜜及大人米,米香聞百步。奘寓其國,從正法藏窮探大乘秘奧,

---

①　該條原皆大字,此楷體字據元陶宗儀《說郛》改。

②　見元陶宗儀《說郛》卷一〇二"古局象棋圖"條。

③　本條"奘"均誤作"裝",從明胡應麟《少室山房筆叢》卷三十改。

日益智證云。至貞觀十六年，三藏玄奘法師發王舍城，入祇羅國，國王郊迎之。已而問曰：‘爾國有聖人出世，作《小秦王破陣樂》，試爲我言其爲人。’奘粗陳帝神武，削平天下，躬行堯舜之治。其王大驚，即以青象名馬助奘馱經而還。以貞觀十九年至長安，文皇驚喜，手詔飛騎迎之，親爲經文作序，名《聖教》。”

0851 女人傅粉　《墨子》：“禹造粉。”又《古今原始》云：“紂以紅藍汁凝作脂，以燕地所生，名曰燕脂，作桃紅粧。蕭史與穆公鍊飛雪丹，第一轉與弄玉塗之。今之女銀膩粉也。”《粧臺記》：“美人粧面，復以胭脂調勻掌中，施之兩頰，濃者爲酒暈粧，淺者爲桃花粧。薄薄施朱，以粉罩之，爲飛霞粧。梁簡文詩云：‘分粧閒淺靨，繞臉傅斜紅。’則斜紅繞臉即古粧也。”

0852 陞官圖　胡應麟《筆叢》云：“房千里《骰子選格序》曰：‘開成三年，予自海上北徙，舟行次于洞庭之陽，有風甚急。繫船野浦下三日，遇二三子號進士者，以穴骼〈穴骼亦骰子佳名〉雙雙爲戲，更投局上，以數多少爲進身職官之差數，豐貴而約賤。卒局，有爲尉掾而止者①，有貴爲相臣將臣者，有連得美名而後不振者，有始甚微而欻升于上位者。大凡得失，不係賢不肖，但卜其偶不偶耳。’”按，此戲即今陞官圖。

0853 選仙圖　今俗，集古仙人作圖爲賭錢之戲，用骰子比色，先爲散仙，次陞上洞，以漸而至蓬萊、大羅等，列則衆仙慶賀。比色時，首重緋四爲德，次六與三爲才，又次五與二爲功，最下者么則謂之過。凡有過者，謫作採樵、思凡之類，遇德復位。此戲宋時已有之，王珪《宮詞》云：“盡日閒窗賭選仙，小娃爭覓到盆錢。上籌須占蓬萊島，一擲乘鸞出洞天。”即此戲也。所云到盆錢，當即里俗陞官圖，卑者出錢與尊者，謂之見面錢之類耳。

0854 文面　《五代史補》：“劉仁恭據盧龍，悉取男子十五以上爲兵，涅其面曰‘定伯都’。士人涅其臂曰“一心事主”，盧龍閭里爲空，得衆計二十

────────

① 止，原作“上”，據《浪跡叢談》改。

萬。"①是健兒文面自劉仁恭始。今演戲塗花面,亦遺意也。

0855 更鼓　每夜五更,每更五點,夜漏,五五相遞二十五。唐李郢詩:"二十五聲秋點長。"韓退之詩云:"雞三號,更五點。"是也。今更漏自初更三點起,至五更三點止,首尾止二十一點。或謂因宋世長短讖有"寒在五更頭"之忌,故去之,非也②。按更點之制,古人于日入後日出前減去晨昏各二刻半,餘爲夜時,分爲五更,每更分爲五點。今臺官相傳之法,則于日入後八刻起更,日出前九刻攢點,微有不同。雖未明言其減點之所以然,無非欲人之勤于事也。蓋晝夜刻之分準于日之出入爲限,日入後尚係黃昏,日出前已是黎明,黃昏猶非禁夜之時,黎明已是作事之始。《水經注》云:"置大鼓于其上,晨昏伐以千椎,以爲城裏諸門啟閉之候。昏鼓,所以起更閉門時也;晨鼓,所以攢點啟門時也。"若于日入即閉門起更,日出乃攢點啟門,何以戴星而入、戴星而出也?于此可想減點之所由來矣。至謂避"寒在五更頭"之讖,小説家言不足信。且宋祖受禪後,聞陳希夷只怕五更頭之言,命宮中轉六更方嚴鼓鳴鐘。如果爲避讖起見,則添更之説不較減點爲尤長耶!

0856 鏡聽　即今之嚮卜也。李廓、王建有《鏡聽詞》。

0857 廟　《釋名》:"廟,貌也,先祖形貌所在。"《爾雅》:"室有東西廂曰廟。"《軒轅本紀》:"帝昇天,臣寮追慕,取几杖立廟,于是曾游處皆祠。"《白虎通》:"聖王所以制宗廟何?曰:生死殊路,故敬鬼神而遠之。所以有屋何?所以象生之居。"

0858 墓誌　《事始》:"齊太子穆妃將葬,議立石誌,王儉曰:'石誌不載

① 《新唐書·劉仁恭傳》:"天祐三年,全忠自將攻滄州,壁長蘆。仁恭悉發男子十五以上爲兵,涅其面曰'定霸都',士人則涅于臂曰'一心事主',盧龍閭里爲空,得衆二十萬,屯瓦橋。"

② 明楊慎《升菴集》卷七十二"漏點"條:"夜漏,五五相遞爲二十五。唐李郢詩:'二十五聲秋點長。'韓退之詩:'雞三號,更五點。'是也。至宋世,國祚長短,讖有'寒在五更頭'之忌,宮掖及州縣更漏,皆去五更後二點,又并初更去其二以配之,首尾止二十一點,非古也。至今不改焉。"

《禮經》。起顏延之爲正彌作墓誌，以其素族無銘誄故也，遂相祖習。’”①魏侍中繆襲，埋文父母墓下，將以千載之後，陵谷遷變，欲後人聞知。但記姓名、歷官、祖父、姻婭而已。若有德業，則爲銘文。王戎墓銘有數百字，然則魏晉以來有墓誌也。漢杜子夏臨終作文，刊石埋壙前，厥後墓誌因此始。

0859 買地券　周密《癸辛雜識》云：“今人造墓，必用買地券，以梓木爲之，朱書云‘用錢九萬九千九百九十九文，買到某地’云云。此村巫風俗如此，殊爲可笑。”及觀元遺山《續夷堅志》載，曲陽燕川青陽壩有人起墓，得鐵券刻金字云：“敕葬忠臣王處存賜錢九萬九千九百九十九貫九百九十九文。”此唐哀宗之時，然則此事由來久矣。頃歲，山陰童二樹游洛陽，得石刻一方，其文云：“大男楊紹，從土公買冢地一邱，東極闞澤，西極黃滕，南極山背，北極於湖。直錢四百萬，即日交畢，日月爲證，四時爲佐，太康五年九月廿九日對共破莂。民有私約如律即律字令。”蓋晉時所刻，乃知人家營葬，向土公買地，其説相承已久，不始于唐世。惜乎遺山、草窗兩公未得此異聞也②。

0860 奇門　奇門之式，古人謂之遁甲，即《易》八卦方位，加以中央，與《乾鑿度》太一下行九宮之法相合。《史記·龜策傳》載宋元王召博士衛平語所夢，衛平乃援式而起，仰天而視月之光，觀斗所指，定日處鄉，規矩爲輔，副以權衡。四維已定，八卦相望。視其吉凶，介蟲先見。乃對元王曰“今昔壬子，宿在牽牛”云云，此遁甲式也③。日在牽牛，冬至之候。蓋冬至後，壬子日

---

① 《南史·武穆皇后傳》：“時議欲立石誌，王儉曰：‘石誌不出禮典，起宋元嘉中顏延之爲王球石誌。素族無銘策，故以紀行。自爾以來，共相祖習。儲妃之重，禮絶恒例，既有哀策，不煩石誌。’從之。”

② 金元好問，號遺山。宋周密，號草窗。

③ 《史記·龜策列傳》：“宋元王二年，江使神龜使於河，至於泉陽，漁者豫且舉網得而囚之，置之籠中。夜半，龜來見夢於宋元王曰……乃召博士衛平而問之曰……衛平乃援式而起，仰天而視月之光，觀斗所指，定日處鄉。規矩爲輔，副以權衡。四維已定，八卦相望。視其吉凶，介蟲先見。乃對元王曰：‘今昔壬子，宿在牽牛。河水大會，鬼神相謀。漢正南北，江河固期。南風新至，江使先來。白雲壅漢，萬物盡留。斗柄指日，使者當囚。玄服而乘輜車，其名爲龜。王急使人問而求之。’王曰：‘善。’”

天盤星圖

此天盤九星，隨時于直符所指而轉移。

地盤圖

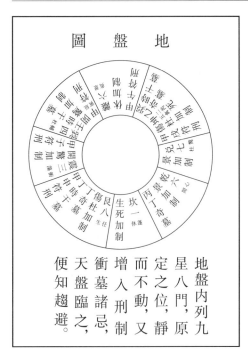

地盤內列九星八門，原定之位，靜而不動，又增入刑制衝墓諸忌，天盤臨之，便知趨避。

天盤門圖

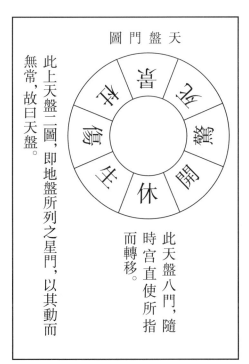

此天盤八門，隨時宮直使所指而轉移。

此上天盤二圖，即地盤所列之星門，以其動而無常，故曰天盤。

八詐門圖

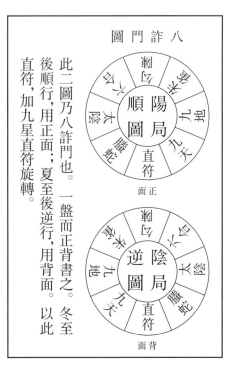

陽局順圖

直符

正面

陰局逆圖

直符

背面

此二圖乃八詐門也。一盤而正背書之。冬至後順行，用正面；夏至後逆行，用背面。以此直符，加九星直符旋轉。

庚子時子爲夜半，陽遁第一局，甲午爲旬首，在巽宫，杜門爲直使，時加子，子爲玄武①。故云介蟲先見也。規矩權衡，謂坎離震兑四正之位。《漢書·魏相傳》："東方之神，執規司春；南方之神，執衡司夏；西方之神，執矩司秋；北方之神，執權司冬。"是其義也。加以四維，故云八卦相望也。

　　右四圖乃張子房所遺之一十八局，至今用之，第每一局爲一圖，共十八圖。既拘泥而不能相通，且推布煩瑣，故殫心精研，爲日既久，豁然有悟，乃新製此圖。規木爲圓，大小凡四，其下大者爲地盤，内列九星八門，原定之位，又增入刑制迫墓等忌；其上差小爲九星；又其上差小爲八門；又其上最小爲八詐門，皆推遷無定，故取天盤之義。而以六儀三奇製爲奇子二副，用則按節氣布之，其三奇與八門之休開生及八詐門之六合，太陰、九地、九天皆以朱書之以别，其爲言奇子之六甲，一面書朱，一面書黑。遇直符，則用朱面以别之。誠一按圖而不假推算，不煩查覈，了然在目，視舊所傳，誠精而簡、明而盡矣。

　　新製奇子體式：

| 甲子 | 戊 | 甲戌 | 己 | 甲申 | 庚 | 甲午 | 辛 | 甲辰 | 壬 | 甲寅 | 癸 | 乙 | 丙 | 丁 |

　　用象牙或嘉木製，一樣二副，置一於地盤，一於天盤，隨應起之宫，依順逆布排。舊用飛宫，甚費力，此式簡妙。

　　0861 六壬　六壬之占，載于正史者，《晉書·戴洋傳》："咸康五年，傳賊當來攻城。洋曰：'十月丁亥夜半時得賊問，干爲君，支爲臣，丁爲征西府，亥爲邾城，功曹爲賊神，加子時十月水王木相，王相氣合，賊必來。寅數七，子數九，賊高可九千人，下可七千人。從魁爲貴人加丁，下剋上，有空亡之象，不敢進武昌也。'"按，六壬，式以月將加所得時，視干支所加，神以決休咎。十月，月將在寅日躔之次謂之月將，十月建亥，日躔析木爲寅位也，寅爲功曹，夜半爲子時，以寅加子，故以寅子決賊之衆寡。于占例，甲己子午數九，乙庚丑未

數八,丙辛寅申數七,丁壬卯酉數六,戊癸辰戌數五,己亥數四,故云寅數七,子數九。《隋書》:庾季才稱甲數九,子數又九。十干寄位於支,未爲丁寄位,酉爲從魁加於丁,丁火剋酉金,故云下剋上。甲申旬空午未丁亥在甲申旬中,丁在未位,故云有空亡之事也。古法有日辰四課,而無三傳。史但云洋善風角,亦不稱六壬。

天乙酉丁	戌天后	亥太陰	子玄武①	丑太常
太陰亥酉	酉天乙			寅白虎
太常丑亥	申螣蛇			卯天空
天空卯丑	未朱雀	午六合	巳勾陳	辰青龍

《隋書·經籍志》五行類有《六壬式經雜占》九卷、梁有《六壬式經》三卷,亡。《六壬釋兆》六卷。六壬之名始見於此。

---

① 玄,原作"元"。

談徵目録

物　部

---

① 算,正文作"筭"。

---

① 替，原作"暜"，乃"替"之誤，爲避淆混，今改作通行字。

② 正文作"鞋"。

0942 麈尾

0943 千里鏡

0944 麝香

0945 奇楠香

0946 玳瑁

0947 牛溲　馬勃

0948 鹿茸

0949 安息香

0950 蘇合油

0951 速香

0952 龍涎香

0953 獺肝

0954 燕窩

0955 豆腐

0956 豆芽

0957 輜重

0958 冪䍦

0959 管鍵

0960 蜜食

0961 寒具

0962 案

0963 尿虎

0964 苞桑

0965 葑菲

0966 茶

0967 鴆毒

0968 梟鳥

0969 獬豸

0970 鸊鵜

0971 老鼠

0972 狐

0973 箕

0974 笓籬

0975 虢子

0976 匕箸

0977 鉢

0978 竹夫人

0979 湯婆

0980 被囊

0981 荷包

0982 麻扎刀

0983 郭公磚

0984 兔從口生之説

0985 叫子

0986 鞭　策　箠

0987 麩炭

0988 渴兔

0989 魯酒

0990 睡鞵

0991 皮鞾　釘鞵

0992 尖頭鞾

0993 羅盤

---

① 正文作"屁"。

談　徵

外方山人輯

物　部

0862念珠　陳懋仁《庶物異名疏》：“梵語‘缽塞’，此云數珠，乃引接下根、牽果修業之具也。”《清異録》：“漢隱帝之禍，手中猶持小摩尼數珠，凡一百八枚，蓋合浦珠也。”《元豐九域志》：“象州歲貢梂子念珠十串。”《瓦釜漫記》：“念珠凡一百零八枚，蓋年有十二月、二十四氣、七十二候，準一歲之義。俗謂七十二天罡三十六神煞者，荒唐之言。”

按，梂子，今俗呼“木丸子”，以小爲貴，不足充貢矣。

0863隱囊　靠枕之類。晉以後士大夫尚清談，喜宴佚，始作塵尾、隱囊之製。《顔氏家訓》云：“梁朝全盛之時，貴遊子弟，駕長簷車，跟高齒屐，坐棊子方褥，憑班絲隱囊。”王右丞詩：“不學城東遊俠兒，隱囊紗帽坐談棊。”①

0864胡床　即今交椅也，作自漢武帝。《物原》：“召公作椅。漢武帝作胡床。”②魏裴潛爲兖州太守，嘗作一胡床，及其去，留以挂柱。梁簡文帝詩：“不學胡威絹，寧挂裴潛床。”③唐穆宗長慶二年十二月見羣臣，“於紫宸殿，御大繩牀”④，則又名“繩床”矣。

---

① 唐王維《故人張諲工詩，善〈易〉卜，兼能丹青草隷，頃以詩見贈，聊獲酬之》：“不逐城東游俠兒，隱囊紗帽坐彈碁。”

② 明董斯張《廣博物志》卷三十九、清陳元龍《格致鏡原》卷五十三“椅桌”條均作“漢武帝始效北蕃作交椅”。

③ 南朝梁蕭繹《後臨荆州》：“不學胡威絹，寧挂裴潛牀。”

④ 見《舊唐書·穆宗本紀》。

0865耳暖　今人懼耳寒，或用皮，或用紬緞，如其形而縫以衣之，謂之"耳暖"，亦謂"暖耳"，即古之所謂"耳衣"者。唐人邊塞曲："金裝腰帶重，綿縫耳衣寒。"①

0866硯瓦　《演繁露》："唐以前未盡以石爲硯，多用瓦硯。今天下通用石，而猶概言'硯瓦'也。"②一説唐用鳳池硯，中凹如瓦，故曰"硯瓦"。

0867筆床號小山眞隱　晉王羲之有巧石筆架，名"扈班"，世無其匹。《開元遺事》："學士蘇頲有一錦文花石，鏤爲筆架，嘗置于硯石間，每天欲雨，則此石津出如汗，逡巡而雨。"亦名"筆床"。梁簡文《答徐摛書》："特設書幌，下置筆牀。"③筆四管爲一牀。亦名"筆格"。《海墨微言》："慈恩寺僧獻李白以檀香筆格。"《歸田録》："錢思公有珊瑚筆格。"又："永叔以銅緑筆格爲蔡君謨潤筆。"

按：立者謂筆架，臥者爲筆床，俱可謂之筆格。有銅者、磁者、玉者，俱宜精巧，亦以峯頭起伏爲妙。至木者，最宜老樹根枝，蟠曲萬狀，宛若行龍，麟角爪牙悉備，摩弄如玉者伽南沉速，尤爲難得。石者，有峯巒起伏者，有蟠屈如龍者，以不假斧鑿爲妙。

0868裘鍾　晉王獻之有斑竹筆筒，名"裘鍾"。

0869墨厨　《春渚記聞》："一日，謁季子于富春之法門寺，出廷珪墨半笏。墨匣亦作半笏樣，規制古朴，是百餘年物。"《大唐龍髓記》："許芝有妙墨八厨，巢賊亂，瘞于善和里第。事平，取之，墨已不見，唯古石蓮匣存焉。"

0870硯滴　《西京雜記》："廣川王發晉靈公塚，内有玉蟾蜍一枚，大如拳，腹空，容五合水，光潤如新。王取以盛書滴。"《硯北雜志》："李仲芳家有南唐金銅蟾蜍硯滴，腹下有篆銘曰'捨月窟'左足心、'伏羿几'右足心、'爲我用'左後足、'貯清泚'右後足、'端溪石澄心紙'領下左右各三字、'陳玄氏毛錐子'

---

① 《全唐詩》卷四七九載李廓《送振武將軍》："金裝腰帶重，鐵（一作錦）縫耳衣寒。"

② 宋程大昌《演繁露》續集卷五"研（硯）"條："唐以前多用瓦研，今天下通用石研，而猶概言研瓦也。"

③ 明梅鼎祚《梁文紀》卷二録此詩作"時設書幌，午置筆牀"。

腹之兩旁各三字，‘同列無譁聽驅使，微吾潤澤烏用汝’腹下兩旁各七字。”《清異錄》：“歐陽通脩飾文具，家藏遺物皆刻名號，金苶盛硯滴曰‘金小相’。”

　　0871 鎮紙　歐陽通修飾文具，號曰“小蓮城”，曰“千鈞史”①。《硯北雜志》：“薛道祖與米元章爲書畫友，其[論]筆硯間物云②：‘鎮紙宜金虎。’”《銷夏錄》：“會稽李進士遊眺，偶拾得一小石，青黑平正，滑潤可玩，用爲鎮紙。偶有蠅集其上，驅之不去，視之已化爲石，求他虫試之，隨亦化焉。殼落堅重，與石無異。”

　　0872 界尺　《紺珠》：“名曰‘黎司直’，又曰‘木訥老人’。”《姚氏殘語》：“太祖以柏爲界尺，謂之‘隔筆簡’。”《硯北雜志》：“宋宣和中，賜翰林學士王寓鎮紙界尺二。”

　　0873 硯盒　《清異錄》：“歐陽通號曰‘紫方舘’。”《文房寶飾》：“養硯③，以綾文蓋，貴乎隔塵。”《考槃餘事》：“硯匣不可用五金，蓋石乃金之所出，若同處則子盈母虛，氣反能燥石，以紫檀、烏木、豆瓣楠及雕紅退光漆者爲佳。”④《硯北雜志》：“宋宣和中，賜翰林學士王寓紫青石方硯、琴光螺鈿匣。薦硯以紫栢匣，寓啟封時⑤，硯漬墨未乾也。”

　　0874 水牌　今以長形薄板，塗粉油之，謂之“水牌”。蓋取水能去污而復清，借義事畢去字而復用耳。然寫字恐摩滅，必自後而前，反讀其文。元朝行移文書正是自後而前，事固有暗合者⑥。

---

① 宋陶穀《清異錄》卷下：“歐陽通善書，修飾文具，其家藏遺物尚多，皆就刻名號，研室曰紫方舘，金苶盛研滴曰金小相，鎮紙曰套子虯、小連城、千鈞史，界尺曰由準氏，芒筆曰畊宗郎君，夾槽曰半身龍。”
② 論，從宋米芾《書史》補。《書史》：“其論筆硯間物云：研滴須琉璃，鎮紙須金虎格。”
③ 硯，原誤作“墨”。唐馮贄《雲仙雜記》卷一“養硯墨筆紙”條引《文房寶飾》：“養筆以硫黄酒，舒其毫。養紙以芙蓉粉，借其色。養硯以文綾蓋，貴乎隔塵。養墨以豹皮囊，貴乎遠溼。逢溪子遵之。”今從之正。
④ 燥，原誤作“澡”；漆，原誤作“膝”。均從清陳元龍《格致鏡原》卷四十“硯匣”條改。
⑤ 寓，原誤作“寓”。
⑥ 明郎瑛《七修類稿》卷二十六“簡板水牌”條：“予意元朝行移文書，正是自後而前，乃蒙古字也，今非昔而效之。事有暗合，恐亦不可。”

0875 扇　楊子《方言》:"自關而東謂之'箑',自關而西謂之'扇'。"崔豹《古今注》:"舜廣開視聽,求賢人以自輔,作五明扇。漢公卿皆用扇。魏晉非乘輿者不得用。"然古皆團扇,無今之所謂聚頭扇也。《兩山墨談》云:"中國宋前惟用團扇,或繒,或紈,或絹羅。元初,東南使者始持聚頭扇,人皆譏誚之,蓋聚頭扇本僕隸所執,取其便于袖藏,以避尊貴者之目。元時,高麗始以充貢徧賜羣臣內外。明永樂間,稍效爲之,天下遂通用之,而團扇廢矣。"按,《春風堂隨筆》云:"南宋以來,詩詞咏聚頭扇者頗多。予收得楊妹子所寫絹扇面,摺疊痕尚存。東坡謂:高麗白松扇展之廣尺餘,合之止兩指許。正今之摺疊扇。"則北宋已有之,不始于元也。

0876 竹扇　曹子建《扇賦·序》:"昔吾先君侍奉漢桓帝,賜上方竹扇,不圓不方,其中結成文①,名'九華扇'。"《北史·楊愔傳》:"以方麹障面。"②蓋竹織方扇也。

0877 掌扇　《留青日札》:"掌扇,扇如手掌,偉而立張也。亦曰'障扇',所以障日也。"

0878 觱栗　《説文》:"觱,羌人吹角也。"③其聲悲栗,故名"觱栗"。冬月寒氣驟發,其聲似之,所以《豳風》毛詩注謂:"觱發,風寒也。栗烈,氣寒也。"《吳下田家志》引諺云:"三九二十七,籬頭吹觱栗。"正謂風吹籬落,其聲似觱栗,與《詩》意合。嗚呼! 田夫之諺,乃可發明周公之意。信乎! 芻蕘當詢而葑菲宜采也④。

0879 爐瓶　周人尚臭,宗廟炳蕭。漢人始爲博山爐,其制象海中博山,下盤貯湯,使潤氣蒸香,無今之爐也。所焚唯蘭蕙。劉向《博山爐銘》中有

---

① 文,原誤作"九",從《藝文類聚》卷六十九改。

② 《北史·楊愔傳》:"愔曰:'卿前在元子思坊騎禿尾草驢,經見我不下,以方麹障面,我何不識卿?' 漫漢驚服。"

③ 觱,《説文》作觱。《康熙字典》"觱"引《説文》:"羌人所吹角屠觱,以驚馬也。"

④ 當,原誤作"尚",從明楊慎《丹鉛餘録》卷十六"觱發"條改。

“蘭綺朱火青煙”①。古樂府:“香風難久居,空令蕙草殘。”無今之香也。自武帝通南越,中國始有龍腦、雞舌等香;通西域,始有安息、薔薇水等香,而蕙蘭與蕭不復用矣。佛氏有供花之説,亦未聞用瓶,瓶似罋,但以汲水。今之爐,古鼎也;今之瓶,古瓤也。得二器者,無所用,以爇音越香、插花,謂之爐、瓶,後又倣而爲之,其制愈僞矣。

　　按,焚香之制,百年前猶用玉片或砂壺片盛香炙之,尚有湯蒸遺意。今多以香置爐火上,直爲嗅烟耳。

　　0880 水刮　今田家有水刮,天旱時引水以溉田。《魏畧》:“馬鈞巧思絶世②。居京都,有地可以爲園,而無水以灌,乃作飜車,令兒童轉之,而灌水自覆,更出更入,巧百倍于常。”③人因以水刮之制起自魏馬鈞。漢靈帝使畢嵐作飜車,設機束以引水灑南北郊路,則飜車自畢嵐已制矣④。飜車,即今所謂水刮也。

　　0881 桔槔　今人就有水處立木其上,交午如十字,一頭繫甕,一頭係以重物,人得隨其勢而低昂之,以汲水灌田,俗名“稱竿”,即古所[謂]“桔槔”也。《莊子》:“子貢過漢陰,見一丈人爲圃畦,鑿隧而入井,抱甕而出灌,用力甚多,而見功寡。子貢曰:‘有械于此,一日浸百畦,鑿木爲機,後重前輕,挈水若抽,數若沃湯⑤,其名桔槔。’”

　　0882 水輪　《稗史類編》:“嚴州山中灌禾之法有水輪。其制,約水面至岸高若干尺,如其度爲輪,輪之輻以軸大幹爲之。每軸出枸處繫一竹筒,但

① 劉向,原誤作“劉后”。綺,原誤作“錡”。宋陳敬《陳氏香譜》卷四載劉向《博山鑪銘》:“嘉此正氣,崒巇若山。上貫太華,承以銅盤。中有蘭綺,朱火青烟。”今從之正。

② 思,原誤作“宦”,從《三國志》裴松之注改。

③ 《三國志·魏書·杜夔傳》裴松之注:“時有扶風馬鈞,巧思絶世……居京都,城内有地,可以爲園,患無水以灌之,乃作翻車,令童兒轉之,而灌水自覆,更入更出,其巧百倍于常。”未言出《魏略》。稱出《魏略》者,乃襲宋高承《事物紀原》。

④ 《後漢書·張讓傳》:“又使掖庭令畢嵐……又作翻車渴烏,施於橋西,用灑南北郊路,以省百姓灑道之費。”

⑤ 沃,《莊子》作“泆”或“佚”。

微繫其腰,使兩頭活動,可以俯仰。置軸半岸,貫輪其上,岸上近輪處,置木槽以承水,溪水散緩,則以石約歸輪下使水急,水急則輪轉如飛。每筒得水,則底重口仰,及轉至上,則筒口向下,[水]瀉木槽分流田中。不勞人力而水自足,蓋利器也。"今湖廣多用之。

　　按:水車之製,或以水轉,或以牛馬轉,或以人轉,惟高郵境內有以風轉之者,他處未見。豈必土薄水淺處方可用之耶?

　　0883 戽斗音虎 《事物原始》:"戽,以木爲小桶,桶旁繫以繩,兩人用以取水,名曰戽桶。"公劉始作之。今取塘水灌田多用之,又船中刮潮,亦名戽斗。

　　0884 連枷 即今之所謂"連械",亦名"拍耙"。《逸雅》:"枷,加也。加杖于柄頭,以撾穗而出其穀也。"《詞林海錯》:"周公謹曰[1]:'今農家打稻之連枷,古之所謂拂也。《王莽傳》:東巡載耒,南巡載耨,西載銍,北載拂。注:音佛,以擊治禾[2]。狄武襄以鈇連枷破儂智高[3],非特治禾也。'"《方言》:"僉,所以打穀者。宋魏間謂之攝殳,或謂之度;自關而西謂之棓,或謂之柫。齊楚江淮間謂之枷,或謂之梯。"郭璞注:"僉,即今連枷。"

　　0885 皮排 韝韋囊以吹火,即古橐籥。

　　0886 驚閨 《齊東野語》:"用鐵數片,長五寸許,闊二寸五分,如拍板樣,磨鏡匠手持作聲,使閨閣知之,曰驚閨。"

　　0887 驚繡 《事物紺珠》:"如小鉦而厚,手提擊。今賣花、線者用之。"

　　0888 喚頭 《事物原始》:"鑷鉗也。以鐵爲之,用以拔鬚髮者。今剃頭者手持之作聲,名曰喚頭。"

---

① 宋周密,字公謹。下引文出周密《癸辛雜識》後集"連枷"條。

② 《漢書·王莽傳》:"予之東巡,必躬載耒,每縣則耕,以勸東作。予之南巡,必躬載耨,每縣則薅,以勸南偽。予之西巡,必躬載銍,每縣則穫,以勸西成。予之北巡,必躬載拂,每縣則粟,以勸蓋藏。"顏師古注:"拂音佛,所以擊治禾者也,今謂之連枷。"

③ 《宋史·狄青傳》有破儂智高事,但無"以鈇連枷破儂智高"之説。

0889 報君知 《事物紺珠》："員銅片，手提擊。今之筝命者用之。"

0890 筭盤① 《劉馮事始》："黃帝使隸首作筭數，得下籌之法。周公作《九章》，詳明筭法而制筭盤之始。"《清異錄》："宣武劉，錢民也，鑄鐵爲筭子。"《晉書》："王戎自執牙籌計筭，徹夜常若不足。"

0891 擊柝 柝也，《物原》："軒轅作柝。"鄭司農注："柝，戒守者所擊也。"②《易·繫辭》曰："重門擊柝，以待暴客。蓋取諸豫。"《説文》："欜，夜行，令擊木爲聲。"③以代更籌者，俗曰蝦蟇更。觀今之宮衛及闈場起更，則知蝦蟇之名不虛也。欜，即柝。

0892 剪刀 《古史考》曰："鐵器也。用以裁布帛，始于黃帝時。"劉熙《逸雅》："剪刀，剪進也，所剪稍進前也。"《清異錄》："上饒葛溪鐵精而工細，余中表以剪刀二柄遺贈，皆交股屈環。"

0893 風爐 陸羽《茶經》："風爐，以銅鐵鑄之，如古鼎形，厚三分，緣闊九分，令六分虛中，致其杇鏝，凡三足。其三足之間設三窗，底一窗，以爲通飇漏燼之所，置墆㙇于其內，設三格，其飾以連葩、垂蔓、曲水、方文之類。其爐或鍛鐵爲之，或運泥爲之，其灰承作三足，铁柈擡之。"又截竹爲箅，用長鐵以通竹節，火之未燃，吹之，名之曰荻。

0894 火爐 《物原》："堯作火爐。"《事物原始》："《周禮》：'宮人凡寢中共爐炭。'則爐乃三代之制也。"《南史》："宋庾仲文就劉道錫索嫁女具，得嫁女銅爐，四人舉乃勝。"④《採蘭雜志》："馮小憐有手爐曰辟邪，足爐曰鳧藻，皆以飾得[名]。"

0895 燈籠 徐廣："燈籠，一名'篝'，燭燃于內，光映于外，以引人步，始

---

① 筭，目録作"算"。

② 《周禮·天官·宮正》："夕擊柝而比之。"鄭玄注："鄭司農云：柝，戒守者所擊也。《易》曰：重門擊柝，以待暴客。《春秋傳》曰：魯擊柝，聞於邾。"

③ 《説文》木部："欜，夜行所擊者。從木，橐聲。《易》曰：'重門擊欜。'"

④ 《南史·庾仲文傳》："劉道錫言是仲文所舉，就道錫索嫁女具及祠器，乃當百萬數，猶謂不然。選令史章龍向臣説，亦歎其受納之過。言實得嫁女銅鑪，四人舉乃勝，細葛斗帳等物不可稱數。"

于夏時。”①沈約《宋書》：“高祖清簡寡欲，牀頭有土障，壁上有葛燈籠②。”

　　0896 抽替③　　俗呼“抽替”。《南史》：“殷淑儀，孝武帝之貴妃也，有寵而薨。帝思見之，遂爲抽替棺，欲見，輒引替覩屍。”④

　　0897 驢贏　　自秦以上，傳記無言驢者。意其雖有，而非人家所常畜也。《爾雅》無驢而有“驒”：“鼠身長須而賊，秦人謂之小驢。”《逸周書》：“伊尹爲獻令，正北空同、大夏、莎車、匈奴、樓煩、月氏諸國以橐駝、野馬、駒騄、駃騠爲獻。”驢父馬母曰贏，馬父驢母曰駃騠。《古今注》以牡馬牝驢所生謂之駏。《吕氏春秋》：“趙簡子有兩白騾，甚愛之。”李斯《上秦王書》言：“駿良駃騠。”鄒陽《上梁王書》亦云：“燕王按劍而怒，食以駃騠。”是以爲貴重難得之物也。司馬相如《上林賦》：“駒騄橐駝，蛩蛩驒騱，駃騠驢贏。”王褒《僮約》：“調治馬驢，兼落三重。”其名始見于文。而賈誼《弔屈原賦》：“騰駕罷牛兮驂蹇驢。”《日者列傳》：“騏驥不能與罷驢爲駟。”劉向《九嘆》：“卻騏驥以轉運兮，騰驢贏以馳逐。”楊雄《反離騷》：“騁驊騮以曲囏兮⑤，驢騾連蹇而齊足。”則又賤之爲不堪用也。嘗考驢之爲物，至漢而名，至孝武而得充上林，至孝靈而貴幸。《後漢書·五[行]志》：“靈帝于宮中西園駕白驢⑥，躬自操轡，驅馳周旋，以爲大樂，於是公卿貴戚轉相放效，至乘輜軿以爲騎從，互相侵奪，貴與馬齊。”其種大抵出于塞外，自趙武靈王騎射之後，漸資中國之用也。

　　按：《資暇録》：“呼馿爲衛，于文字未見。今衛地出馿，義在斯乎？或云馿有軸有槽，譬如諸衛士有胄曹也，因目爲衛。”謝在杭《五雜俎》：“騾之爲

---

①　清陳元龍《格致鏡原》卷五十“燈籠”條謂出《事物原始》。

②　壁，原誤作“辟”。《宋書·武帝本紀》：“壞上所居陰室，於其處起玉燭殿，與羣臣觀之，牀頭有土郭，壁上挂葛燈籠、麻繩拂。”

③　替，原作“晉”，下二“替”同。惟末“替”字原本如此。

④　《南史·后妃傳》：“殷淑儀，南郡王義宣女也……及薨，帝常思見之，遂爲通替棺，欲見輒引替覩屍，如此積日，形色不異。”

⑤　囏，原誤作“難”。

⑥　驢，原誤作“臚”，從《後漢書》改。

畜不見于三代，至漢時有之，北地馬驢游牝，自相交合而生，俗言‘騾’，骨無髓，故不能交合生子。”《爾雅翼》又云：“騾股有鑠骨，故不能生。其狀，大骨若臼而口小，小骨若杵而頭大，小口啣大頭，故不可出，此騾之不滋生也。”

0898**靸鞵**　西浙之人，以草爲履而無跟，名曰“靸鞵”。婦女非纏足者通曳之。《炙轂子雜録》引《實録》云：“靸鞵、舄，三代皆以皮爲之，朝祭之服也。始皇二年遂以蒲爲之，名曰靸鞵。二世加鳳首，仍用蒲。晉永嘉元年，用黄草，宫内妃御皆著，始有伏鳩頭履子。梁天監中，武帝易以絲，名‘解脱履’。至陳隋間，吴越大行，而模樣差多。唐大歷中，進五朵草履子。建中元年，進百合草履子。”據此，則靸鞵之制其來甚古。然《北夢瑣言》載“霧是山巾子，船爲水靸鞵”之句，抑且咏諸詩矣。靸，悉合切，在“颯”字韻下，今俗呼與“耍”同音[①]。

0899**尉斗**　《帝王世紀》云：“紂欲作重刑，乃先作大尉斗，以火熱之，使人舉手輙爛，與妲己爲戲笑。”今人用以伸帛。《淮南子》云：“糟邱生于象箸，炮烙始于熨斗。”《隋書》：“李穆奉尉斗于楊堅曰：‘願公執威柄，以尉安天下。’史炤《通鑑釋文》：“尉斗，火斗。”篆文从𡰥从又从火。又，偏傍“手”字，“持火所以伸繒也，俗加‘火’作‘熨’。”楊升菴曰：“《説文》‘尉’與‘熾’本一字，昌志切。‘從上按下也。又持火伸繒也。’字從𡰥，𡰥音夷，平也。後世軍官曰‘校尉’，刑官曰‘廷尉’，皆取‘從上按下使平’之義。尉斗申繒亦使之平，加火作‘熨’，贅矣！古音‘熾’，轉音紆胃切。《王莽傳》有‘威斗’，即熨斗也。”[②]

0900**閾　棖　闑**　《爾雅》：“柣謂之閾柣音迭，棖謂之楔，橛謂之闑。”郭璞云：“閾，門限也。楔，門兩旁木。橛，門閫。”孫炎云：“門限爲門下横木，爲

① 元陶宗儀《輟耕録》卷十八“靸鞵”條：“今俗呼與‘耍’同音者，誤。”

② 見明楊慎《升菴集》卷六十三“尉斗”條。

內外之限。今亦謂之門限。”其制有三：有一定者，今官府及南人門多用之；有起落者；有不設者。蓋古者多乘車，入門必脫限。根，門兩旁斜柱，兩木中爲容，以受限崗，以便起落也；橛，門中所豎短木，以礙扉，此不設限者也。二者，今驛舍城門及北人門多用之，亦或以石代之，是門限謂之柣。《曲禮》曰“不履閾”是也。門兩旁斜木謂之根，《玉藻》“大夫中根與闑之間”是也。門中橛爲闑，《玉藻》“君入門介拂闑”是也。

0901 書刀　《考工記》：“築氏爲削，長尺博寸。”注：“削，今之書刀。”《逸雅》：“書刀，給［書］簡札有所刊削之刀也。”陸機《與弟書》：“在平原，嘗按行曹公器物，有書刀五枚。”《資暇録》：“拆封刀子，起于郭汾陽書吏也。舊但用刀之小者，所收文帖既繁，刀刃銷折，不殘寸餘，乃銛以應急，教愈于全時[①]，漸出新意，因削木加折刃之上。汾陽喜其用心，曰：‘真郭子儀之部吏。’”後用傳之，益妙其製。

0902 裁刀　《清異録》：“裁刀，治書之不齊者。在筆墨硯紙間，蓋似奴隸職也，却似大有功于書。且雖四子精絶，標界停直，字札楷穩，而邊幅無狀，不截而整之，未可也。”

按：倭製有摺疊刀，古所未有，有則寶之[②]，後世必有好尚之者。其靶，維西番瀿瀨木最爲難得，以其不染肥膩也。其木，一半紫褐色，有蟹爪紋；一半純黑色，如烏木。山西澤、潞有不灰木，作靶亦妙。

0903 蒲團　屠隆《起居器服箋》有蒲團：“大經三尺者，席地快甚。吳中製者精妙可用。棕團亦佳。或以青氈爲團，中印白梅一枝，雅稱趺坐。”

0904 唾壺　《西京雜記》曰：“廣川王發魏襄王塚，得玉唾壺。”蓋此物在戰國時已有之矣。《洞冥記》：“武帝時，有一女人愛悦于帝，名曰‘巨靈’。帝傍有青珉唾壺，巨靈乍出入其中。”

---

① 教，《資暇集》作“覺”。

② 則，原誤作“知”，從清陳元龍《格致鏡原》卷四十“書刀”條改。

0905如意　古人用以指畫向往，或防不測。煉鐵爲之，長二尺有奇，上有銀錯，或隱或現。近有天生樹枝、竹鞭，磨美如玉[①]，不事斧鑿者亦佳。釋藏《音義指歸》云："如意者，古之爪杖也。或用竹木，削作人手指爪，柄可長三尺許。或背脊有癢，手不到，用以搔爬，如人之意。"《胡綜別傳》："孫權時，有掘地得銅匣，長二尺七寸，以琉璃爲蓋，雕鏤之，布雲母于其上。開之，得一白玉如意。所執處皆刻龍虎及蟬形。時莫識其所由者，權以綜多悉其往事，使人問之，綜云：'昔秦始皇東遊，以金陵有天子氣，乃改縣名，并掘鑿江湖，平諸山阜，處處埋寶物，以當王氣。事見于《秦記》。此蓋是乎？'"

0906罐　《類篇》："汲器也。"《四王遺事》："惠帝征成都，軍敗，帝渴，帳下齎五升銅澡灌，就民家取水，就灌飲之。"[②]《南史》："齊武帝微時，嘗至劉悛宅，晝臥，覺，悛自捧金澡灌受水以沃盥，因以與帝。"[③]今北人謂之"罐罐"，南人謂之"罎"。

0907盎　《説文》："盆也。"《爾雅·釋器》："盎謂之缶。"疏："瓦器也。可以節樂，可以盛水、盛酒。"楊子《方言》曰："㼰瓶謂之盎。"今粵俗以盛醋者爲醋盎，盛醬者爲醬盎。其義甚古。

0908薰籠　《急就章》注："大衣篝，一名薰籠。"[④]《説文》："篝，薰衣竹籠也。"《方言》謂之"焙籠"。《記事珠》："光武后陰麗華有金虯倒鳳啣花簫局。簫局，古薰籠也。"《東宫舊事》："皇太子納妃，有漆畫手巾薰籠二，大被薰籠三，衣薰籠三。"

0909鳳釵　《釋名》："釵，枝也。因形名之也[⑤]。"《中華古今注》："釵

---

① 美，明高濂《遵生八牋》卷八作"作"，清陳元龍《格致鏡原》卷五十八作"弄"。

② 四王遺事，《太平御覽》卷七一二"澡灌"條、明陳耀文《天中記》卷四九"澡盤"條引同樣内容作"四王起事"。

③ 《南史·劉悛傳》："齊武帝嘗至悛宅，晝臥覺，悛自捧金澡罐受四升水以沃盥，因以與帝，前後所納稱此。"

④ 《急就篇》卷三"笭篅箯筥篹箅篝"顏師古注："篝，一名笭，盛杯器也。亦以爲薰籠，楚人謂之牆居。"

⑤ 形名，原誤作"名形"。

子，古筓之遺像也。至秦穆公以象牙爲之，敬王以玳瑁爲之，始皇又以金銀作鳳頭、以玳瑁爲脚，號曰‘鳳釵’。”

0910 栬杖　《説文》：“杖，所以扶行也。”《王制》：“五十杖于家，六十杖于鄉，七十杖于國，八十杖于朝。”拐，古買切。音⿰寸寸。《類篇》：“與枴同，亦作栬，老人杖也。”《五代史》：“後漢主遣王峻奉表契丹，耶律德光呼峻爲兒，賜一木栬。虜法貴木栬，非優大臣不可得。峻持歸，虜望見皆避道。”

0911 篩　竹器，有孔以下物，去麤取細。《前漢［書］·賈山傳》：“篩土築阿房之宮。”師古註：“以竹筬爲之。”

0912 柴薪　《説文》：“小木散材①。”《禮·月令》：“收秩薪柴。”註：“大者可析謂之薪，小者合束謂之柴。”《舜典》：“至于岱宗，柴，望秩于山川。”傳：“祭時積柴其上而燔之也②。”又《説文》徐鍇曰：“師行野次，豎散材爲區落，名曰‘柴籬’。後人語譌，轉入去聲，又別作‘寨’，非是。”

0913 傘　古作繖，或作幰。《史記·五帝紀》：“舜乃以兩笠自扞而下，去。”註：“皇甫謐云：雨繖，繖笠類。”《晉書·王雅傳》：“遇雨，請以繖入。”

0914 太師椅子　張端義《貴耳集》：“今之交椅，古之胡床也。自來只有栲栳樣，宰執侍從皆用之。秦相因太師垣在國忌所③，偃仰，片時墜巾。京尹吳淵奉承時相，出意撰製荷葉託首四十柄，再赴國忌所，遣匠頃刻添上。凡宰執侍從皆有之，遂號曰‘太師樣’。”

0915 馬杌子　《事物紺珠》：“杌，小坐器。”錢世昭《錢氏私誌》：“賢穆有荆雍大長公主金撮角、紅藤下馬杌子。聞國初貴主乘馬，故有之④。”

0916 眼鏡　《稗史類編》：“少嘗聞貴人有眼鏡，老年觀書，小字看大，出西海中，夷人得而製之，以遺中國，爲世寶也。霍都司有眼鏡一枚，質如白琉

---

① 材，原誤作“才”，從《説文》改。

② 積，原誤作“即”。

③ 此句宋張端義《貴耳集》卷下原文作“因秦師垣在國忌所”。

④ 有之，二字原居行末，乃并排小字。

璃,大可如錢,用骨鑲成二片,若圓燈剪然,可開合而折疊。問其所來,則曰:'舊任甘肅,夷人貢至而得者。'"《方洲[集]·雜言》:"嘗于指揮胡籠寓所,見其父宗伯公所得宣廟賜物,如錢大者二,其形色絶似雲母石,類世之硝子,而質甚薄,以金相輪廓,而衍之爲柄,紐制其末,合則爲一,岐則爲二,如市肆中等子匣。老人目昏,不辨細字,張此物于雙目,字明大加倍。"

0917 餛飩　即餃餌別名。《食貨志》作"餫飩",象其圓形也。屑米麪爲末,空中裹餡,類彈丸形,大小不一,或籠或煮啖之。《南粵志》:"閩人于十月一日作京餫飩,祀祖告冬。"①

0918 繂　《爾雅》:"紼繂維之。紼,繂也。繂,綍也。"邢昺疏:"李巡云:'繂竹爲索,所以維持舟者。'郭璞云:'綍,繫也。'孫炎曰:'舟止繫之于樹木,戾竹爲大索②。'然則紼訓爲繂,繂是綆;繂訓爲綍,綍又謂繫,止謂舟之止息,以綆繫而維持之也。"

0919 屏風　《釋名》:"屏風,障風也。扆,在後所依倚也③。"《禮記》曰:"天子當扆而立。"鄭玄注④:"扆,屏風。"又曰:"天子負[斧]扆,南鄉而立。"《周官》曰⑤:"掌次設皇邸。"鄭玄注⑥:"邸,後板也。其屏風邸染羽像鳳皇以爲飾。"謝承《後漢書》曰:"鄭弘爲太尉時⑦,舉第五倫爲司空,班次在下。每正朔朝見,弘曲躬自卑,上問知其故,遂聽置雲母屏風分隔其間。由此爲故事。"⑧

0920 糖霜　"糖霜"之名,唐以前無所見。宋玉《招魂》云:"肺炮鱉羔

① 明方以智《通雅》卷三十九"飲食":"《南粵志》:'閩中十月一日作糯糍或京飩以祀祖告冬。楚是日亦裹京飩充節物。'"

② 大,原誤作"太"。

③ 倚,原誤作"椅"。

④⑥ 玄,原作"元"。

⑤ 曰,原誤作"田"。

⑦ 弘,原作"宏"。謝承《後漢書》:"鄭弘,字巨君,會稽山陰人也。"下一"弘"字同。

⑧ 本條襲《初學記》卷二十五。

有蔗漿。”是謂蔗漿。其後孫亮使黃門就中藏吏取交州所獻甘蔗餳①，是爲蔗餳。又《南中八郡志》云：“榨甘蔗汁，曝成，飲之，謂之‘石蜜’。”《本草》亦云：“煉蜜和乳爲石蜜。”至唐太宗乃遣使至摩竭陀國取熬糖法，即詔揚州上諸蔗，榨瀋如其劑。色味愈于西域遠甚②。然只是今之砂糖，檽之技盡于此矣，不言作霜。然則糖霜非古也，歷世詩人亦無言及之，惟東坡公過金山寺作詩送遂寧僧圖寶云：“涪江與中泠，共此一味水。冰盤薦琥珀，何似糖霜美。”③黃魯直在戎州作頌答梓州雍熙長老寄糖霜：“遠寄檽霜知有味，勝于崔子水晶鹽。正宗掃地從誰説，我舌猶能及鼻尖。”④則遂寧糖霜見于文字者惟此二公。遂寧糖霜，唐大歷中有鄒和尚者，始來小溪之繖山，教民黃氏造之也。

宋遂寧王灼有《糖霜譜》：“大歷間有僧號鄒和尚，不知所從來，騎白驢，登繖山，結茅以居。須鹽米薪菜之屬，即書寸紙，繫錢緡，遣驢負至市上，人知爲鄒也，取平直，掛物于鞍，縱驢歸。一日，驢犯山下黃氏蔗苗，黃請償于鄒。鄒曰：‘汝未知因蔗糖爲霜⑤，利當十倍。吾語女，塞責可乎？’試之，果信。自是流傳其法。鄒末年走通泉縣靈鷲山龕中，其徒追及之，但見一文殊石像，始知大士化身；而白驢者，獅子也。”

0921 餅　《釋名》：“餅，并也，溲麵使合并也。”凡以麵爲食具者皆謂之餅。以火炕曰爐餅，有巨勝曰胡餅，言以胡麻著之也。漢靈帝所嗜者，即今燒餅。崔鴻《前趙録》曰：“石季龍諱胡⑥，因改胡餅曰麻餅。”以水瀹曰湯

---

① 晉嵇含《南方草木狀》卷上：“吳孫亮使黃門以銀椀并蓋，就中藏吏取交州所獻甘蔗餳，黃門先恨藏吏，以鼠屎投餳中。”

② 色，原誤作“也”，從宋王灼《糖霜譜》“原委第二”正。

③ 見《東坡全集》卷十四《送金山鄉僧歸蜀開堂》。

④ 見《山谷集》卷十五《又答寄糖霜頌》。

⑤ 因，宋王灼《糖霜譜》“原委第一”作“窨”。

⑥ 龍，原誤作“倫”。石季龍，十六國時期後趙第三位皇帝，名石虎，字季龍。

餅，亦曰煮餅。束皙云‘玄冬爲最’者即今切麵①。蒸而食者，曰蒸餅，亦曰籠餅。”《齊書》：“永明九年正月，詔太廟四時祭，薦宣皇帝麵起餅。”《演繁露》：“麵起餅，入酵面中，令鬆鬆然也。”侯思止食籠餅②，必令縮葱加肉，即今饅頭。繩而食者曰環餅，又曰寒具。即桓玄恐污書畫乃不復設者③，今饊子也。他如不托、李正文《刊誤》曰：“舊未就刀鈷時，皆掌托烹之，刀鈷既具，乃云不托，言不以掌托也。”起漱④、牢九、冷淘等類，皆稱餅。

按，《丹鉛總録》：“束皙《餅賦》有‘牢九’之目，蓋食具名也。東坡[詩]以‘牢九具’對‘真一酒’，誠工矣。然不知爲何物。後見《酉陽雜俎》引《伊尹書》有‘籠上牢丸、湯中牢丸’⑤，‘九’字乃是‘丸’字。詩人貪奇趁韻而不知其誤，雖東坡亦不能免也。”

0922 **衫** 《釋名》曰：“衫，芟，衣無袖端也。”《古今注》：“自黃帝爲衣裳，而女人有尊一之義，故衣與裳相連，如披襖，短長與裙相似。秦始皇元年，詔宮人及近侍宮人短短作衫子⑥，亦曰半衣。”則衫裙之分自秦始也。又陳宮中尚窄衫子，纔用八尺，當是今制也。

0923 **襖子** 《古今注》：“襖子，蓋袍之遺象也。漢文帝以立冬日賜宮侍承恩者及百官披襖子，多以五色繡羅爲之，或以錦爲之，始有其名。”《南史》：“宋武帝微時，貧陋過甚。嘗自新州伐荻，有納衣布襖等，皆是敬皇后手自造。武帝既貴，以此衣與公主曰：‘後世若有驕奢不節者，可以此衣示之。’”《物原》：“伊尹作夾襖。”

0924 **袍** 《逸雅》：“袍，丈夫著，下至跗者也。袍，苞也。苞內衣也。”《古今注》：“袍者，自有虞氏即有之，故《國語》曰‘袍以朝見也’。”《物原》：

---

① ③　玄，原作“元”。

②　止，原誤作“正”。

④　漱，清沈自南《藝林彙考·飲食篇》卷三、清陳元龍《格致鏡原》卷二十五均作“溲”。

⑤　後一“丸”字，原誤作“九”。

⑥　短短作，五代馬縞《中華古今注》卷中“衫子背子”條作“皆服”。

"傅説作袍。"《[後]漢[書]·輿服志》:"周公抱成王宴居,故以袍。"袍之爲制,其來遠矣。《事物紀原》以爲始于宇文護,《困學紀聞》以始于隋大業,非矣。

0925 袈裟　《丹鉛録》:"袈裟,名水田衣。一名稻畦帔。"《要覽》:"佛住王舍城,經行,見稻田畦畔,語阿難云:'諸佛衣相如是,從今依此作衣相。'記云:'田畦貯水,生長嘉苗,法衣之田,潤以四利之水,增其三善之苗,以養法身,自惠命也。'"

0926 襚子　鄒長倩《與公孫弘書》曰:"五絲爲䌰,倍䌰爲升,倍升爲緎,倍緎爲紀,倍紀爲緵,倍緵爲襚。此自少至多、自微至著。士之立功勳、効名節,亦復如之。勿以小善不足修而不爲也,故贈君素絲一襚。"

0927 褊衫　《説原》:"褊衫,謂褊袒左肩而拖其衣,故製爲褊衫,而全其兩肩也。"《説畧》:"褊衫,梵言僧祇支。"《西域記》云:"正名'僧迦鵄'。此云覆腋衣,用覆左肩,右開左合。"竺道祖云:"魏時請僧于内自恣,宮人見僧褊袒,不以爲善,遂作此衣施僧。因綴于左邊祇支上,因而受稱,即褊衫右邊。今隱祇支名,通號兩袖曰褊衫也。"[①]

0928 僧衣環　《演繁露》:"《唐會要》:吐蕃官章飾有五等[②]:一瑟瑟,二金,三以金飾銀,四銀,五熟銅。各以方圓三寸褐上裝之,安膊前,以辨貴賤。今僧衣謂之袈裟者,當胸有環,環中著鍵,橫紐上下,牙、角、銀、銅,隨力爲之,其源流殆出此乎?"

0929 中衣　《逸雅》言:"在小衣之外、大衣之中也。"今人以褲爲中衣矣。

0930 鄙袒　《逸雅》:"汗衣,近身受汗垢之衣也。《詩》謂之'澤',受汗

---

① 宋法雲《翻譯名義集》卷七:"僧祇支,或僧却崎。《西域記》云:'唐言掩腋,舊或名竭支,正名僧迦鵄,此云覆腋衣,用覆左肩,右開左合。'竺道祖云:魏時請僧,於内自恣,宮人見僧偏袒,不以爲善,遂作此衣施僧,因綴於左邊祇支上,因而受稱,即偏衫右邊。今隱祇支名,通號兩袖曰偏衫。今作時須開後縫截領,以存元式故也。"

② 著,原作"番",從宋程大昌《演繁露》卷十二"僧衣環"條改。

澤也。或曰鄙袒。作之用六尺，裁足覆胸背，言羞鄙于袒而衣此耳。”

0931 雨衣　《管子》曰：農夫身穿“襏襫”，蓑草結衣，御雨之具也。

0932 鞋[1]　《中華古今注》：“鞋子自古即有，皆謂之履。絇繶皆畫五色。至漢有伏虎頭，始以布鞔繶，上脱下加，以錦爲飾。”“麻鞋起自伊尹，以草爲之，曰草屩。周文王以麻爲之，名曰麻鞋。至秦，以絲爲之，令宫人侍從著之，庶人不可。至東晉，又加其好，公主及宫中貴人皆絲爲之。凡娶婦之家，先下絲麻鞋一輛，取其‘和鞋’之義。”今俗猶然。

0933 行縢　《詩》云：“邪幅在下。”箋云：“邪幅，如今之行縢也。言以裹脚，偪束其脛，自足至膝。”可以跳騰輕便也[2]。《淮南子》：“纏以朱絲。”纏，讀如戰。《古樂府》有“雙行纏”，蓋婦人以襯韈中，即今俗談裹脚也。

0934 克絲　《事始》：“克絲始于宋。其樓閣、百花、龍鳳等樣極其工巧。今時頗尚之。”莊季裕《雞肋集》：“宋人刻絲法起定州，不用大機，以熟色經于木棹上，隨所欲作花草、禽獸狀[3]。以小梭織緯時，先留其處，方以雜色線綴于經緯之上，合以成文。不相連，視之，如雕鏤之象，故名刻絲。如婦人一衣終歲方就，使百花不相類亦可，蓋緯線非通絲所織也。”《松漠記聞》[4]：“回鶻以五色線織成袍，名曰尅絲，甚華麗。”《名義考》：“刻絲，宋已有之。而‘刻’之義未詳[5]。《廣韻》：‘緙，乞格切。織緯也。’則‘刻絲’之‘刻’，本作‘緙’，誤作‘刻’。”《周禮·内司服》：“鞠衣[6]，其色玄。揄狄青，闕狄赤，皆刻繒爲雉形。”亦誤作“刻”。

0935 肩輿　《孔氏雜説》：“肩輿是以人代畜也。”

0936 板輿　《閑居賦》注：“板輿，一名步輿。”按，板輿，世率以爲奉母親

---

① 目録作“鞵”。

② 《釋名·釋衣服》：“偪，所以自逼束，今謂之行縢，言以裹脚，可以跳騰輕便也。”

③ 狀，原誤作“收”，從《雞肋編》卷上改。

④ 漠，原誤作“模”。

⑤ 義，原誤作“文”，從明周祈《名義考》卷七“兑運中鹽刻絲”條改。

⑥ 鞠，原誤作“暈”。

事用，如白樂天詩“朱簾四從板輿行”，取潘安仁《閑居賦》“太夫人乃御板輿”之意。不知當時三公告老，亦許以板輿上殿，如傅祗者。是則板輿事不可專爲奉母也。梁韋睿以板輿自載，督屬衆軍，則知板輿不止一事。周遷《輿服雜志①》：“步輿，方四尺，素木爲之，以皮爲襻，捆之。自天子至庶人通得乘之。”②

0937 竹兜　漢高祖制。《張耳傳》：“貫高以箯輿前。”何休《公羊傳注》：“筍者，竹箯。一名編輿。”③

0938 兜子　《舊唐書·輿服志》曰：“開成末定制，宰相、三公、諸司官及致仕官、疾病官許乘擔子，如漢魏載輿之制。”按，唐乾元以來，始用兜籠代車輿，疑此爲擔子之制也，亦漢魏載輿、步輿之遺事云。然則今之大臣朝廷所崇敬而老疾則賜以肩輿，蓋放開成之制也。兜子，巴蜀婦人所用，乾元以來，蕃將多著勳于朝，兜籠易于擔負，京師始用兜籠代車輿矣。兜籠，即今之兜子，蓋其制起于巴蜀，而用于中朝，自唐乾元以來也。

0939 轎　《演繁露》：“古有車，車以轅繫馬而行。已而有輦，輦者，設杠，以人肩之。”故皇甫謐曰：“桀爲無道，以人駕車，是步輦之始也。既有輦，則以竹爲輿，智起于是矣。”淮南王安曰：“輿轎而入領。”④ 領，山領也。始名轎也。《稗編》：“古稱肩輿、腰輿、板輿、兜子，即今轎也。洪武、永樂間，大臣無乘轎者，觀兩京諸司儀門外，各有上馬臺，可知矣。或云：乘轎始于宣德，成化間始有禁例。文武三品以上得乘，四品以下乘馬。宋儒謂乘轎以人

---

① 志，從《文選》當作“事記”。

② 《文選·潘岳〈閑居賦〉》“太夫人乃御版輿，升輕軒”李善注：“版輿，一名步輿。周遷《輿服雜事記》曰：‘步輿，方四尺，素木爲之，以皮爲襻，捆之，自天子至庶人通得乘之。’”

③ 明方以智《通雅》：“箯輿，編輿也。晉以來謂之藍輿，或曰擔輿，猶兜子也。《張耳傳》：‘貫高以箯輿前。’師古曰：‘編竹木爲輿，若今食輿。’《博雅》曰：‘箯，葉輿也。’《公羊傳·文十五年》：‘筍將而來。’注：‘筍者，竹箯，一名編輿。’自宋以來謂之擔子，或曰兜子。”

④ 此段文字不見於《淮南子》。《漢書·嚴助傳》：“輿轎而隃領。”顏師古注：“服虔曰：‘轎音橋梁，謂陿道輿車也。’臣瓚曰：‘今竹輿車也。江表作竹輿以行是也。’項昭曰：‘陵絶水曰轎，音旗廟反。領，山領也，不通船車，運轉皆擔輿也。’師古曰：服音、瓚説是也，項氏謬矣。此直言以轎過領耳，何云陵絶水乎？”

代畜,于理不宜,固是正論。然南中亦有無驢馬顧騎處,縱有,山嶺陡峻局促處,非馬驢所能行,兩人肩一轎,便捷之甚。此又當[從]民便也。"①

0940 輦　劉熙《逸雅》:"輦車,人所輦也。"《物原》:"夏禹制輦。"《羣書考索》:"夏氏末代制輦。"《司馬法》曰:"夏后氏二十人而輦,商十八人而輦,周十五人而輦。"《通典》曰②:"夏后時謂之'輦',周曰'輜車'。"《説文》云:"挽車也。"《[後]漢書》云:"駕人以行曰'輦'。"③秦始皇去其輪,以人荷之,謂人在前使人引之也④。漢代遂爲人君之乘,隋時亦稱"輦"。

0941 刀圭　《本草》云:"刀圭,十分方寸匕之一⑤,藥准如梧桐子大。"《釋名》:"婦人上服曰'袿',其下垂者上廣下狹如刀圭。"夫刀圭,《本草》以狀藥之大小,《釋名》以見燕尾之廣狹,未有明言其義者。蓋刀鋭處如圭首,故曰刀圭,猶刀尖也,匕匙也。方一寸得十分,一分如梧桐子大。衣下垂者,割正幅,使一頭狹如燕尾。然梧桐子、燕尾,其大小廣狹纔刀尖若耳。

0942 麈尾　名曰"拂子"。《名苑》:"麈尾,辟塵,古之談者揮焉。"《晉書》:"王衍每捉玉柄,麈尾與手同色。"《釋藏指歸》云:"鹿之大者曰'麈'。[羣]鹿隨之⑥,皆看麈所往,隨麈尾所轉爲準。"今講僧執麈尾拂子,蓋象彼有所指麾故耳。

0943 千里鏡　西洋國磨玻璃所成者。以長筒窺之⑦,見數十里。復制

---

① 此段文字不見於《稗編》,而見於明陸容《菽園雜記》卷十一,清陳元龍《格致鏡原》卷二十九引用時前加"稗編"二字。"從"字從《菽園雜記》補。

② 清陳元龍《格致鏡原》卷二十九"輦"條"通典"前有"原始"二字。

③ 《後漢書·光武本紀》:"益州傳送公孫述瞽師、郊廟樂器、葆車、輿輦,於是法物始備。"顏師古注:"輦者,駕人以行。"

④ 使人,清陳元龍《格致鏡原》卷二十九"輦"條作"使"。

⑤ 匕,原誤作"寸"。明李時珍《本草綱目》卷一上:"丸散云刀圭者,十分方寸匕之一,準如梧桐子大也。方寸匕者,作匕正方一寸,抄散取不落爲度。"明周祈《名義考》卷十二"刀圭"條引正作"匕"。

⑥ 羣,從宋陸佃《埤雅》卷三"麈"條、宋吳曾《能改齋漫録》卷二"麈尾"條補。

⑦ 窺,原誤作"類",從明方以智《通雅》卷三十四"靉靆眼鏡也"條、清陳元龍《格致鏡原》卷五十八"眼鏡"條改。

小者于扇角，近視者能使之遠。《庶物異名疏》："粵之香山澳中有物，大如珠，置筒中，可視百里外，見人鬚眉亦具。諸賈藉以望海舶來，且用防海。"而《思問初編》載所謂異器，能于六十里外視一尺之物如在目前，亦此物與？

0944 **麝香**　《華夷考》曰："似麞而小。"曰："香正在陰前皮内，別有膜裹之。春分取之，生者益良。"一説香有三種：第一，夏食虫多，至寒香滿。入春急痛，自以爪剔出之。落處草木皆焦。其次，臍香。乃捕得殺取者。又次，心結香。麝被獸逐，狂走顛墜崖谷而斃，破心，見血流出作塊者是①。

0945 **奇楠香**　即伽南香。其香經數歲不歇。爲諸香之最，故賈轉高。以手爪刺之，能入爪。既出，香痕復合如故。《華夷考》曰："香木枝柯竅露，木立死而本存者。氣性皆温，爲大螘所穴。螘食石蜜，歸而遺于香中，歲久漸漬，木受蜜氣，結而堅潤，則香成矣。"近世以制帶銙，率多湊合，頗若天成。純全者難得耳。

0946 **玳瑁**　《本草》曰："大如扇，似龜甲，有文，解毒兼辟邪。"《海槎餘録》云："背負十二葉，有文藻，取用必倒懸其身，用滾醋潑之，逐片應手而下，但不老大，則皮薄，不堪用耳。"

0947 **牛溲　馬勃**溲音小　牛溲，牛溺音尿也。《本草》："黄犍牛、烏牤牛溺，主水腫。"馬勃，菌也。《本草》注：俗呼馬氣勃。紫色，虚軟，狀如狗肺。彈之粉出。粉極細，紫黄色。生濕地及腐木上，主惡瘡。即今所謂馬勃羅蛋也。

0948 **鹿茸**　《埤雅》："麋茸利補陽，鹿茸利補陰。凡茸，無樂太嫩，世謂之'茄子茸'，但珍其難得耳，其實少力，堅者又太老。惟長數寸，破之，肌如朽木，茸端如瑪瑙、紅玉者最美。"按：《月令》：冬至"麋角解"，夏至"鹿角解"。陰陽相反如此。今人用麋、鹿茸作一種，殆疏也。

---

① 明周嘉胄《香乘》卷三引《華夷草木考》："香有三種：第一生者名遺香，乃麝自剔出者。其香聚處，遠近草木皆焦黄，此極難得，今人帶真香過園中，瓜果皆不實，此其驗也。其次臍香，乃捕得殺取者。又其次爲心結香，麝被大獸捕逐，驚畏失心，狂走山巔，墜崖谷而斃，人有得之，破心見血流出作塊者是也。此香乾燥不堪用。"

0949**安息香**　《酉陽雜俎》曰："其樹呼'辟邪'，樹長三丈許，刻皮出膠如飴，名[安]息香。"《本草》云："似栢脂，黃黑色，爲塊。新者亦柔軟。"《一統志》云："樹如苦楝，大而直，葉類羊桃而長，中心有脂作香。"

0950**蘇合油**　《圖經》曰："蘇合香，與真紫檀相似而堅實，極芬香。"今不復見。"但用如膏油者①，極芬烈耳。"②陶隱居以爲是獅子屎，外國説不爾。《梁書》云："蘇合香是諸香汁煎之，非自然一物也。先煎其汁爲香膏，乃賣其滓與賈人。"③

0951**速香**　《南方草木狀》曰："交趾蜜香樹，伐之經年，其根幹枝節各有別也。心與節堅黑沉水者爲沉香，水面[平]者爲雞骨香，根爲黃熟香，幹爲棧香，細枝緊實未爛者爲青桂香，根節輕而大者爲馬蹄香。"同出一樹。今人名速香即黃熟香，語音之訛也。

0952**龍涎香**　《游宦紀聞》云④："龍涎香最貴重，出大食國，海旁常有雲氣出山間，土人即知龍睡其下，更相守之。俟雲散，知龍已去，往求必得龍涎，入香，能收斂腦麝清氣，數十年香味乃在。得其真，和香焚之，翠烟裊空，結而不散。或言涎有三品：一曰汎水，輕浮水面，善水者伺龍出，隨取之；一曰滲沙，凝積多年，滲入沙中；一曰魚食，則化糞散于沙磧。欲辨真假，投没水中，須臾突起，直浮水面。或取一錢，口含之，微有腥氣。經一宿，細沫已咽，餘結膠舌上，取出就淖稱之，亦重一錢。將淖者又乾之，其重如故。雖極乾枯，用銀簪燒熱，鑽入枯中，抽簪出，其涎引絲不絕。驗此，不分褐白、褐黑，皆真。"⑤

---

① 見但，原誤倒作"但見"。

② 明周嘉胄《香乘》卷四引《本草[圖經]》："今從西域及崑崙來者紫赤色，與紫真檀相似，堅實，極芳香，性重如石，燒之灰白者好。""廣州雖有蘇合香，但類蘇木，無香氣，藥中只用有膏油者，極芬烈。"

③ 《梁書·諸夷傳·中天竺國》："蘇合是合諸香汁煎之，非自然一物也。又云大秦人採蘇合，先笮其汁以爲香膏，乃賣其滓與諸國賈人，是以展轉來達中國，不大香也。"

④ 紀，原作"記"。

⑤ 此襲明周嘉胄《香乘》卷二十五"龍涎香"條所引《東西洋考》。

0953獺肝　諺曰："人心象膽,世事獺肝。"獺肝凡十二析,月腐一析,則他一析更新,循環歲更,故云。

0954燕窩　燕窩名金絲。海商云:海際沙洲生蠶螺,臂有肋,堅潔而白,海燕啄食之,肉化而肋不化,并津液吐出,結爲小窩,啣飛渡海,倦則棲其上,海人依時拾之以貨①。又云紫色者佳。《湖海搜奇》又云"出廣東,乃海燕採小魚營巢,故名燕窩"。

0955豆腐　即豆乳也。三代前後未聞此物。淮南王劉安始磨豆爲乳脂,名之曰豆腐。朱晦菴詩:"種豆豆苗稀,力竭心已腐。早知淮南術,安坐獲泉布。"《清異録》:"時戢爲青陽丞,潔己勤民,肉味不給,日市荳腐數箇,邑人呼豆腐爲小宰羊。"

0956豆芽　唐宋《本草》有豆黄卷,乃以生豆爲芽蘗也,宋時稱之②。

0957輜重　《説文》:"輧車前、衣車後。"徐氏曰:"所謂庫車。"《字林》:"載衣物車,前後皆蔽。"《後[漢書]·輿服志》注:"輧車有衣蔽無後轅者,謂之輜。"③《釋名》:"輜,廁也,謂軍糧什物雜廁載之。"以其累重,故稱輜。《説文》"衣"字即《字林》《輿服志》"蔽"字,但《説文》輜後蔽,《字林》《輿志》則前後俱蔽,《釋名》"雜廁"正所謂庫也。《字林》"衣物"即所謂軍糧什物也。或曰:"輜,載衣車;重,載物車。"非是。

0958冪羅　古者女子出門,必擁蔽其面。後世宫人騎馬多着冪羅,全身障之,猶是古意。又首有圍帽,謂之席帽,垂絲網之,施以珠翠。至煬帝淫侈,欲見女子之容,詔去席帽,戴皂羅巾幗,而以席帽油御雨云。唐永徽中,皆用帷帽,施裙到頸,漸爲淺露。開元初,宫人馬上靚粧露面,古制蕩盡矣。今山西、河南婦人,出以錦帕覆面,至老猶然,亦古意之遺焉。

---

① 依,原誤作"衣",從清王士禎《香祖筆記》卷五改。
② 宋唐慎微《證類本草》載"大豆黄卷",卷二十五:"大豆黄卷,味甘平,無毒,主濕痺、筋攣、膝痛、五藏胃氣結積,益氣、止毒、去黑皯、潤澤皮毛。"
③ 《後漢書·輿服志》"非法駕則乘紫罽輧車"注引。

0959 **管鍵**　《老子》：“善閉者，無關楗而不可開。”《周禮·地官》：“掌受管鍵。”《月令》：“謹管籥。”楗，或又從金。鑰，本作關，亦有作籥者，訓者多未辨。按《説文》：“關，以横木持門户也。”《廣雅》：“楗，拒門木。”《月令》注：“鍵，鑰之入内者。鑰，搏鍵器也，以鐵爲之，揗鑰内搏取其鍵[①]。”是知關，即今門栓；管，即今鑰筒；鍵，即今鑰鑐；鑰，即今鑰匙。從金者爲鑰鑐，從木者爲關之入牝處，總曰拒門木。

0960 **蜜食**　《楚辭》：“粔籹蜜餌，有餦餭［些］[②]。”王逸注：“餦餭，餳也。以蜜和米麨麨[③]，熬煎作粔粧，擣黍作餌。”洪曰：“《楚辭》此句自是三品。粔籹乃蜜麨之乾者，十月開爐餅也。蜜餌乃蜜麨少潤者，七夕蜜食也。餦餭乃寒食寒具也。”[④]楊子《方言》云：“餳謂之餹。”《詩·有瞽》：“蕭管備舉。”箋云：“蕭，編小竹管，如今賣餳者所吹也。”

0961 **寒具**　晉桓玄喜陳書畫，客有不濯手而執書帙者，偶涴之，後遂不設寒具。《齊民要術》并《食貨經》皆云：“環餅，世疑餲子也。”劉禹錫《寒具》詩：“纖手搓來玉數尋，碧油煎出嫩黄深。夜來春睡無輕重，壓匾佳人纏臂金。”蓋以寒具爲餲子也。宋人小説以寒具爲寒食之具，即閩人所謂煎餔，以糯粉和麨油煎，沃以糖食之，不濯手，則能污物，且可留月餘[⑤]，宜禁烟用也。林和靖《山中寒食》詩云：“方塘波緑杜蘅青，布穀提壺已足聽。有客初嘗寒具罷[⑥]，據梧慵復散幽經。”則寒具又非餲子，並存以俟博古者。

按，李時珍《本草綱目》云：“冬春可留數月，及寒食禁烟用之，故名寒

---

① 鍵，原誤作“鋌”。

② 餭，原誤作“鍠”。下一“餭”同。

③ 麨麨，《楚辭章句》王逸注作“麨”。

④ 見宋林洪《山家清供》卷上“寒具”條。

⑤ 且，原誤作“具”，從元陶宗儀《説郛》卷七十四“寒具”條、清沈自南《藝林彙考》卷三正。

⑥ 具，原作“食”。

具。”①言留數月，可以冷食，不必特爲寒食用也，今人即餲子亦以糖食之。

　　0962 案　宋曾鞏《耳目志》：“孟光舉案齊眉，俗直謂几案耳。吕少衛云：‘桉乃椀字，故舉與齊眉。’張衡《四愁詩》之‘青玉案’，謂青玉盌也。”據此，則《考工記》云“夫人享諸侯，案十有二寸”亦當作此解，故注云：“玉案十有二列也。”曹植、應瑒、徐幹俱有《車磲椀賦》，江總有《瑪瑙椀賦》。

　　0963 尿虎　溺器也。《周禮·天官》：“太尉掌王燕服，凡褻器。”鄭司農注云：“褻器，溺器，虎子也。”②顔師古《漢書注》：“獸子，褻器，所以溲便也。”③《廣博物志》：“李廣獵于宜山，見臥虎，射之，一矢即殪。鑄銅象其形，爲溲器，示辱之。”

　　0964 苞桑　《易》：“其亡其亡，繫于苞桑。”《傳》謂：“苞桑爲安固之道。以桑之爲物，其根深固。苞謂叢生，其固尤甚。”非也。《易》謂“休否”之大人，其視否也，有“其亡”之戒，故云，即《書》所謂“朽索六馬、虎尾春冰”之意④，否休則泰來，大人所以吉也。凡木穉則叢生，喬則特立，未有穉而可以爲固者。陸宣公《收復河北請罷兵狀》有云：“邦之杌陧，綿綿聯聯，若苞桑綴旒，幸而不殊者縷矣。”⑤此得其解。

　　0965 葑菲　向讀《詩》“采葑采菲，無以下體”注“謂不可以其根之惡而棄其莖之美”，不能無疑。按：葑，今蘿蔔蔓菁之類也。郭璞云：“蘆，菔，蕪菁屬，紫花，大根。”⑥蕪菁即蔓菁，與葑相似，紫華惟蘆菔爲然，是葑爲蘆菔，故曰蔓菁之類也。菲，今土瓜。郭璞云：“菲，芴，土瓜也。”⑦唐慎微：“土瓜，

---

① 《本草綱目·穀四·寒具》“釋名：捻頭、環餅、餲”下李時珍注。

② 《周禮·天官·玉府》：“掌王之燕衣服、衽席、牀第、凡褻器。”鄭玄注：“燕衣服者，巾絮、寢衣、袍襗之屬，皆良貨賄所成；第，簀也。鄭司農云：‘衽席，單席也；褻器，清器，虎子之屬。’”

③ 見《漢書·張騫傳》“以其頭爲飲器”顔師古注。

④ 《書·五子之歌》：“予臨兆民，懍乎若朽索之馭六馬。”《書·君牙》：“心之憂危，若蹈虎尾，涉于春冰。”後因以“朽索六馬、虎尾春冰”喻臨事慮危，時存戒懼。

⑤ 見唐陸贄《翰苑集》卷十六所載《收河中後請罷兵狀》。

⑥ 《爾雅·釋草》：“葵，蘆萉。”郭璞注：“葩宜爲萉，蘆萉，蕪菁屬，紫花，大根，俗呼雹葵。”

⑦ 《爾雅·釋草》：“菲，芴。”郭璞注：“即土瓜也。”

根似葛，細而多糝。即《月令》所謂王瓜。"① 二物根爲美，詩人謂"采葑采菲"者，得無以下體之故乎？言己之顏色不足采，而德音或可以配君子，故承言"及爾同死"也。蘆，音盧；菔，音白，即蘿蔔。粤人今呼爲蘆菔。

0966 茶　九經無"茶"字，"荼苦"即是也。《爾雅》謂之"檟茗"②，則是今之茶。但經中只有"荼"字耳。謝宗《茶論》："茶，古不聞，晉宋以降，吳人採葉煮之，謂之茗粥。"③《雲谷雜記》："晏子，春秋嬰相，齊景公時，食脫粟之飯，炙三戈五卯，茗菜而已。"④又漢王褒《僮約》有"五陽一作武都買茶"之語，是魏晉以前已有之矣。《南牕紀談》："按，《吳志·韋曜傳》：'孫皓時，每宴享，無不竟日坐席，無論能否飲酒，率以七升爲限，雖不悉入口，皆澆灌取盡。曜素飲不過二升。初見禮異時，或爲裁減，或賜茶荈即茶也以當酒。'如此言，則三國時已知飲茶矣。"陸羽《茶經》："茶之爲飲，發乎神農氏。"

0967 鴆毒　《廣雅》："鴆鳥，其雄謂之運日，雌謂陰諧。"《淮南子》云："運日知晏，陰諧知雨。"天晏靜無雲，則運日先鳴；天將陰雨，陰諧則鳴。《物類相感志》："《廣志》曰：鴆似鷹而大，如鴞，毛紫黑色，有毒其羽入酒中必殺人，食之殺人。啄長七八寸，黃赤如銅，食蝮蛇及橡粟，蛇入口則爛。屎溺著石，石爛如泥，屎石則變爲生金及雄黃。其鳥有法：知巨石大樹間有蛇虺，即爲禹步以禁之，進退俯仰有度，或獨爲，或結羣，逡巡，石樹爲之崩倒，取蛇虺時，呼同力數十聲鴆鳥亦名同力鳥，石起蛇出，皆啄食之。有人入山，見其步

---

① 宋唐慎微《證類本草》卷九："王瓜……一名土瓜，生魯地平澤田野及人家垣牆間，三月採根陰乾。"自注：《月令》云：'王瓜生。'此之謂也。鄭玄云'菝葜'，殊昜繆矣。唐本注云：此物蔓生，葉似栝樓，圓無义缺，子如梔子，生青熟赤，但無稜爾，根似葛，細而多糝。"

② 《爾雅·釋木》："檟，苦荼。"郭璞注："樹小似梔子，冬生葉，可煮作羹飲，今呼早采者爲荼，晚取者爲茗。一名荈。蜀人名之苦荼。"

③ 清陸廷燦《續茶經》卷上之一引此稱出自《茶錄》。

④ 三戈五卯，當作"三弋五卯"，指三五個弋射所得鳥和採得之鳥卵。茗菜，《晏子春秋》諸版本均作"苔菜"。參見游修齡《陸羽〈茶經·七之事〉"茗菜"質疑》(《中國農史》2002年第4期)。

法，歸向其妻學之，婦正織而機翻倒。凡鴆飲水處，百鳥吸之皆死。或得犀牛，蘸角其中，則水無毒。此鳥與犀二物相伏，今有犀處必有鴆，鴆生處必有犀，不然有毒氣傷物類，故天資之以含育萬物。”

0968 梟鳥　張華《禽經》：“梟在巢，母哺之，羽翼成，啄母目翔去。”許慎云：“梟，不孝鳥也。”《五雜俎》：“貓頭鳥，梟也，人最忌之，云是城隍攝魂使者。城市屋上有梟夜鳴，必主死喪，然近山深林中習聞之，亦不復驗矣。古以午日賜梟羹，又標其首以木，故標賊首謂之梟首。”

0969 獬豸　《神異經》：“東北荒中有獸，如羊，一角，毛青，四足，似熊。性忠直，見人鬥則觸不直，聞人論則咋不正，名曰獬豸，一名任法獸，故法官服獬豸。”

0970 鸂鶒　《埤雅》：“鸂鶒，五色，尾有毛如船柂，小于鴨。性食短狐，蓋鳥之敕邪而逐害者，故諫垣服之。鸂鶒于水渚宿①，先若有勅令②，然亦浮游，雄者左，雌者右，羣伍有式度。”今科官皆服鸂鶒，而揖尚左，或取義于此。

0971 老鼠　《埤雅》：“鼠類最壽，故稱老鼠。”

0972 狐　《名山記》：“狐，先古之淫婦也，其名曰紫，化而爲狐。故其怪多自稱阿紫。”

0973 箕　去穀之糠粃者曰簸箕。自神農氏始，《詩》云“或簸或揚”是也。一曰飯具，始于秦漢，今俗名曰飯箕，以竹爲之是也。《稽神録》：“正月望夜，時俗取飯箕，衣之衣服，插箸爲嘴，使畫盤粉以卜。”今俗轉簸箕，亦此意也。

0974 筞籬　黃帝命妃西陵氏制筞籬以撈蠶蛹，以竹爲之。《開元遺事》：“明皇賜安禄山什物，有銀絲筞籬。”

0975 虢子　《説文》：“虢，土鍪③，胡到切。”《楊升菴外集》：“北方呼餅

---

① 渚，原誤作“注”，從《埤雅·釋鳥》“溪鶒”條改。

② 先，《埤雅》作“先少”，《御定淵鑑類函》卷四二六“鸂鶒一”引《圖經》作“老少”。

③ 鍪，《説文》作“鏊”。

器曰號子。”

0976 匕箸　《易》震卦：“不喪匕鬯。”《方言》：“匕謂之匙。”《説文》：“匕，所以取飯。”《大東》之詩曰：“有捄棘匕。”今之茶匙用以銀銅藤角，即其遺法。軒轅以竹木爲箸之始，紂以象牙爲之，故謂之奢。

0977 鉢　《稗史類篇》：“鉢，本天竺國器，西國有佛鉢是也。宋廬江王以銅鉢餉祖祈，則是晉宋間始爲中夏所用也。”程大昌《演繁露》：“《東方朔傳》：‘置守宮盂下。’注：‘盂，食器也，若盉而大盉音撥。’①今之所謂盉盂，僧家名其食鉢爲鉢，則中國古有此名，而佛徒用之耳。”

0978 竹夫人　竹几也。東坡《贈竹几與謝秀才》詩：“贈君無語竹夫人。”黃魯直《竹夫人詩序》：“趙子充示《竹夫人》詩，序謂憩臂休膝似非夫人之職，而冬夏青青，竹之所長，予爲更名曰青奴。”楊鐵崖有《抱節君傳》，謂竹夫人也②。

0979 湯婆　《器物叢談》：“湯婆，煖足瓶，又名脚婆。”山谷詩：“千金買脚婆，夜夜睡天明。”《事物原始》：“錫奴，温脚瓶也，俗名湯婆子。”

0980 被囊　俗名被套，人亦稱爲馬苞。《晉書》：“惠帝及成都王穎單車走洛陽，服御分散，倉卒上下無齎，侍中黃門被囊中齎私錢三千，詔貸用。”太和九年，以十家之累者，迤邐竄謫，人人皆不自期，常虞倉卒之遣，每出私第，咸備四時服用。舊以紐帶爲腰囊，置于殿乘，至是服用既繁，乃以被易之。大中以來，吳人亦有結絲爲之者，徒翫而不用也③。

---

①　《漢書・東方朔傳》：“上嘗使諸數家射覆，置守宮盂下，射之，皆不能中。”顏師古注：“守宮，蟲名也。術家云以器養之，食以丹砂，滿七斤，擣治萬杵，以點女人體，終身不滅，若有房室之事，則滅矣。言可以防閑淫逸，故謂之守宮也。今俗呼爲辟宮，辟亦禦扞之義耳。盂，食器也，若盉而大，今之所謂盉盂也。盉音撥。”

②　元楊維楨《竹夫人傳》：“夫人竹氏，名筎，字珍瓏，自號抱節君。其先爲孤竹君之子。”

③　此記載見唐李匡乂《資暇集》卷下：“被袋非古製，不知孰起也，比者遠游行則用。太和九年……至是服用既繁，乃少以被袋易之，成俗于今。大中已來，吳人亦結絲爲之，或有餉遺，豪徒翫而不用也。”

0981 **荷包**　《晉［書］·輿服志》："文武皆有囊綴綬，八座尚書則荷紫。"①
乃負荷之荷，非荷蕖也。今謂囊曰荷包，本此。

0982 **麻扎刀**　今人謂之斬馬刀。宋岳忠鄂王與金兀术戰于郾城，遣子
雲直貫其陣，大破金兵。兀术以拐子馬來，王令步卒執麻扎刀斫馬足，大破
之。兀术大慟曰："吾海上起兵皆以此勝，今已矣。"

0983 **郭公磚**　《格古要論》②：嘗見"郭公磚"，灰白色，中空，面上有象眼
花紋，相傳出河南鄭州汜水中者最佳。磚長五尺，闊一尺有餘。此磚駕琴，
撫之有清聲可愛③。

0984 **兔從口生之説**　《曲禮》："兔曰明視。"陸佃曰："兔，吐也。明月之
精，視月而生，故曰明視。"王充《論衡》："兔，舐雄毫而孕。及生子，從口中
出。"及觀蒲城原子《兔説》，以爲："兔之雄雌，其孳尾，無異他獸，每月一孕。
子生，則以土培之而壅其穴，出入必然。或窃啟其戶，子輒不成。"蓋古所謂
視月者，視月之候而孕，又謂"吐生"者，得土而生。吐，土之訛，且因缺"口"
而附會之也④。

0985 **叫子**　《筆談》："世以竹木骨牙之類爲叫子。有病瘖爲人所苦，聽
訟，令含之作聲，如傀儡子，粗能辨其一二。"⑤

---

① 《晉書·輿服志》："革帶，古之鞶帶也，謂之鞶革，文武衆官牧守丞令下及騶寺皆服之。其有囊綬，則
以綴於革帶，其戎服則以皮絡帶代之。八坐尚書荷紫，以生紫爲袷囊，綴之服外，加於左肩。"

② 古，原誤作"言"。明曹昭《格古要論》卷中"琴卓"條："琴卓須用維摩樣，高二尺八寸，可入漆於卓
下，闊可容三琴，長過琴一尺許。卓面郭公磚最佳，瑪瑙石、南陽石、永石者尤好；如用木者，須用堅
木，厚一寸許則好，再三加灰，漆以黑光之。"本條下文並非出自《格古要論》，詳下條注。

③ 清陳元龍《格致鏡原》卷二十"磚"："《格古要論》：'琴卓面用郭公磚最佳。'嘗見郭公磚，灰白色，中
空，面上有象眼花紋，相傳云出河南鄭州汜水中者絕佳。磚長五尺，闊一尺有餘，此磚架琴，撫之有
清聲，泠泠可愛。"

④ 全條襲清鈕琇《觚剩》"兔"條。

⑤ 宋沈括《夢溪筆談》卷十三："世人以竹木牙骨之類爲叫子，置人喉中吹之，能作人言，謂之頰叫子。
嘗有病瘖者，爲人所苦，煩冤無以自言，聽訟者試取叫子令頰之，作聲如傀儡子，粗能辨其一二，其冤
獲申。此亦可記也。"

0986 **鞭 策 箠** 皆馬撾之名。《説文》所謂驅遲也[1]。古者用革，以朴罪人，亦以驅馬，故其文從革。《書》曰"鞭作官刑"，此則施于民也。《左傳》："雖鞭之長，不及馬腹。"此則施于馬也。其後以竹代革，故"策、箠"二文又並從竹，蓋因驅策箠擊之義以立名也。

0987 **麩炭** 白居易詩："日暮半鑪麩炭火。"《本草》："煎藥焙炙，宜用麩炭。"麩，音孚，小麥屑皮也[2]，取其輕浮義，然不如"烰"字從火爲尤得義。烰[3]，《説文》："烝也。從火，孚聲。"引《詩》"烝之烰烰"，今《詩》作"浮"[4]。《正字通》云"烰音孚"，所謂麩炭者，可作烰字。

0988 **渴兔** 《[後]漢書》："靈帝作番車渴兔。"注云："番車者，設機車上以引水。渴兔者，爲曲筒，以氣引水而上。"[5]今方言謂之過山龍。

0989 **魯酒** 《淮南子》："楚會諸侯，魯、趙皆獻酒于楚王。主酒吏求酒于趙，趙不與。吏怒，乃以趙厚酒易魯薄酒奏之。楚王以趙酒薄，遂圍邯鄲。"[6]

0990 **睡鞵** 閨閣中臨寢著軟底鞵，取足不放弛也。案《南部烟花記》："陳後主宮人臥履，以薄玉花爲飾，内散以龍腦諸香。"則是時已有睡鞵之名。

0991 **皮鞾 釘鞾** 古人惟用木屐。《舊唐書·德宗紀》："入駱谷[7]，值霖雨，道滑，東川節度使李叔明之子昇等六人著釘鞾、行滕，更控上馬以至梁州。"釘鞾之名見于此。皮鞾，亦曰釘鞾，見《明史·禮志》："百官入朝遇雨，皆躡釘鞾，聲徹殿陛。太祖令爲軟底皮鞾，冒于鞾外，出朝則釋之。"

---

① 《説文》革部："鞭，驅也。"
② 屑，原誤作"也"。
③ "烰"後原衍"説孚"二字。
④ 作，原誤作"從"。
⑤ 《後漢書》作"渴烏"，不作"渴兔"。《後漢書·張讓傳》："又作翻車渴烏。"李賢注："翻車，設機車以引水。渴烏，爲曲筒，以氣引水上也。"
⑥ 引文乃《淮南子·謬稱》"故傳曰魯酒薄而邯鄲圍"高誘注。
⑦ 谷，原誤作"宗"，從清顧炎武《日知録》卷二十八"行滕"條改。

0992 尖頭鞾　周煇《北轅録》："淳熙中，張子政往賀金國生辰，其俗無貴賤，皆著尖頭靴。"劉熙《釋名》云："鞾，本武服，趙武靈王所制。"

0993 羅盤　即指南車之爲制也。越裳氏獻白雉于成王，使迷歸路，周公作指南車錫之，以爲先導，刻木爲人，舉手指南。以國在南，令其望南而指，則知歸路[1]。即今之羅盤也。

0994 羅經針　《通書》曰："盤針之法，漢初只用十二支。自唐以來，始添用四維八干。古歌云：'縫針之法壬子中，更論正針子亦中。'又，胡舜申《陰陽備用》云[2]：'聞諸前輩言盤針之用，當以丙午壬子之中者爲正。'《狐首經》云[3]：'陽生于子，陰生于午，自子至丙，東南司陽；自午至壬，西北司陰。丙午壬子之間爲天地之中，南北之正。'其説相合，故斷然以丙午壬子中針爲是。"

按，《通書》以壬子之中爲縫針，今謂之中針。蓋中針之子位當壬之中，乃子之初，自子至癸皆子位也。地理家格龍用之。若定方向，則用正針；消砂納水，則用縫針。

羅經體制不一，多者至三十餘層。然用總不離乎三針者近是，今約取十二層。內一層，天池[4]，以受指南針者也。二層，八卦，正方隅也。三層，二十四山，一卦三山也。四層，坐山九星，變卦也。五層，淨陰淨陽，配龍向也。六層，穿山七十二龍，正針分金也。七層，中針二十四山。八層，二十四天星。九層，六十龍。皆屬中針，所以格龍者也。十層，縫針二十四山。十一層，六十龍。十二層，一百二十分金。皆屬縫針，所以消砂納水者也。餘配針配宿，皆由此推，故約舉之而其義備矣。

---

① 晉崔豹《古今注》卷上："舊説云周公所作也。周公治致太平，越裳氏重譯來獻白雉一、黑雉二、象牙一。使者迷其歸路，周公錫以文錦二疋，軿車五乘，皆爲司南之制。"

② 備，原作"俻"。

③ 狐，原誤作"孤"。

④ 池，原誤作"地"，從《協紀辨方書》卷三十三改。

0995藍衫　紫袍　秀才舉人公服之稱,取李固言"柳汁染袍"之意[1]。

0996涼帽頂子　《輟耕録》:"河南王卜憐吉死[2],嘗郊行,天暖,欲易涼帽,左右捧笠侍。風吹墮石上,跌碎御賜玉頂。"帽上頂子始見此。又:"大德間有回回臣商,賣紅剌石一塊于官,用嵌帽上,大朝賀則服用之。"[3]又《元史》:"仁宗爲太子時,淮東宣慰使撒都獻七寶帽頂。"[4]則帽之有頂,元制然也。

0997風匣　《淮南子》:"鼓橐吹埵,以銷銅鐵。"注:"吹火筒也。"[5]即今風匣。

0998茶船　李濟翁《資暇録》云:"始建中,蜀相林寧之女以茶杯無襯,病其熨手,取碟子承之。既啜而杯傾,乃以蠟環碟于中央,其杯乃定,即命匠以漆環代蠟,進于蜀相,大奇之,話于賓友,人人以爲便,于是侍者更環其底,愈新其製,以至百狀。"船之名,或本《周禮·司尊彝》"六彝皆有舟"之名。鄭注:"舟,尊下台也。"

0999撲滿　"撲滿者,以土爲器,以蓄錢貝,有入竅而無出竅,滿則撲之。土,鸋物也;錢,重貨也。入而不出,積而不散,故撲之。士有聚歛而不能散者,將有撲滿之敗,可不誡與!"此鄒長倩《與公孫弘書》中語也,人宜鑒之。倩與弘皆齊菑川人。

1000五銖錢　今世所傳五銖錢,皆云漢物,非也。南北朝皆鑄五銖錢。《陳書·世祖紀》:"天嘉三年閏二月甲子,改鑄五銖錢。"《魏書》言:"武定之

---

[1]　唐白居易《白孔六帖》卷八十四"柳汁染衣"條:"李固言未第前,行古柳下,聞有弹指聲,固言問之,曰:'吾柳神九烈君,已用汁染子衣矣,科第無疑。果得藍袍,當以棗餻祀我。'固言許之。未久,登第。出《三峯集》。"

[2]　卜憐吉死,元陶宗儀《輟耕録》卷十五"河南王"條作"布琳濟達"。

[3]　元陶宗儀《輟耕録》卷七"回回石頭"條:"回回石頭,種類不一,其價亦不一,大德間,本土巨商賣紅剌一塊於官,重一兩三錢,估直中統鈔一十四萬錠,用嵌帽頂上。自後累朝皇帝相承寶重,凡正旦及天壽節大朝賀時則服用之,呼曰剌,方言也,今問得其種類之名,具記於後。"

[4]　《元史·仁宗紀一》:爲皇太子時,"淮東宣慰使撒都獻玉觀音、七寶帽頂、寶帶、寶鞍,卻之,戒諭如初。"

[5]　高誘注:"鼓,擊也。橐,冶鑪排橐也。埵,銅橐口鐵筩,埵入火中吹火也,故曰吹埵。"

初,私鑄濫惡,齊文襄公以錢文名須稱實,宜稱錢一文重五銖者聽入市,用計百錢,重一斤四兩二十銖。"《通典》注:"按此,則一千錢重十一斤以上。隋代五銖錢一千重四斤二兩。當時大小秤之差耳。"①

　　1001 開元通寶　唐錢率曰"開元通寶",若語人曰"開通元寶",人多未之信。按,《文獻通考》:唐武德廢五銖錢,鑄開元通寶,其文,歐陽詢製書八分及篆隸三體,文自上及右迴環讀之,詢初進蠟樣,文德皇后搯一甲跡②,後錢上有搯文。呂東萊曰:"自漢至隋,惟五銖之法不可易;自唐至五代,惟開通之法不可易。"《龍川畧志》③:蘇轍至京師,上書王介甫,問鑄錢,對曰:"唐開通錢最善。"凡此皆可證。而曰"開元"者,何也?蓋是錢爲唐鑄,"開元"又唐年號。裴耀卿對玄宗曰④:"錢者通寶,有國之權,後人遂不知回環讀,乃錯綜讀而曰'開元通寶'也。"玄宗亦嘗鑄錢,宋璟請行二銖四參錢謂"開通元寶"也,以是錢徑八分、重二銖四參,得輕重之中,故再鑄之,其錢獨多也。予家藏杜佑《通典》皆云"開通",今新刻本皆云"開元",末學安竄易也。錢文不用年號者,古比比是,即唐後亦有不用者,南唐錢文曰"永通錢貨",宋錢文曰"皇宋通寶"。何可以年號拘也⑤?

　　1002 元寶　《輟耕錄》:"銀錠上字號揚州元寶,乃至元十三年,大兵平宋,回至揚州,丞相伯顏號令搜檢將士行李,所得撒花銀子,銷鑄作錠,每重五十兩,歸朝,獻納。世祖大會皇子、王孫、駙馬、國戚,從而頒賜,或用貨買,所以銀間有此錠也。後朝廷亦自鑄,有四十八九兩不等。遼陽元寶,乃至元二十三年、二十四年征遼東所得銀子而鑄者。"是元寶重五十兩,起于元世也。

---

①　此條襲清顧炎武《日知録》卷十一"五銖錢"條。

②　搯,即"掐"字。

③　志,原誤作"至"。

④　玄,原作"元"。本條下同。

⑤　此條襲明周祈《名義考》卷十一"開元通寶"條。

1003 鍼砭 古者鍼灸之鍼,以石爲之。昔金元起欲註《素問》,訪王儒。儒以砭石答曰:"古人以石爲鍼,必不用鐵。"《説文》有此"砭"字,許慎云:"以石刺病也。"《東山經》云:"高氏之山多鍼石。"郭璞云:"可以爲鍼砭。"《春秋》:"美疢不如惡石。"服子慎註:"石,砭石也。"季世無復佳石,故以鐵代之耳。

1004 錢布 師古曰:"布即錢耳。謂之布者,言其分布流行也。"[①] 按布謂貨布,錢謂貨錢,自是二品,安得謂布即錢耳?《[王]莽傳》曰:"貨布,長二寸五分,廣一寸,直貨錢二十五。"今貨布見存,上狹下廣,而岐其下,中有一孔。師古當日或未之見耶。

1005 銅鼓 考《周官》六鼓[②],金鼓,四人辨其聲用,籥章以土,韗人以木革以冒之,不聞范金也。迨伏波將軍平交阯,諸葛武侯渡瀘[③],始鑄銅爲鼓,以助軍聲,流傳三川百粵頗多。嶺南一道,廉州有塘,欽州有村,博白有潭,萬州靈山,文昌有嶺,高州有陘,取以名其地。傳聞鼓初成,懸于廣廷,宰牲置酒,子女繁會,出金銀釵,叩之,納諸主者,目曰都老。有仇怨相攻,則鳴鼓集衆,俄頃烏合。蜀則凡鼓悉稱孔明所遺,其直易牛千頭。苗民得此,雄視一方。要其制無甚大者,惟粵東廣州波羅江上南海廟有銅鼓二:大者,唐嶺南節度使鄭絪出鎮時,高州太守林靄得之峒户,以獻絪,納諸廟。面闊五尺,臍隱起,羅布海魚蝦蟇等紋。蝦蟇每以十二相對。中空,無底,旁設兩耳,通体微青,雜以丹砂瘢,其光可鑑。小者,殺大者五之一,從潯州灘水湧出也[④],純緑,雜以鷓鴣斑。視之,隱隱若八卦畫。每歲二月上壬日,土人擊以樂神。民間有疾,禱于廟,亦擊之。雷州雷祖廟亦有二面,形製同,亦無若南海廟之

---

① 見《漢書·食貨志》"是爲布貨十品"顏師古注。

② 《周禮·地官·鼓人》:"掌教六鼓、四金之音聲,以節聲樂,以和軍旅,以正田役。"

③ 侯,原誤作"后"。清朱彝尊《曝書亭集》卷四十六《南海廟二銅鼓圖跋》此處作"諸葛丞相",從之改。

④ 也,清朱彝尊《曝書亭集》卷四十六《南海廟二銅鼓圖跋》作"色",則當屬下。

大者。

《交州記》云：“越人又鑄銅爲船，在安定江，潮退時見。”① 觀此，或以鎮水也。

1006 犀角　《澠水燕談》②：“犀之類不一，生邕管之内及交趾者，角紋如麻，實燥，少温潤。來自船上，生大食者③，文如茱萸，理潤而倒④，光采徹瑩，甚類犬鼻。若傅以膏，甚有花紋，而尤異者曰通天犀，或如日星，或如雲月，或如葩花，或如山水，或飛走，或龍魚，或成神仙，或成宮殿。至有衣冠、眉目、杖履、毛羽、麟角完具，若繪畫然，爲世所貴，其價不貲，莫知其所以然也。或以爲犀愛一物，玩之久，則物形潛入角中，是又不可以理推者。其紋有正插者，有腰鼓插者，其類不一。方其未解也，雖海人亦未知其爲異也。故波斯以象牙爲白暗，犀角爲黑暗，以其難別識也。犀之有通天紋者，自顧其影則怖，常飲濁水，不欲照其角也。海人之取犀也，多于山麓植木，如列羊棧，久則木朽，犀前足短，止則依木而立，朽折，犀倒不能自立，因格殺之。犀歲亦退角，培土埋僻處，海人偵知，以木角易取之。西域謂犀爲竭伽，角爲毗沙挐，言一角也。”

1007 鐵券　《漢書·高祖記》“丹書鐵契”⑤。按，鐵券如半破木甋，有四孔穿縚，刻文于上，陷金是也。此封列侯誓書，鐫免死及俸禄之數于面，形如瓦，一藏内府，一授本爵。

1008 金僕姑　矢名。《左傳·莊十一年》：“乘邱之役，公以金僕姑射南

---

① 《後漢書·郡國志》“交趾郡”下有“安定”，其下注：《交州記》曰：越人鑄銅爲船，在江潮退時見。”
② 此四字原爲小字置詞目下。
③ 大，原作“火”，從《澠水燕談録》改。
④ 倒，疑誤，宋王闢之《澠水燕談録》卷九作“澤”或“綴”。
⑤ 《漢書·高帝紀》：“天下既定，命蕭何次律令，韓信申軍法，張蒼定章程，叔孫通制禮儀，陸賈造《新語》。又與功臣剖符作誓，丹書鐵契，金匱石室，藏之宗廟。”《後漢書·祭遵傳》：“昔高祖大聖，深見遠慮，班爵割地，與下分功，著録勳臣，頌其德美。生則寵以殊禮，奏事不名，入門不趨。死則疇其爵邑，世無絶嗣，丹書鐵券，傳於無窮。”

宮長萬。"膠葛，魯人，有僕忽不見，旬日而返，主欲笞之。僕曰："臣之姑修玄女術[①]，得道，昨降于泰山，召臣，臨別，贈臣以金矢一乘，曰：此矢不必善射，宛轉中人而復歸于笮。"試之良然。因以金僕姑名之。

1009 **羽觴** 孟康《漢書音義》曰："羽觴，爵也。作生爵形，有頭、尾、羽翼。"按，古飲器自有爵，真爲爵形，劉杳謂古尊彝皆刻木爲鳥獸，鑿頂及背以出酒者，即其制也。

1010 **自鳴鐘** 西洋製，其法，用一輪平置，綰以軸，左右轉，下豎一輪楔其旁，以擊上輪之楔，使之旋轉，轉至刻分輪上，鐵錘輒脱其繫屬之綰而擊鐘以鳴，分其擊數之多寡以定時，而下輪之轉則絮繩橫閣于輪中之枋，兩尾綰銅錠，左小右大，大者重墜，輪隨右轉，然絮繩久用則滑，視繩久暫，權定輕重，時其加減，稍不如法，輒差失矣。

1011 **檳榔** 陶隱居云："出交州者，形小而味甘；廣州以南者，形大而味澁。向陽曰檳榔，向陰曰大腹。尖長而有紫紋者曰檳，圓而矮者曰榔。"

1012 **蒟醬**蒟音矩，一作枸 《漢書音義》："枸，似穀樹，葉如桑葉。蜀人以葉作醬酢，美，蜀人以爲珍珠[②]。"顏師古曰："枸緣木而生，非樹也。今蜀士家出實，長二三寸，味辛似薑，不酢。"[③]案《本草》："枸實似王瓜，蔓生苗爲留藤，實似桑甚，皮黑肉白，食之辛香，下氣消谷。左思《蜀都賦》所謂'蒟醬'，《吳都賦》謂'東風浮留'。"[④]《通志》云："蒟醬，似草撥，今嶺南取其葉及藤，

---

① 玄，原作"元"。

② 珠，疑當作"味"。參《漢書》注。

③ 《漢書·西南夷傳》"南粵食蒙蜀枸醬"顏師古注："晉灼曰：'枸音矩。'劉德曰：'枸樹如桑，其椹長二三寸，味酢。取其實以爲醬，美，蜀人以爲珍味。'師古曰：劉説非也。子形如（赤）〔桑〕椹耳。緣木而生，非樹也。子又不長二三寸，味尤辛，不酢。今宕渠則有之。"

④ 宋唐慎微《證類本草》卷九："蒟醬，味辛溫無毒，主下氣，溫中，破痰積，生巴蜀。"自注："唐本注云：《蜀都賦》所謂'流味於番禺'者，蔓生，葉似王瓜而厚大，味辛香，實似桑椹，皮黑肉白，西戎亦時將來，細而辛烈。或謂二種。交州、愛州人云'蒟醬'，人家多種。蔓生，子長大，謂苗爲浮留藤，取葉合檳榔食之，辛而香也。又有蓽撥，叢生，子細，味辛，烈於蒟醬。此當信也。今注：渝、瀘等州出焉。唐本先附。"

合檳榔食之。”

1013 襂襹　涼笠也，以竹爲胎，蒙以帛，暑時戴之以遮日。程曉《伏日》詩：“今世襂襹子，觸熱到人家。”今暑中謁客稱“襂襹”，其爲不曉事者，亦宜矣。

1014 蚊鳥蚊樹　蚊，一名白鳥，多生草澤之中。《爾雅翼》云：“蚊，惡水中孑孓水中赤虫所化。”“而江東有蚊母鳥，亦謂吐蚊鳥，夏則夜鳴，吐蚊于叢葦間，湖州尤甚。”①粵地有蚊子樹，實類枇杷，熟則自裂，蚊出而殼空矣。粵東，蠅亦有生于樹者，嘗見樹葉背上有小泡，泡破，有小蠅飛出。

按，蠅、蟎皆濕氣所感而生，浙粵皆卑濕之地，故草生之，木亦生之；虫生之，鳥亦生之。

1015 蟛蜞　似蟹而小，生海邊泥中，鑽穴居之，食土，一名長唧，有一螯偏大者，若獨螯然，名擁劍。一名執火，不可食。晉蔡謨初渡江，見蟛蜞，大喜，曰：“蟹有二螯八足，加以二螯。”②烹食之。既食，吐下，委頓，方知非蟹。謝尚曰：“卿讀《尔雅》不熟，幾爲《勸學》死。”

1016 波羅蜜　波羅蜜，梵語也，因此果味甘，故借用之。其樹高大，葉似胡桃葉而大。凡木俱花上結實，此果結在幹枝上，如木瘻然，皮多痱磊。

1017 倒掛鳥　張鷟《朝野僉載》：“劍南彭蜀間，有鳥如指，五色畢具，有冠似鳳，食桐花，謂之桐花鳳。”劉績《霏雪録》：“即東坡所謂‘倒挂緑毛幺鳳’也。”李之儀云：“此鳥以十、十二月來，日間焚好香，則收而藏之羽翼間，夜則張尾翼而倒挂以放香。一名收香倒挂，性極馴，好集美人釵上。”按：倒挂鳥不止如指抑③，豈能移向金釵？絶無冠，亦非五色，安得似鳳？乃知“收香倒挂”與“桐花鳳”自另兩種，坡仙之詠，亦即桐花鳳形容之，後人遂訛爲

---

①　分見宋羅願《爾雅翼》卷二十六“蚊”條和卷十六“蟲母”條。

②　前“二螯”二字當爲衍文。《太平御覽》卷九四二引《世説》無此二字。

③　此處疑有誤文。

一耳,周櫟園辨之甚確^①。且讀東坡《羅浮山下》詩有"緑衣倒挂扶桑暾",自注:"嶺南有倒挂子,緑毛,紅啄,似鸚鵡而小,自海東來,非塵埃中物也。"既謂如鸚鵡,則非桐花鳳可知。

　　1018 指南車　黄帝與蚩尤戰于涿鹿,蚩尤起大霧,將士不知所之,帝作指南車。周成王時越裳氏重譯來獻,使者迷失歸路,周公錫駢車以指南,後其器俱亡。漢張衡、馬鈞繼作其器,無傳。宋武平長安得此車,而製不精,祖沖之復造之。後魏太武使郭善明造,彌年不就,又命馬岳造,垂成而爲善明鴆死,其法遂絶。唐元和中,典作金公元以是車及記里鼓^②,上之憲宗,以備法駕。《晉志》云:"刻木爲仙人,衣羽衣,立車上,車雖回轉,而手常指南,大駕出,爲先導之乘,以正四方。"

　　1019 翡翠　水翠,美于山翠。水翠一名魚翠,即鷸也,宿食各占磯塘,自銜其毛,日浴水中,乃益鮮縟。雄赤爲翡,雌縹青爲翠,合之色碧,是曰翡翠。翼尾俱十二条,以毳毛光明者爲上。顔色晴者曰秋毛,次之。其出于茂林峻嶺者爲山翠,人希得見,晴霽日中始一出,取者又或俟其生子,乃得。楊孚《異物志》:"翠鳥先高作巢,及生子,愛之,恐墜,稍下作巢,子生羽毛,復益愛之,又更下巢也。"

　　1020 刀斗　《名義攷》:"《李廣傳》'下擊刀斗',古者軍有刀斗,以銅作鐎,受一斗,形如銷^③,晝炊夜擊,刀即"刀兵"刀字。刀兵之"刀"都勞切,刀斗之"刀"丁聊切,音貂,字同音異,作刁者俗。至有謂"刁"爲姦衺者,古無是訓。《莊子》:"而獨不見之刀斗乎?"^④以風聲有似于刀斗鳴也。鐎音焦,銷音喧^⑤。

---

①　見清周亮工《閩小記》卷二"收香鳥"條。
②　金公元,《舊唐書》作"金公亮"。
③⑤　銷,原誤作"銷",從明周祈《名義考》卷十一"刀斗"條改。
④　《莊子·齊物論》:"而獨不見之調調之刀刀乎?"郭象注:"調調刀刀,動搖貌也,言物聲既異,而形之動搖亦又不同也。動雖不同,其得齊一耳,豈調調獨是而刀刀獨非乎?"刀,今本多作"刁"。

1021蒲葵扇　蒲葵樹，似棕櫚，花亦如之，一穗有數千百朵，下垂，子如橄欖肉，雖薄，可食。新會人多種之，名曰葵田。其葉一歲凡三割，割已，暴之，兼旬，乃水濯之，火烘之，使皆玉瑩冰柔，而隨其葉之圓長，製而爲扇，其製雅，出風和好，不致傷人。至晉時，謝太傅執之，王丞相捉之，其價頓貴。

1022龍鬚草蓆　蓆以葵文爲上，其草隨西洋舶而至。粵人得之，亦能織，然皆複而不單。單者作細方勝斜文，惟西洋國人能織。次則龍鬚草，一名富川草，以廣西富川縣產也，其實肇慶府之高明、廣寧二縣最多。莖多倒垂，似莞而細，土人春取其萌于石，而種之成田，名曰龍鬚田。草至芒種而肥，至秋分而熟，熟則與燈心草同收。織蓆甚雅潔。近有以象牙或檀香削成薄篾織成蓆者，未免過奢。

1023番狗　狗之出于番者，矮而小，毛若獅子，與京城所謂獅子狗同，亦有短毛者，甚緊密，俱值十餘金。然無他技能，番人顧貴之，其視諸奴子也，萬不如狗，寢食與俱，甘脆必先飼之。坐與立，番狗惟其所命。故其地有語曰：寧爲番狗，不爲鬼奴。

1024罘罳　《博雅》謂之屏，顏師古曰"連闕曲閣"也[1]，二説皆非。唐蘇鶚曰："罘罳從网，是形謂織絲之文輕疏浮虛之貌，蓋宮殿檐户之間也。"今宮殿檐栱之間有銅絲網以避飛鳥，初疑即此。亦未是。《名義考》云："後見夏月以黃絲爲網，自檐及階張之，遇視朝則捲，朝罷復設，此即罘罳之遺制。唐文宗甘露之變，出殿北門裂斷罘罳而去。温庭筠《上陳武帝書》：'罘罳晝捲，闈闔夜閉。'此皆可證。若屏與曲閣，則字不當從网，又豈可裂斷、可捲乎？《釋文》'諸事復思'之説爲尤謬。"

1025家禽不能飛，野禽能飛　《蠢海録》[2]："雞鵝鴨家畜，雌抱伏而雄不

---

[1]　《漢書·文帝紀》："六月癸酉，未央宮東闕罘罳災。"顏師古注："如淳曰：'東闕與其兩旁罘罳皆災也。'晉灼曰：'東闕之罘罳獨災也。'師古曰：罘罳，謂連闕曲閣也，以覆重刻垣墉之處，其形罘罳然，一曰屏也。"

[2]　録，當作"集"。

抱伏，得陰氣多，故不能飛；野禽則雌雄皆抱伏，故能飛。或曰：家畜皆卵内即生毛，故不能飛；野禽皆卵外，故能飛。二説皆通。”

1026 廁　孟康曰：“行清也。以其不潔，常清除之也。”晉侯如廁[1]，言往廁也。又曰廁窬。窬，廁中受糞函。《萬石君[傳]》作“廁牏”，吕静作“棷窬”[2]。牏、[窬]皆當作窬[3]。棷，虎子也，又名獸子，今曰馬子。古人爲虎形，取義于服猛爲馬可跨也，今則直爲桶矣。又，居高臨邊垂曰廁。武帝踞廁見衞青[4]，言臨高蹲踞以見也。

1027 翡翠屑金　《歸田録》：“翡翠屑金，世人多未知。余家有一玉，以示僚屬。坐有兵馬鈐轄鄧保吉者，真宗朝老内臣也，識之曰：‘此寶器也，謂之翡翠。’云：‘禁中寶物，皆藏宜聖庫之中，有翡翠盞一隻，所以識之也。’其後，予偶以金環于罌腹信手磨之，金屑紛紛而落，如硯中磨墨，始知翡翠之能屑金也。”

1028 靴　《釋名》：“靴本趙武靈王所作。”《實録》曰：“趙武靈王好著靴，常短靿，以黄皮爲之，後漸以長靿，軍戎通服。唐馬周以麻爲之，殺其靿，加以靴氈。開元中，裴叔通以羊爲之，隱麑加以帶子。”《裝束筆譚》曰：“北齊全用長靿靴。”《續事始》曰：“故事，皮靴不許著入殿省，馬周加飾，乃許也。”

1029 物生不同　《賢奕編》：“胎生，眼胞自上而膜；卵生，眼胞自下而膜；濕生者，眼無胞而不寐；化生者，眼無竅而有光。”

1030 物有相反　兔絲無根而生，蛇無足而行，魚無耳而聽，蟬無口而鳴。龍聽以角，牛聽以鼻。石脾入水則乾，出水則濕。獨活有風不動無風

---

① 《左傳·成公十年》：“將食，張，如廁，陷而卒。”

② 《史記·萬石君傳》：“建老白首，萬石君尚無恙。建爲郎中令，每五日洗沐歸謁親，入子舍，竊問侍者，取親中帬廁牏，身自浣滌，復與侍者，不敢令萬石君知，以爲常。”集解：“吕静曰：‘棷窬，褻器也，音威豆。’”

③ 窬，據明周祈《名義考》卷八“如廁踞廁”條補。

④ 《史記·汲黯列傳》：“大將軍青侍中，上踞廁而視之。”

動。南倭海灘,蚌淚著色,晝隱夜顯;沃山[焦]石①,滴水著色,晝顯夜隱。

1031念佛鳥　《九華山志》:"念佛鳥,大如鳩,色黃褐翠碧間而成文,音韻清滑,如誦佛聲。一名念佛子。唐韋蟾詩:'靜聽林飛念佛鳥,細看壁畫馱經馬。'"

1032獅子　《輟耕録》:"元朝大會羣臣,盡出諸獸于萬歲山,若虎豹熊象之屬,一一置列訖,然獅子至,形頗短小,絶類人家所蓄金毛猱狗。諸獸見之,畏懼俯伏,不敢仰視。及各飼以雞鴨野味之類,諸獸不免以爪按定,用舌舐其毛羽,惟獅子則以掌擎而吹之,毛羽紛然脱落。此其所以異于諸獸也。"

按,《博物志》:"魏武伐冒頓,經白狼山,逢獅子,使格之,見一物從林中出,如狸,上帝車軛上②,獅子將至,便跳獅子頭,獅子伏,不敢起,遂殺之。得獅子還,至四十里,雞犬皆無鳴吠。"

1033駝知風水　《博物志》:"燉煌西渡流沙,往外國,千餘里中無水,時有伏流處,人不能知,橐駝知水脉,過其處,輒停不行,以足踏,人掘之,便得水。"《後周[書]·四夷傳》:"流沙數百里,夏日多熱風,爲行旅之患。其風欲至,惟老駝知之,即預鳴而驪之,埋其口于沙中。人以爲候,即以氈擁其鼻口。其風迅速,須臾即過,不爾則至危斃。"

1034音聲木　灘鸂灘　《因話録》:"唐尚書省南門有古槐,垂陰甚廣。相傳夜深聞絲竹之音,省中即有郎入相,謂之音聲木。"《劇談録》:"河南府尹闕前臨大溪,每僚佐有入臺,則水中先有小灘漲。牛僧孺爲縣尉,忽報漲,出邑宰,與同僚往觀之,有老吏云:'此必分司御史,若是西臺,灘上當有一雙灘鸂。'俄灘鸂飛下,不數日,拜西臺御史。由此則人之出處當有定也。"

---

① 宋周煇《清波雜志》卷五:"南倭海水或減,則灘磧微露,倭人拾方諸蚌,臘中有餘淚數滴,得之和色著物,則晝隱而夜顯。沃焦山時或風橈飄擊,忽有石落海岸,得之滴水磨色染物,則晝顯而夜晦。"從之補"焦"。

② 軛,原誤作"軌",從《太平御覽》卷八八九"猛獸"引《博物志》改。

1035蠡 《爾雅》:"蟲蠡,蠜。草蠡,負蠜。蜇蠡,蚣蝑。蟿蠡,螇蚸。土蠡,蠰谿。"① 厥類有五:蠜,蝗也,一生八十一子,或云九十九子,信宿即飛,《周南·蠡斯》是已;負蠜,大小、長短如蝗,奇音青色,好在茅草中,因謂之草蠡;蚣蝑,長而青色,長角長股,以股鳴者也,《詩》"五月斯蠡動股",毛、鄭誤以釋蠡斯;螇蚸,似蚣蝑而細長,飛翅作聲;蠰谿,一名蚱蜢,似蝗而小,善跳。蟲音負,蠜音凡,蜇音斯,蚣音嵩,蝑音胥,蟿音契,蚸音歷,蠰音壤。

1036黍 稷 穜 稑穜音童,稑音六 《詩》:"黍稷重穋。"黍即今黍,北人曰"黄米"以釀酒者,古以爲秬鬯者也。赤黍謂之虋,黑黍一秠二米者謂之秠稷,即今稷,北人曰"小米"以炊飯者,古以爲粢盛者也,關西謂之䴙,冀州謂之𥡖。《月令章句》所謂"秋種夏熟,歷四時,備陰陽之氣"者,麥也,非稷也。重穋,本作穜稑,其實不可知。鄭司農曰:"先種後熟曰穜,後種先熟曰稑。"恐亦無是。穜,疑即今楚人所謂芒穀,最先種者;稑,即今楚人所謂綠穀,最後種者。芒與穜聲相近,綠則稑之譌也。虋音門,秬音巨,秠音敷,稷音祭,䴙音麼,𥡖音欠。

1037粱 粟 秔 稻 粱與粟同類,粱大而粟小。《詩詁》曰:"粱似粟而大。"是也。粱有青、黄、白三種,最益脾胃,但收穫少,損地力,故人多種粟而少種粱。粟即《説文》"禾","嘉穀,二月始生,八月而熟";"粟","嘉穀實"。《春秋》:"二十八年冬,大無麥禾。"② 是粟有黏有不黏二種,黏者謂之秫,黏粟釀酒汁少于黍,爲糵温于大麥。或以秫爲稷之黏,或以禾爲苗,皆非。秔與稻亦同類,稻黏而秔不黏。《説文》:"秔,稻屬。""沛國謂稻爲稬。"是也。秔,今人所常食米,有赤白大小四五種,惟白晚米最勝,一名秈。別一種謂之占,亦不黏。宋真宗給江淮兩浙占城種也③。稻,今造酒

---

① 蠜、負蠜、蚣蝑、螇蚸、蠰谿,原爲小字,《爾雅》乃釋詞,故據改。

② 《春秋·莊公二十八年》:"大無麥禾,臧孫辰告糴于齊。"《左傳》:"冬,饑,臧孫辰告糴于齊,禮也。"

③ 《宋史·真宗本紀》:"五月辛未,江、淮、兩浙旱,給占城稻種,教民種之。"

者是。《雜記》曰："醴，稻醴。《字書》解'餈'：'稻餅。'①明醴與餈皆稻所爲。"可見稻是稉。《説文》"沛國謂稻爲稬"無疑。此《本草》所以有秔米、稻米，而無稉米，一名稌。《爾雅》："稌，稻。"孔子曰"食夫稻"謂飲酒，不然，居喪者不粒食耶？自漢人置稻田使者。《字林》有稉稻、秔稻之説，于是始亂矣。

1038 菱 芡　菱，今菱角。《武陵記》曰："四角三角曰芰，兩角曰菱。"《爾雅》"蕨攅"是也。又芰菜，各實如山茱萸，關西謂之薢茩。《爾雅》"芡茪"是也，即屈到所耆者②。芡，今雞頭子，一名鴈頭，根謂之蔤，莖謂之薏蕏，《爾雅》所謂"鉤芺"也。菱華背日，性寒；芡華向日，性暖。攅音眉，薢音皆，茩音狗，芺音決，茪音光，蔤音韋，薏音委，蕏音耿，芺音襖。

1039 苹 萍　苹，藾蒿，陸地所生者，《詩》："呦呦鹿鳴，食野之苹。"是也。萍，浮萍，水生，楊花所化，一夜七子者。《爾雅》："萍，苹，其大者蘋。"③《詩》："于以采蘋。"是也。

1040 璅琣 水母　郭景純《江賦》："璅琣腹蟹，水母目鰕。"《松陵集》注："璅琣，似蜂，有一小蟹在腹中，爲璅琣，出求食，或不歸，璅琣餒死，淮南人呼爲蟹奴。"《廣韻》："水母，名蟦④，形如羊胃⑤，無目。"《嶺表録[異]》：水母腹下有物如絮，謂之足，而無口眼，常有數十鰕寄腹下，捕者或遇之即沉，乃是鰕有所見耳。一名蛇⑥，又名樗蒱魚，又名海蚃。"二物者亦異矣。

1041 蚍蜉 蝍蛆 蟁　《爾雅》"蒺藜，蝍蛆"，郭璞云："似蝗而大腹，長角，能食蛇腦。"《莊子》"蝍蛆甘帶"是也。《埤雅》："蝍蛆，蜈蚣，今俗謂之

---

① 《説文》食部："餈，稻餅也。"
② 《國語·楚語上》："屈到嗜芰，有疾，召其宗老而屬之曰：'祭我必以芰。'"
③ 《爾雅·釋草》："萍，苹，其大者蘋。"陸德明音義："萍音平，苹音瓶。蘋，郭音瓢，婢遥反。《廣雅》云：'藻苹也。'蘋，毗人反。《説文》作'蓱'。"
④ 蟦，原誤作"蜻"，從明周祈《名義考》卷十"璅琣水母"條改。
⑤ 形，原誤作"刑"。
⑥ 蛇，原誤作"蛇"。

'百足'。"《魯連子》"百足之蟲,三斷不蹶"是也[1]。《韻會》:"馬蚿蟲,百足,似蜈蚣而小,尤多脚,不能毒人。"《莊子》"蚿憐蛇"是也[2]。按,蒺藜,茨也。《爾雅》以爲蝍蛆,不可曉。或亦以果蠃爲蒲盧之屬。郭璞以蝍蛆似蝗,非。食蛇,唯蜈蚣爲然,《埤雅》以爲蜈蚣,是。《廣韻》:"帶蛇別名。"亦非帶腦也。中州人謂"頭"爲"腦帶",《莊子》謂"甘帶",即郭璞所謂"食蛇腦"也。蜈蚣謂之"百足",蚿亦謂之"百足"。

1042 象鼻 鱷尾 《虞衡志》:"象,頭不可俯,頸不可回,口隱於頤,去地尚遠,以鼻爲用,一軀之力皆在鼻。將行,先以鼻拄地,鼻端甚深,可以開闔取物,中有小肉夾,雖芥子亦可拾。每取物,就爪甲擊去泥垢,而後捲以入口,飲水亦以鼻吸。"《嶺表異物志》:"鱷,形如鼉,喙長半其身,牙如鋸,尾有二鈎,極利,遇鹿豕,以尾戟之以食。生卵甚多,或爲魚鼉,其爲鱷不過三。"象食以鼻,鱷食以尾,物類之異者也。象孕五年乃乳,鱷生卵爲魚鼉,天不欲其類繁也。

1043 青磁碗 吳俶《秘閣閒談》:巴東下巖院主僧,水際得一青磁碗,攜歸,折供佛前,明日花滿其中。更置少米,經宿,米亦滿碗;錢及金銀皆然。自是院中富盛。院主年老,一日過江,懷中取碗,擲于中流,徒弟驚愕,師曰:"吾死,爾等寧能謹飭自守? 棄之,不欲爾增罪戾也。"

1044 雞鳴枕 《客座新聞》:偶武孟,吳之太倉人也,有詩名。嘗爲武岡州幕官,因鑿渠得一瓦枕。枕之,聞其中鳴鼓起擂,一更至五更,鼓聲次第更轉不差。既聞雞鳴,亦至三唱而曉。抵暮復然。武孟以爲鬼怪,令碎之,及見其中設機局以應氣。識者謂爲諸葛武侯雞鳴枕也。

1045 水火釜 《代醉編》:"毛柱史鳳韶言:平谷縣耕民得一釜。以涼

---

[1] 《文選·曹冏〈六代論〉》"百足之蟲,至死不僵"李善注引《魯連子》:"百足之蟲,至斷不蹶者,持之者衆也。"唐馬總《意林》卷一引作"百足之蟲,斷而不蹶"。

[2] 《莊子·秋水》:"夔憐蚿,蚿憐蛇,蛇憐風,風憐目,目憐心。"

水沃之,忽自沸。以之炊飯,即熟,釜下有'諸葛行窩'字①。鄉民以爲中有寶物,乃碎之。其釜複層中有'水火'二字。"楊用修曰:"《瑞應圖》曰:丹甑不炊而自熟,玉臬不汲而常滿。近此類乎?"②

1046青田壺　《雞跖集》:"烏孫國有青田核,莫知其木與實,而核如五六升瓠,空之盛水,俄而成酒。劉章曾得三焉,集賓設之,一核才盡,一核又熟。可供二十客,名曰青田壺。"

1047窯變　饒州景德鎮,陶器所自出,于大觀間窯變,色紅如朱砂,謂熒惑躔度臨照而然。物反常爲妖,窯戶亟碎之。時有玉牒防禦使仲揖,年八十餘,居于饒,得數種,出以相示,云:"比之定州紅甆尤鮮。"《清波雜志》。

1048象牙簟　祝枝山《野記》:"安南貢象簟、金枕。象簟者,凡象齒之中悉是,逐條縱攅于内,用法煮軟牙,逐條抽出之,柔鞱如線,以織爲席。今横截牙心,有花紋是也。"按,此未詳何藥物,近關華陽世雜木賊草于磁器内,水煮象牙即軟,任便雕刻。以甘草水煮,復堅。

1049葉珠治疝　《游宦紀聞》,"辛稼軒初自北方還朝,官建康,忽得癲疝之疾,重墜大如杯。有道人教以取葉珠即意苡仁也,用東方壁土炒黃色,然後水煮爛,入砂盆内研成膏,每用無灰酒調下二錢,即消。沙隨先生晚年亦得此疾,辛親授此方,服之亦消。然城郭人恐不能[得]葉珠,只于藥舖内買薏苡仁,亦佳。"

1050陳茱止痛　沙隨先生在泰興時,有乳嫗③,因食冷肉,心脾發痛,不可忍。知縣錢仁老,名壽之,以藥方與之,一服痛止,再服無他。其藥以陳茱萸五六十粒,水一大盞,煎取[汁,去]滓④,入官局平胃散三錢,再煎,熱服。

---

① 窩,明楊慎《升菴集》卷六十七"孔明炊釜"條作"鍋"。
② 明楊慎《升菴集》卷六十七"孔明炊釜"條:"麻城毛柱史鳳韶爲予言:近日平谷縣耕民得一釜……中有'水火'二字。亦異哉!《瑞應圖》曰:'丹甑不炊而自熟,玉臬不汲而常滿。'近此類乎!信夫孔明之才藪,固後世之神禹周公也。世所傳划車弩、雞鳴枕,不一而已。"
③ 嫗,原誤作"姬",從宋張世南《游宦紀聞》卷五改。
④ 汁,去,從宋張世南《游宦紀聞》卷五補。

錢云：高宗嘗以賜近臣。時有歸正官校尉，添差縣尉，後歸軍中，以是愈人疾甚多。其妻弟王得中[1]，又以其藥歸昌國，亦多愈人。真奇方也。

　　1051冬瓜活淋　董季興昔嘗爲世南言[2]：沙隨先生，紹興丙午，苦淋血之疾，兩年不愈。明年七月二十四日，筮《易》，遇渙之觀，其辭曰：“渙奔其机，悔亡。”俄夢大冶縣趙定叟相訪。定叟名不疚。疚，久病也，言不久病也。董偶閱《本草》，因見冬瓜活五淋[3]，于是日食三大甌，七日而愈。前此百藥皆無效。董，沙隨之壻也。先生嘗書此事于家廟之壁。

　　1052秦皮消毒　《筆談》：“有一吏爲蟲所毒，舉身潰爛。醫曰：‘此天蛇所螫。’以藥傅其瘡[4]，有腫起處，以針投之，有物如蛇。錢塘有一田家，忽病癩，寺僧曰：‘此天蛇毒耳。’用木皮取汁一斗許，令其恣飲，初日減半，兩日頓愈，其木乃今秦皮。天蛇，或云草間黃花蜘蛛。”

　　1053香薰疹陷　瘡疹黑陷者，用沉香、乳香、檀香，不拘多寡，于火盆內焚之，抱孩兒于煙上薰，即起。又，《癸辛雜記》云：“痘出色黑，倒靨，口冷，法用狗蠅七枚，擂碎，和醅酒少許調服。蠅夏多，冬則藏狗耳中。〇又，痘後餘毒，目不辨人，用蛇蛻一具，淨洗，焙燥，又天花[粉]等細末之，以羊子肝破開，入藥在內，麻皮縛定，用泔水熟煮，切食之，旬餘即愈。”

　　1054獨活醫痙　《避暑録[話]》：“婦人莫大于産蓐。嘗見杜任作《醫準》一卷，其一郝質子婦産四日，弓背反張，瘈瘲戴眼，任以爲痙病，與大豆紫湯、獨活湯而愈。政和間，某氏纔分娩，忽頭足相接，相去幾二尺，數婢拗之弗直，適記所云，而藥囊有獨活，乃急爲召醫，未至，連進三劑，遂能直，醫至，則愈矣，更不用。大豆紫湯方在《千金》第三卷。”

　　1055大蒜解暑　世人爲暑氣所中，多昏仆而死者，皆關氣窒塞，氣閉而

---

① 　王，原誤作“五”，從宋張世南《游宦紀聞》卷五改。

② 　興、昔，原誤作“與、者”，從宋張世南《游宦紀聞》卷六改。

③ 　活，宋張世南《游宦紀聞》卷六作“治”。

④ 　瘡，原誤作“鎗”，從宋沈括《夢溪筆談》卷二十五改。

死也。古方治暑無他法，但用辛甘發散疏通心氣，與水流行則無能害之矣。曾記一養僕暑日馳馬至家，忽仆地，氣即絶，同舍王生使取大蒜一握、道上熱土雜研爛，以新水和之，濾去滓，刌其齒灌之，有頃即甦。至暮，此僕仍御。

1056鹽醫蚓毒　昔有人病腹大，夜聞蚓蚓鳴于身，有人教用鹽水浸之而愈。崇寧末年，隴州兵士暑月中在倅廳前，跣足廳下，爲蚓蚓所中，遂不救。後數日，又有人被其毒。博識者教以先飲鹽湯一盃，次以鹽湯浸足，乃愈。

1057巾　《釋名》：“巾，謹也。二十成人，士冠，庶人巾，當自謹修于四教也。”漢末多委士服，以幅巾爲雅。袁紹、崔鈞徒雖爲將軍，皆縑巾。《後漢志》①：“曹操忌孔融，令丞相軍謀祭酒路粹枉狀奏融曰：‘位爲九列，不遵朝儀，禿巾微行，唐突宫掖。’”《代醉編》：“古者士以上有冠無巾，[幘]惟庶人戴之。秦謂民爲黔首，漢謂僕隸爲蒼頭，《漢書》謂‘貧賤者所服’，此其證也。後世通用之，謂之燕巾。”

1058幘　《方言》：“兩複結謂之幘巾，或謂之承露巾，或謂覆巾。”《[後]漢[書]·輿服志》：“古者有冠無幘，秦加武將首飾爲絳巾，以表貴賤，後稍作顔題。漢興，續其顔，却結之，以施巾連題，却覆之，今喪幘是也。至孝文乃高顔，續爲之耳，崇其巾爲屋，貴賤皆服之。”後漢光武岸幘見馬援②，亦服幘也。

1059盤匜　《禮記》器用圖：匜者，盥手澆水之器。似羹魁，柄中有道，可以沃盥洗手也③。盥，謂用匜。沃盥，洗手也。盤，謂承盥。洗者，承水之器也，故謂盥盤。

1060簠簋　《墨子》曰：“堯飯土簋。”《明堂位》曰：“有虞氏之兩敦、夏后氏之四璉、商之六瑚、周之八簋，皆盛黍稷之器也。”按，《詩》傳：“簠簋，瓦

---

① 後面引文出自《後漢書·孔融傳》。

② 此事未見於《後漢書》。宋林之奇《拙齋文集》卷十三《荆軻刺秦王》：“漢光武見馬援於宣德廡下，岸幘迎，笑謂曰：‘卿遨遊二帝間，今見卿，使人大慙。’”

③ 手，原誤作“水”，從清陳元龍《格致鏡原》卷五十二“匜”條改。

器,盛斗二升,方曰簠,圓曰簋。”“簠外圓内方,簋外方内圓。”①俱有蓋,上刻
龜形。

　　1061**罍**　《筆談》:“禮書言罍畫雲雷之象,然莫知雷作何狀。今祭器中
畫雷有作鬼神伐鼓之狀,此甚不經。余嘗得一古銅罍,環其腹皆有畫,正如
人間屋梁所畫曲水,細觀之,乃是雷雲相間爲飾,如 ∽ 者古‘雲’字也,象雲
氣之形;如◉者‘雷’字也,古文◉爲‘雷’,象回旋之聲②。其銅罍之飾,皆一
∽一◉相間③,乃所謂雲罍之象。今《漢書》‘罍’字[作]䍃④,蓋古人以此飾
罍,後世自失傳耳。”

　　1062**占歲草**　黃帝問師曠曰:“吾欲知歲苦樂,何如?”對曰:“歲欲甘,
甘草先生,薺是也。歲欲苦,苦草先生,葶藶是也。歲欲雨,雨草先生,藕是
也。歲欲旱,旱草先生,蒺藜是也。歲欲流,流草先生,蓬是也。歲欲惡,惡
草先生,水藻是也。歲欲病,病草先生,艾是也。”⑤皆以孟春占之。

　　1063**剔齒籤**　《緯略》:“陸機與兄書有‘剔齒籤一枚以寄兄’。”《酉陽
[雜俎]》:“仙人鄭思遠常騎虎⑥,故人許隱齒痛求治,鄭拔虎鬚,及熱插齒間
即愈。”籤當類此。若金銀類,無足奇者,何必寄耶? 今用牙杖,多以柳木爲之,
不傷齒。

　　1064**棨**　《説文》“有衣之戟”曰棨⑦,又有“傳信之棨”如戟⑧。王勃《滕
王閣記》云:“棨戟遙臨。”

---

①　《詩·秦風·權輿》:“於我乎! 每食四簋。今也每食不飽。于嗟乎! 不承權輿。”陸德明釋文:“簋音
　　軌,内方外圓曰簋,以盛黍稷;外方内圓曰簠,用貯稻粱。皆容一斗二升。”

②　聲,疑當作“形”。

③　前“一”字後原衍一“如”字,從宋沈括《夢溪筆談》卷十九刪。

④　書,原作“字”,從宋沈括《夢溪筆談》卷十九改。作,從宋沈括《夢溪筆談》卷十九補。

⑤　此條襲自北魏賈思勰《齊民要術》(繆啟愉校釋本)卷三《雜説第三十》。

⑥　虎,原作“彪”,據《酉陽雜俎》改。下“虎”字同。

⑦　此非《説文》之釋。《漢書·韓延壽傳》:“延壽衣黃紈方領,駕四馬,傅總,建幢棨,植羽葆,鼓車歌
　　車。”顏師古注:“棨,有衣之戟也。其衣以赤黑繒爲之。”

⑧　《説文》木部:“棨,傳信也。”段注:“此字蒙上綮札檢櫝爲次,若今之文書也。”

1065 菜餅　郭林宗家有友，冒雨夜來，剪韭作餅食①。或即今之麪餅以韭爲餡耶？

1066 月餅　《熙朝樂事》："八月十五日，民間以月餅相遺，取團圓之義。"②

1067 薄餅　《北史》："陸法和爲元帝使，設供食，爲大餛、薄餅。"又，王羆鎮河東日，嘗有臺使至，爲設食，使乃裂去薄餅緣③，羆怒曰："耕種收穫，其功已深；舂爨造成，用力不少。爾之選擇，當是未饑。"命左右撤之，使者大慙④。

1068 饅頭　諸葛亮南征，將渡瀘水。土俗殺人首祭神，亮令以羊豕之肉，以麵包之，畫人頭形祭之。饅頭之名始此。蓋蠻地以人頭祭神，武侯以麵爲人頭以祭，謂之蠻頭，今訛而爲饅頭也⑤。

1069 櫓 槳　《名物考》："觀魚翼而創櫓。"《物原》："顓頊作槳，帝嚳作櫓。"《逸雅》曰："在旁撥水曰櫂。櫂，濯也，濯于水中也。"又謂之楫："楫，捷也，撥水使舟捷疾也。"《輶軒絕代語》："楫曰橈，或曰櫂。所以穩棹曰槳。槳，搖櫓小楫也。"⑥

1070 篙　《物原》："顓頊作篙。"《莊子》"杖拏"，拏，船篙也。"方將杖拏而引其船"⑦。《述異記》："漢武帝穿娥影池，其船以練實之竹爲篙。"《世說》："陶公嘗發所在竹篙，有一官長連根取之，仍當足。"注："就連根用爲篙，以代鐵足。"

1071 筏　《拾遺記》："軒皇變乘桴以造舟楫。"則是未有舟前，第乘桴以

---

①　明董斯張《廣博物志》卷四十一："郭林宗友來，夜冒雨剪韭作餅。"

②　明田汝成《西湖遊覽志餘》卷二十《熙朝樂事》："八月十五日謂之中秋，民間以月餅相遺，取團圓之義。是夕人家有賞月之燕，或携榼湖船，沿遊徹曉，蘇堤之上，聯袂踏歌，無異白日。"

③　裂，原作"使裂"，據《北史》刪"使"字。

④　見《北史·王羆傳》。

⑤　此條襲自宋高承《事物紀原》卷九"饅頭"條。又，清顧張思《土風錄》卷六"點心"條："高承《事物紀原》云：諸葛亮渡瀘，以麪作人首形祭神，因號饅頭，取欺謾之義。"

⑥　《方言》第九："所以隱櫂謂之篹。"郭璞注："摇櫓小概也。"

⑦　《莊子·漁父》："乃下求之，至於澤畔，方將杖拏而引其船，顧見孔子，還鄉而立。"

濟矣。筏，即桴也，蓋其事出自黃帝之前。今竹木之稃謂之“筏”是也。《後漢［書］·哀牢夷傳》：“遣兵乘篺船。”注：“篺，音蒲佳反。縛竹木爲篺，以當船也。”即今木篺、竹篺。

1072 戙^①　音洞　《庶物異名疏》：“唐王周《誌峽船具詩·序》略云：‘岸石壁立，潰之忽作，篙力難制，以其木之堅韌竿直。戴其首以竹納護之者，謂之戙^②，竹爲�而勾其戙者，謂之納，爲船之良輔者。戙與篙，殊狀而用一也。’”按，《說文》“戙”從“同、弋”。《詩歸》從“同、戈”，誤。蓋“戓”爲船板，“戙”乃船左右大木，音則一也。

1073 柂　《物原》：“帝嚳作柂。”《名義考》：“視鷗尾而製柂。”《逸雅》：“其尾曰柂。柂，拖也，後見拖曳也，且弼正船使順流不使他戾也。”

1074 縴　《物原》：“堯作維牽。”《釋名》：“引舟者曰筰。筰，作也。作，起也，起舟使動行也。”《篆文》：“竹索謂之筰。”《南史·朱超石傳》：“宋武伐北，超石董舟師入河陽，軍人緣河南，牽百丈。有漂度北岸者。”^③注：“百丈，以巨竹四破之，大如人臂，用麻索連貫爲牽舟具。”^④

1075 鐵猫　焦竑《俗書刊誤》：“船上鐵猫曰錨。”^⑤或曰“鉚、錨”同。今船首尾四角叉，或三股鈎，用鐵索貫之，投水中以定船，則船不動搖。

1076 艞　《正字通》：“舟泊岸，去岸丈許，置長板于船首，與岸相接，以通往來。俗呼艞板，讀若跳。”

1077 幬帳　《物原》：“軒轅作帷帳。堯時有獬豸，緝其毛爲帝帳。”《逸周書》：“王會解成周之會，墠上張赤奕陰羽。”注：“陰，鶴也，以鶴羽飾帳也。

---

①　目録作“戓”。此字頭與下文有異。

②　戙，《全唐詩》作“戓”。

③　《南史·朱超石傳》：“義熙十二年北伐，超石爲前鋒入河。時軍人緣河南岸牽百丈。有漂度北岸者，輒爲魏軍所殺略。”

④　此注承清陳元龍《格致鏡原》卷二十八而來。然《南史》無注，或當出自他處。宋陸游《入蜀記》卷三：“百丈，以巨竹四破爲之，大如人臂。”

⑤　明焦竑《俗書刊誤》卷十一：“船上挈泥鐵器曰錨。”

奕,帳也。"《釋名》曰:"帷,圍也,以自障圍也。幕,幕絡也,在表之稱也。"
《説文》:"在旁曰帷,在上曰幕。"帷帳之設,由來舊矣。

　　1078 簾　《釋名》曰:"簾,廉也,自障蔽爲廉恥也。"揚雄《方言》曰:"宋
魏陳楚江淮之間,箔謂之笛,或謂之䉵。自關而西謂之箔,南楚謂之篷箔。"
《西京雜記》曰:"漢諸陵寢,皆以竹爲簾,爲水文及龍鳳像。"《晉東宮舊事》
曰:"簾箔皆以青布緣純。"

音序索引

筆畫索引

八畫